Collection du Groupe Parlementaire Français de l'Arbitrage International

Conciliation Internationale

Librairie CH. DELAGRAVE, 15, rue Soufflot

CONCILIATION INTERNATIONALE

LES DÉLÉGUÉS DES PARLEMENTS SCANDINAVES EN FRANCE

CONCILIATION INTERNATIONALE

LES DÉLÉGUÉS
DES PARLEMENTS SCANDINAVES
EN FRANCE

Préface de M. d'ESTOURNELLES de CONSTANT

PRÉSIDENT DU GROUPE PARLEMENTAIRE FRANÇAIS
DE L'ARBITRAGE INTERNATIONAL

PARIS
LIBRAIRIE CH. DELAGRAVE
15, RUE SOUFFLOT, 15

PRÉFACE

Ce livre offre un double intérêt : c'est d'abord le récit d'une manifestation spéciale, nouvelle, difficile à organiser et qui a pleinement réussi. Mais cette manifestation elle-même n'est qu'une étape dans le développement d'un plan général d'organisation entre les peuples ; et le plan d'ensemble n'est pas moins essentiel à connaître que les manifestations successives[1].

Jusqu'à ces dernières années, en raison de l'ignorance plus ou moins consciemment entretenue dans l'opinion, les gouvernements exerçaient presque sans contrôle leur action extérieure. Aujourd'hui

---

1. V. la publication précédente du groupe parlementaire français de l'Arbitrage : *Le Mouvement Pacifique. Le rapprochement franco-anglais. Les visites de Londres et de Paris*, 1 vol. in-18, Paris, 1904.

encore, bon nombre d'entre eux considèrent le contrôle populaire comme une
ingérence et croient que le patriotisme
de la nation consiste à se désintéresser
de leur conduite et à n'en connaître que
les conséquences, quand il est trop tard
pour y remédier.

En France nous avons fait l'essai de
cette politique, et nous la pouvons juger
à ses résultats. Sous l'Empire, elle s'est
appuyée sur l'opinion, mais pour la tromper dans les secrètes combinaisons de
cabinets et pour aboutir aux avortements
et aux désastres.

Sous la République, notre politique
étrangère a été dictée par la force des
choses, ou plutôt par les fautes du passé.
Alors la France a vraiment donné le magnifique exemple de ce que peut un peuple rendu à lui-même. Finances, armée,
diplomatie, rien n'a été négligé, parce
que l'hésitation n'était pas possible. La
France devait assurer la paix pour se
relever de ses ruines. La nécessité d'une

politique pacifique au lendemain des catastrophes causées par une politique belliqueuse, nécessité comprise, sentie par la nation tout entière, a déterminé la direction de notre politique extérieure. Et, aussitôt, — ce qu'on ne mettra jamais assez en lumière et ce qui pourtant s'est produit tant de fois déjà dans notre histoire, — cette politique pacifique a fait éclore une ère de prospérité incomparable pour notre pays. Ses dépenses ont pu se doubler sans l'épuiser ; en quelques années, indépendamment de nos charges militaires, nous avons entrepris la réalisation d'un programme presque chimérique de travaux publics, et les ressources comme les aptitudes de la nation sont telles que ce programme est déjà devenu très insuffisant.

Mais la richesse, la sécurité une fois reconquises, l'unité de vues disparut ; cela était inévitable. Un peuple qui se relève avec une telle ardeur, une telle méthode et un tel succès ne se relève pas pour se relever seulement, mais pour vivre, pour agir. Et c'est alors que l'absence d'une conception, d'un plan de politique extérieure se fit sentir et qu'avec nos forces nouvelles surgirent, comme auparavant, les hésitations, inhérentes d'ailleurs à la situation géographique de la France, aggravée par la croissance redoutable de ses voisins. Nos légitimes préoccupations du côté de l'Allemagne nous empêchèrent, en 1882, d'entreprendre avec l'Angleterre l'expédition nécessaire au maintien de notre influence et de l'ordre en Égypte. Mais, au lieu de reconnaître nous-mêmes ce motif discutable, sans doute, mais sérieux, de notre abstention, nous préférâmes en faire porter la responsabilité sur l'Angleterre. Et ceux-là mêmes, parmi les chefs de notre politique, qui avaient le plus contribué à cette abstention et qui travaillaient, tout en protestant pour la forme, à la rendre définitive, trouvaient habile d'en accuser d'autres qu'eux-mêmes. En sorte que la

France, n'étant pas réconciliée avec l'Allemagne, se brouilla en fait avec l'Angleterre et ne profita de ses forces reconquises que pour avoir deux adversaires en face d'elle au lieu d'un.

En même temps, le besoin d'action dans notre pays ne se faisait que plus sentir, et à tous les sacrifices déjà faits nous ajoutâmes nos expéditions de Tunisie, du Tonkin et d'Annam, de Madagascar, du Soudan. Je ne parle que pour mémoire des conflits qui rapprochèrent l'Italie de l'Allemagne, enserrant la France d'un cercle peu rassurant de voisins plus ou moins hostiles, au moment même où nous dispersions le plus nos forces et où par conséquent nous avions tant intérêt à améliorer nos relations extérieures. L'Angleterre n'avait pas besoin d'être stimulée par notre activité coloniale pour développer, elle aussi, ses conquêtes dans toutes les parties du monde, en Afrique notamment et aussi en Asie, où elles devinrent pour la Russie, non moins expansive, un sujet d'inquiétudes. De là pour cette dernière puissance, mi-européenne, mi-asiatique, le besoin d'arrêter l'Angleterre et de l'occuper par ailleurs; de là l'idée d'une entente avec la France qui assurât implicitement à la Russie sa liberté d'expansion pacifique, en même temps que l'Allemagne y trouverait la garantie indirecte du *statu quo* européen. De son côté, la France ne manquerait pas sans doute d'utiliser cette garantie pour reprendre son œuvre de développement économique, multiplier sa richesse et par conséquent sa force.

Mais l'alliance russe fut présentée ou interprétée en France tout autrement. Loin d'être l'occasion, le signal d'un nouveau développement intérieur et de notre organisation coloniale succédant enfin à la période des conquêtes, elle apparut comme un moyen de pousser encore plus loin ces conquêtes et de poursuivre par là une sorte de revanche dissimulée non plus contre l'Allemagne, mais contre l'Angleterre; laquelle revanche, comme la plupart des aventures qui décidément ne nous réussissent pas, aboutit à l'humiliation de Fachoda.

Ce qui est toutefois incompréhensible, c'est que l'organisation de notre défense nationale ne fut aucunement modifiée ni orientée dans le même sens que cette politique de casse-cou. Le jour du danger seulement on s'aperçut que, tout en nous acheminant à un conflit évident et inévitable avec l'Angleterre, on avait laissé nos administrations de la guerre, de la marine et des colonies, tout aussi bien que l'opinion elle-même et le Parlement, dans l'ignorance, et on n'avait songé à prendre aucune précaution pour faire face à ce conflit : nos côtes n'étaient pas protégées, nos préparatifs étaient nuls, et cependant notre politique avait été systématiquement conduite, par un véritable abus de la confiance du pays, comme si ces préparatifs étaient formidables. On trouvera difficilement dans l'histoire d'aucun pays et d'aucun temps un exemple plus frappant de présomptueuse imprévoyance.

Quoi qu'il en soit, n'étant pas prêts à soutenir la querelle que nous avions longuement cherchée, nous cédâmes à l'ultimatum de l'Angleterre. Tel fut le résultat de cette soi-disant politique extérieure dont les conséquences portèrent, bien entendu, sur ceux qui n'en étaient pas responsables, et se traduisirent en incalculables dépenses nouvelles d'armements non plus seulement sur terre, mais sur mer, sur mer surtout, au point que les dépenses militaires passèrent au second rang de nos préoccupations jusqu'à la récente surprise du Maroc.

Cependant la leçon de Fachoda ne fut pas inutile, et l'opinion commença à ouvrir les yeux : elle comprit qu'il était paradoxal et criminel autant que niais de prétendre immobiliser la France entre tant de haines.

Haine de l'Allemagne, haine de l'Angleterre, haine de l'Italie, etc., sans compter le reste; telle était la belle politique dont l'absurdité et le danger devenaient évidents pour tout le monde, sauf pour les soi-disant patriotes et les chauvins.

L'excès du mal finit donc par être un bien : l'opinion éveillée cessa de se désintéresser de la politique extérieure; elle comprit combien la France payait cher son indifférence. Les journaux élargirent le champ de leur curiosité; ils publièrent des informations du monde entier que le public prit plaisir à lire; on put faire entendre au Parlement quelques discours préconisant une politique nouvelle d'entente internationale. Sur ces entrefaites, le gouvernement russe, sentant de plus en plus le besoin d'assurer la paix et de limiter ses charges improductives pour pousser librement son action en Extrême Orient, avait proposé la réunion de la conférence de la Haye sous ce nom significatif : « *conférence du désar-*

mement », bientôt jugé trop compromettant et changé en celui de « *conférence de la Paix* »; malgré la froideur, pour ne pas dire plus, de plusieurs gouvernements, il avait obtenu, d'accord avec la France, l'Angleterre, l'Italie, les États-Unis et finalement avec la plupart des autres puissances, la création de la première cour permanente d'arbitrage international. Un ordre nouveau apparaissait.

Aussitôt, avec sa promptitude à tout comprendre, l'opinion française, en grande majorité, reconnaissant sa voie, applaudissait à la politique qu'on lui faisait entrevoir; elle comprenait que notre pays, plus que toute autre grande puissance, étant le moins peuplé, devait gagner à l'établissement d'un régime de justice et de paix internationale, puisque, par son travail à la faveur de cette paix, par ses productions privilégiées, la France était sûre d'accroître le nombre de ses clients, de ses amis, de multiplier ses richesses et ses forces par conséquent.

Mais cette évolution avait besoin d'être dirigée, au milieu de toutes les routines et des obstacles qui s'opposaient à ses débuts, et c'est pourquoi, après des années de campagnes d'initiation dans toutes les régions de la France, le groupe parlementaire français de l'Arbitrage international vint à son heure.

Ce groupe n'avait pas la prétention d'innover, en ce sens que beaucoup d'autres associations pacifiques existaient avant lui en dehors du parlement et au parlement même, où s'était formée, en 1888, sur l'admirable initiative de Frédéric Passy, de Cremer et de Jules Simon, l'Union interparlementaire; mais une action spéciale devait s'organiser pour déterminer un courant dont la presse et le gouvernement fussent obligés de tenir compte. Composé de près d'un tiers des membres du parlement, le groupe de l'Arbitrage contribua à créer une atmosphère nouvelle, favorable aux ententes jusqu'alors mal interprétées, mal comprises et souvent mal vues par le seul fait qu'elles étaient internationales. Un des premiers actes du groupe fut d'obliger le ministère des affaires étrangères à appliquer la Convention de la Haye, qu'on se plaisait à considérer comme mort-née, alors qu'on l'empêchait de vivre.

Puis le groupe entra en pourparlers avec le parlement anglais un échange de visites fut projeté, préparé et finalement réalisé. En même temps, avec une décision personnelle vraiment rare, mettant à profit ces dispositions nouvelles, le roi d'Angleterre prenait les devants et venait faire à Paris cette visite si politique et si habile dont la population française désaveuglée comprit toute l'opportunité et favorisa le succès. Enfin, à l'appel pressant, formel, catégorique du parlement, le gouvernement français signa les accords que l'on sait avec l'Angleterre.

Dans quelle mesure le groupe de l'Arbitrage a-t-il contribué à cette évolution de notre politique extérieure? Peu nous importe que les critiques et les railleries continuent plus que jamais à pleuvoir sur nous en guise de récompense et d'éloges; les résultats sont acquis; nous sommes trop heureux de voir aujourd'hui nos railleurs les juger suffisants pour s'en attribuer l'honneur, tandis que notre commerce et notre industrie en profitent. Nous ne demandons qu'une chose : qu'on n'en dénature pas le sens. Nous avons déploré que le rapprochement franco-anglais, devenu enfin un fait accompli, n'ait pas été considéré comme un point de départ, un exemple, un acheminement à d'autres accords avec d'autres puissances; mais l'éducation de l'opinion, qui ne demande qu'à s'instruire, est plus facile que celle des gouvernants, quand ils se croient parfaitement instruits et rêvent d'être les Machiavels de leur temps. Nous n'avons pas pu empêcher qu'on cherchât à forcer le sens du rapprochement franco-anglais et qu'on lui donnât à tort l'apparence d'un instrument d'action contre l'Allemagne, à peu près comme on avait fait de l'alliance russe un instrument d'action contre l'Angleterre. C'était trop tentant. Il a fallu que de nouveau l'opinion s'éveillât en présence du fait accompli. Bien entendu, l'erreur commise en France par les chauvins sert de prétexte aux chauvins des autres pays pour partir, eux aussi, en guerre; quelques-uns même ont devancé l'appel; dans cette ardeur internationale à se défier les uns les autres, je ne sais s'il convient d'attribuer le premier prix aux chauvins français, ou aux allemands, ou aux anglais; mais ce qui n'est pas douteux, c'est la nécessité de réduire à l'impuissance, sinon au silence, les uns et les autres. C'est à quoi nous travaillons en continuant patiemment l'exécution de notre plan : ils s'en doutent bien, et leurs appréhensions se mesurent, comme notre succès, à leurs attaques.

Nous n'avons pu, bien entendu, songer à inviter, après les Anglais, nos collègues du parlement allemand. Un fossé creusé, depuis 35 ans, par la faute des gouvernements, sépare les deux peuples : vouloir les réunir sans s'être attaché d'abord à combler ce fossé, serait une folie vouée d'avance au mépris universel ; plus ce rapprochement est nécessaire, plus il faut qu'il soit préparé dignement pour être honorable ; sinon il serait précaire, éphémère, dérisoire, et ne servirait qu'à fournir, par son échec retentissant, des arguments nouveaux contre l'imprudence et la légèreté de nos efforts.

Nous avons pressenti les États-Unis, dont les dispositions furent nettement favorables ; mais les élections ont empêché nos pourparlers d'aboutir en temps utile.

Nous avions, d'autre part, engagé de longue date une correspondance et noué des relations avec les Scandinaves. Là aussi nous étions assurés d'être compris.

Déjà des groupes analogues et antérieurs au nôtre s'étaient formés au sein des trois parlements danois, norvégien et suédois. Et cela seul constituait un avantage considérable, par rapport à d'autres pays où malheureusement rien de semblable n'existait, et parfois même où se trouvaient des groupements à la fois assez respectables pour qu'on ne pût négliger de les prendre comme intermédiaires, mais trop faibles pour que leur intervention fût efficace. Dans les trois parlements de Suède, de Norvège et de Danemark, un véritable parti de l'arbitrage s'était créé, et ce parti même ne comptait pas d'adversaires déclarés. Depuis longtemps les Scandinaves nous donnaient en fait un exemple que nous avions tardé à suivre. L'union interparlementaire des pays du Nord, de même que celle de la Hongrie, de la Belgique, comptait à elle seule plus de membres actifs que celle de la France...

Et quelle élite d'esprits indépendants,

éducateurs de la pensée européenne, devait favoriser par avance nos efforts, répondre avec enthousiasme à notre invitation, écho tardif, en quelque sorte, de leurs propres sympathies. Les Hédin, les Ibsen, les G. Brandès, les Bjœrnson, et combien d'autres dans les trois pays, n'attendaient-ils pas, pour ainsi dire, notre réponse aux appels de toute leur vie? N'était-il pas digne de la France, dont ils invoquaient si brillamment les généreuses traditions, d'attester que ces traditions restaient vivantes, entretenues comme un dépôt sacré au plus profond des meilleurs cœurs de chaque génération? Quel moyen plus décisif de prouver notre sympathie aux grands écrivains et aux grands artistes dont nous connaissons tous les œuvres, et à leurs trois pays, que de convier leurs représentants élus à célébrer avec nous la fête nouvelle de la justice et de la solidarité humaine?

Et ne comprend-on pas aussi l'immense avantage pour Paris, pour la France, l'avantage moral et matériel de devenir le foyer d'attraction du monde civilisé, en commençant par attirer à elle les peuples les plus libres, les plus cultivés? Et que penser de l'esprit nationaliste, qui n'a jamais su comprendre la beauté d'un tel privilège, et qui ne trouve de satisfaction que dans l'outrage prodigué à tout ce qui n'est pas français dans le monde et, en France même, à tout ce qui n'est pas nationaliste !

Nous, délibérément, nous nous exposons à ces outrages : nous voulons faire de la France un centre de rayonnement et de pèlerinage nouveau; nous voulons que toutes les activités pacifiques et productrices y viennent chercher, non pas des superstitions anciennes, des principes d'intolérance et de haine, mais des inspirations, au contraire, des enseignements pour résister aux forces de routine, de désordre et de destruction, et pour préparer dans une fortifiante émulation de nouveaux progrès.

N'est-ce pas d'ailleurs ce qui se passe par la force des choses, par le fait que la France, délivrée du joug despotique ou du masque chauvin qui faisait d'elle un épouvantail, apparaît enfin telle qu'elle est, laborieuse, serviable, fraternelle? Écoutez l'esprit de parti, écoutez les journaux qui représentent en France les privilèges et qui sembleraient devoir être les plus satisfaits; ils dénoncent, avec une aigreur croissante, la République comme une calamité nationale, et les républicains — dès qu'ils sont sincères — comme des ennemis de la Patrie... Auparavant, ces républicains étaient accusés de mettre notre pays au ban de l'Europe, de le reléguer au dernier rang du mépris des chancelleries et des cours. Mais maintenant c'est le reproche inverse qu'on leur adresse. Cette France de plus en plus républicaine, soi-disant jacobine, sectaire, socialiste, se fai. aimer; elle devient une terre d'élection, le rendez-vous paisible et recherché non seulement des peuples, mais des chefs d'État. Empereurs et rois s'y rencontrent. Plus d'un souverain préférerait peut-être régner sur ce pays de républicains mécréants, plutôt que sur le sien propre...

Ainsi la France, parce qu'elle est plus nettement pacifique et républicaine, devient un centre international, et les nationalistes qui déploraient jadis son isolement se plaignent maintenant de la cordialité de ses relations extérieures. Un centre international! Mais c'est là sa vraie destinée, son plus précieux privilège, si paradoxale que paraisse encore cette vérité que nous mettons peu à peu en lumière : *l'organisation internationale dont nous devenons le centre, sera le prélude et la garantie de notre rénovation nationale.*

C'est grâce à cet internationalisme, dont on finira bien par reconnaître le caractère patriotique, que nous pouvons travailler en paix, développer nos facultés, les ressources de notre cerveau, de notre sol, de notre climat, porter à son apogée, par conséquent, la supériorité de nos productions de toutes sortes, intellectuelles, morales et matérielles. Plus nous aurons contribué à pacifier les peuples, plus ils viendront nous voir, plus ils nous achèteront nos produits, plus ils nous enrichiront et stimuleront notre vitalité. A défaut des enfants que nous n'avons pas, nous aurons du moins des amis, des collaborateurs, une population d'immigrants, trop active ou trop riche pour rester stationnaire et attirée par le mouvement incessant de notre activité qu'elle alimente. La malignité et la pauvreté des polémiques n'y changeront rien ; la nation, dans son ensemble, le comprend ; elle voit les avantages de cette politique ; elle voit notre éducation nationale se développer avec notre bien-être, en proportion de l'amélioration de nos relations internationales ; elle voit nos clients se multiplier à l'étranger, se disputer nos produits de luxe, nous apporter leur or en échange de nos fruits, de nos primeurs, de nos œuvres d'art, de nos modes, etc., etc., et cet or de l'étranger, nos nationalistes sont bien heureux de l'accepter pour enrichir leurs fabricants de canons ; n'entre-t-il pas pour une large part dans la préparation de notre défense militaire, navale, coloniale ? Est-ce avec leur or à eux seuls, ou avec celui du peuple, qu'ils prétendent assurer la sécurité de cette patrie qu'ils nous accusent de ne pas servir et qu'ils se contenteraient de compromettre, si nous n'étions pas là pour corriger leur action ?

Ne sent-on pas, en outre, au point de vue politique, que plus la France républicaine et pacifique répondra aux aspirations des peuples, plus il sera difficile aux gouvernements de l'attaquer, sans soulever contre eux le sentiment populaire dans leur propre pays ? Les gouvernements étant obligés de compter avec l'opinion, n'est-il pas sage et politique de gagner à nous cette opinion? Et n'est-ce pas le plus sûr moyen d'avoir par surcroît les gouvernements? N'est-ce pas la plus habile, la plus positive des diplomaties?

Par son rayonnement moral et intellectuel sur le monde civilisé, la pensée scandinave devait compter parmi les auxiliaires les plus puissants de notre œuvre de pénétration, et c'est pourquoi le groupe de l'Arbitrage a été heureux d'organiser la manifestation dont ce volume ne donnera qu'un souvenir, exact sans doute, et plus exact que bien des documents diplomatiques, mais un souvenir.

Cette manifestation a justifié pleinement nos prévisions : elle s'est déroulée et dénouée dans la confiance.

Nous qui l'avons préparée, suivie heure par heure, nous savons qu'il n'est pas facile, qu'il était peut-être scabreux de réunir pendant plus d'une semaine, près de deux semaines en tout, les représentants de quatre peuples. Et pourtant tout s'est bien passé, sans un incident, sans un nuage. On ne relèvera pas une note discordante dans un seul de ces discours que nous avons reproduits dans toute leur sincérité, leur saveur, avec leur accent étranger, mais amical ; nous aurions manqué à notre devoir en ne publiant pas ce volume, où tous ces discours, qui devraient être fastidieux, se succèdent, mais s'entre-croisent et se vivifient les uns par les autres, se répondent, comme des mains qui se serrent, des regards qui se pénètrent, des cœurs qui se cherchaient et qui se découvrent.

L'esprit de l'arbitrage présidait à l'accord de tous. Ce n'est pas un vain mot, et la suite des événements l'a prouvé. On admire, on n'admirera jamais trop que la Norvège et la Suède se soient séparées sans combat ; mais le dénouement incomparable d'une telle crise s'explique si on se rappelle qu'il avait été préparé lentement par des mœurs nationales, par une

culture intellectuelle et morale exception-
nelle. Les Scandinaves n'ont pas attendu
les jours difficiles pour honorer la paix;
ils ont aimé, respecté la justice. Ce respect ne s'improvise pas, et, le moment
venu, il exerce son action longuement
préparée : l'application suit naturellement le principe, quand il est vivant et
honoré dans les cœurs. Le dénouement
amiable de la crise suédo-norvégienne
est un bel exemple sans doute, mais
c'est encore plus *un effet*, l'effet d'une
longue préparation antérieure que nous
avons tous constatée à Paris et que tous
les peuples libres pourront méditer et
imiter.

Et c'est là un des enseignements les
plus profonds de cette visite des Scandinaves. Qui sait s'ils n'ont pas alors eux-
mêmes constaté que leurs divergences
étaient plutôt gouvernementales et admi-
nistratives que populaires, et si le voyage
de France n'a pas été une sorte de tran-
sition inconsciente, un prélude à la réa-

lisation de leur indépendance en germe dans leur éducation mutuelle!

*
* *

En résumé, cette visite n'a eu que de justes causes et de bons effets; elle est née d'une organisation encore rudimentaire, mais qui se perfectionnera peu à peu, parce qu'elle est nécessaire. Aucune réaction n'empêchera les peuples, reliés matériellement entre eux par le progrès des communications de toutes sortes, de se rapprocher aussi moralement et d'arriver à se connaître les uns les autres.

Le devoir des hommes de bonne volonté est de leur en faciliter les moyens et de leur épargner des malentendus, des tâtonnements et des conflits qui retarderaient, mais n'empêcheraient pas leur accord.

Et puisqu'il est de mode, en France

particulièrement, de dénigrer tout effort nouveau, puisque nous touchons à la fin de la législature parlementaire et que beaucoup de nos collègues députés vont avoir à rendre compte de leur mandat devant le pays, terminons cette préface par un examen de conscience.

Nous sommes loin d'avoir obtenu tout ce que nous souhaitons, encore que notre programme ait été très modeste et bien limité, mais nous n'avons pas perdu notre peine.

On invoquera contre nous l'attitude du gouvernement allemand, plus ou moins réfractaire à notre propagande; rien n'est plus exact; mais il n'est pas au pouvoir du gouvernement allemand ni d'aucun autre de nous décourager; et d'ailleurs le gouvernement français a eu ses torts lui aussi. D'autre part, n'est-il pas intéressant de constater que l'empereur d'Allemagne, en réclamant la constitution d'une conférence internationale pour régler l'affaire du Maroc, a donné sa consécration implicite au principe du recours à la justice internationale? Et c'est pourquoi la France n'aura jamais à se reprocher — quoi qu'il advienne — d'avoir admis ce recours. La conférence d'Algésiras, en raison de la complexité du problème dont elle était saisie, aura pu se diviser ou se faire illusion sur les moyens de le résoudre d'une façon durable et pacifique; elle pourra se séparer sans aboutir; elle n'en aura pas moins contribué à éclairer l'opinion, à gagner du temps, à prévenir les entraînements irréparables; et c'est beaucoup lorsque le conflit à régler peut mettre aux prises la France et l'Allemagne, déchaîner la guerre universelle.

La conférence d'Algésiras aura fait plus : elle aura mis en commun les bonnes volontés des autres puissances. Et cette solidarité peut-elle disparaître devant un échec? n'en sera-t-elle pas plutôt stimulée? Ne verrons-nous pas sortir de l'avortement d'Algésiras — si cet avorte-

tement est inévitable — la constatation
que la paix ne tient pour tout le monde
qu'à un fil, aussi longtemps que l'Allemagne et la France, par des concessions
mutuelles, ne seront pas réconciliées?
Qui ne comprend que même un échec de
la conférence d'Algésiras acheminera
l'opinion et les gouvernements à se rapprocher de la vérité?

Cette vérité n'en demeure que plus évidente : elle est démontrée par les faits, et
non par la raison seule, par les services
qu'a déjà rendus l'application de la convention de la Haye. Avant l'affaire du
Maroc, un conflit soudain et des plus
graves avait éclaté entre la Russie et
l'Angleterre, en pleine guerre russo-
japonaise : l'escadre russe avait canonné,
sur son passage dans la mer du Nord,
les pêcheurs anglais de Hull; le sang avait
coulé, on comptait des morts parmi les
victimes; l'opinion s'enflammait; quelle
occasion pour les Jingoes et pour la marine britannique!... Ce conflit fut éteint

pourtant et juridiquement réglé par la conférence de Paris. Appelez cette assemblée internationale « commission d'enquête » et celle d'Algésiras « conférence », la réunion de l'une et de l'autre n'en constitue pas moins un dessaisissement de la violence au profit de la conciliation.

De pareils progrès, même imparfaits, font moins de bruit, mais plus de bien que des batailles. Ne manquons pas de le constater, l'opinion nous en saura gré, puisque c'est en partie son œuvre, comme c'est l'intérêt du pays, de tous les pays.

Au 1er janvier dernier, l'honorable M. Loubet, recevant le corps diplomatique pour la dernière fois, répondait aux vœux que lui présentait le comte Tornielli en se félicitant de l'évolution générale de l'opinion et de l'attachement de plus en plus formel des peuples au développement des œuvres de la justice et de la paix internationales.

Le président Roosevelt, à la même époque, adressait au congrès de Washington un Message dont la partie principale était consacrée non seulement à l'œuvre de la Haye et à la seconde conférence en perspective, mais encore à la nécessité d'une raisonnable limitation des armements.

Le nouveau premier ministre d'Angleterre, sir Henry Campbell Bannerman, tenait, quelques jours plus tard, un langage non moins catégorique. Son projet est le nôtre : ce n'est pas un rêve, c'est un programme de gouvernement.

Enfin, pendant les récentes élections sénatoriales en France, il n'est peut-être pas un candidat (y compris les candidats nationalistes) qui n'ait jugé politique de donner satisfaction à ses électeurs par une déclaration favorable à l'arbitrage. Nos adversaires prétendent que nous ne saurions en parler sans affaiblir le pays et sans encourir le reproche de manquer de patriotisme ; cependant tout le monde en parle, et du haut en bas de l'échelle.

Quant au reproche d'antipatriotisme, on s'empare d'une agitation superficielle menée par quelques exaltés, comme on en compte dans tous les partis, et on essaye d'englober dans une condamnation générale ceux qui réclament la paix par la révolution et l'anarchie, et ceux qui cherchent, au contraire, à l'établir, comme nous, progressivement, dans l'ordre et par l'organisation de la justice. Cette confusion grossière ne trompe que ceux qui veulent être trompés. En réalité, plus la France sera libre et pacifique, plus elle sera prête à se défendre si on l'attaque, car alors — combien de fois faudra-t-il le dire? — elle défendra non seulement son territoire et ses biens, mais ses libertés; le peuple, en combattant pour la France, sentira qu'il lutte pour lui-même, et que sa défaite compromettrait les plus précieuses de ses conquêtes; il s'acharnerait à repousser la guerre avec une telle unanimité et une telle passion, que nul ne pourrait songer sérieusement à la lui déclarer. Cela encore — la résistance populaire d'une part, la circonspection gouvernementale d'autre part — est un résultat de l'éducation pacifique de l'opinion, et nous revendiquons notre part dans le progrès de cette éducation.

Chacun de nous peut mettre au défi ses adversaires de relever dans nos programmes une ligne qui ne soit inspirée du plus sincère patriotisme; mais chacun de nous, dans les questions extérieures comme dans les questions intérieures, refuse de mettre en opposition l'idée de patriotisme et celle de justice; chacun de nous estime que le plus sûr moyen pour la France de s'assurer un lendemain prospère est de se faire respecter et aimer; chacun de nous est sûr que la France n'a rien perdu, bien loin de là, à réhabiliter l'œuvre de la Haye; c'est grâce à la politique de conciliation internationale que nos amis à l'étranger se sont multipliés; c'est grâce, en tous cas, à la politique de rapprochement avec l'Angleterre, avec les États-Unis, l'Italie, etc., — politique réclamée et facilitée par nous, — que les défaites de la Russie ne nous ont pas laissés dans le plus redoutable isolement.

Il y a dix ans, nous n'avions qu'une alliée, et nous étions entourés d'adversaires ; aujourd'hui nous n'avons plus qu'un adversaire, et nous sommes entourés d'amis. La proportion est renversée. L'amitié n'est plus l'exception, elle est la règle. Où en serions-nous aujourd'hui, en plein conflit avec l'Allemagne, si nous avions en outre l'Angleterre contre nous ? C'est pourtant à cet isolement qu'aurait abouti le nationalisme, ou simplement la politique négative de jadis. Et je ne parle pas des traités de travail, de la convention des sucres, des traités d'arbitrage, — si rudimentaires soient-ils encore, — des accords nombreux qui relient insensiblement la plupart des peuples entre eux et préparent ainsi une véritable administration collective, ou plutôt, une fédération d'administrations distinctes, mais solidaires.

Non, laissons les faits parler d'eux-mêmes! Quand on pense aux progrès immenses réalisés dans l'esprit public, dans les mœurs, dans la vie nationale et internationale, quand on énumère la série des congrès, des expositions, des visites qui réunissent chaque année sur tant de points divers l'élite de l'activité humaine, alors on n'a pas le droit d'être impatient, on doit accepter de bonne grâce la critique même la plus injuste : elle nous oblige à peser nos actes, à consolider le sol où chaque jour nous faisons un pas de plus. Les membres du groupe de l'Arbitrage n'ont pas à craindre le verdict du pays ; le seul reproche qui nous attende sera de n'avoir pas été assez vite ni assez loin. Mais, là encore, notre conscience pourra répondre que le monde est composé d'États bien inégaux et qu'avant de prétendre établir entre tous ces États, dont plusieurs se connaissent à peine, une harmonie parfaite, une action et une justice communes, il faut nous contenter d'améliorations successives, méthodiques, dans une même voie, toujours la même, celle où l'intérêt personnel doit s'accorder avec l'intérêt général, celle où l'intérêt de notre patrie se rencontre avec l'intérêt des autres patries, et se fortifie, se nourrit de tous leurs progrès.

D'Estournelles de Constant.

Paris, 1er mars 1906.

PROGRAMME

DU GROUPE PARLEMENTAIRE FRANÇAIS
DE L'ARBITRAGE INTERNATIONAL[1]

Messieurs,

A mesure qu'ils sont plus éclairés, les peuples deviennent plus favorables au principe de l'arbitrage international, tandis que la plupart des gouvernements y demeurent indifférents ou hostiles.

Cette contradiction s'explique par bien des causes, dont la principale, heureusement, n'est qu'un malentendu facile à dissiper.

Les adversaires de l'arbitrage affectent, en effet, de considérer comme un rêve ou comme un danger le plus réel et le plus salutaire des progrès ; ils alarment les sentiments et les intérêts les plus respectables, à commencer par le patriotisme, en confondant et en dénaturant des idées qu'on doit envisager chacune en soi distinctement. Ainsi, leur erreur favorite, et devenue systématique, consiste à placer sur un même plan, comme un même but, l'arbitrage et le désarmement. Il est besoin, pourtant, de peu de réflexion pour comprendre que la question du désarmement ne pourra pas même être

1. Extrait du procès-verbal de la première réunion, 26 mars 903. Discours de M. d'Estournelles de Constant, président.

1

étudiée, aussi longtemps que l'arbitrage ne sera pas entré dans nos mœurs.

Ou bien encore, on affecte de croire que nous, partisans de l'arbitrage, nous prétendons soumettre à cette juridiction toutes les questions et que, sous la menace même de l'invasion, au lieu d'appeler aux armes toutes les forces de la nation, nous irions, suppliants, demander des juges que notre agresseur refuserait !...

Il est temps de mettre les choses au point. Même isolées, les aspirations des partisans de l'arbitrage répondent si bien aux vœux de l'humanité qu'elles trouvent déjà de l'écho; mais elles seront irrésistibles aussitôt qu'elles seront groupées. Ce groupement s'accomplit dans tous les pays qui progressent. En France, il est déjà tardif. C'est pourquoi je vous ai proposé, messieurs, de nous réunir ici, tous animés d'un même esprit, d'une bonne volonté vraiment patriotique et supérieure, oubliant ce qui nous divise pour ne songer qu'à ce qui nous unit, et de former un groupe composé de tous les députés favorables au développement de l'arbitrage.

Je vous remercie d'avoir répondu si nombreux à mon appel.

Nous sommes ici pour dissiper toute équivoque, volontaire ou involontaire; pour affirmer et pour démontrer que, loin d'être des rêveurs, des philosophes ou des sans-patrie, nous avons pleine conscience de notre devoir et de notre responsabilité en poursuivant pour la France une politique aussi claire, aussi prudente, positive et pleine de promesses que la politique actuelle de l'Europe est obscure, grosse d'équivoques et de dangers.

Nous sommes ici pour affirmer que nous n'oublions rien du passé, mais que nous pensons également à l'avenir. Nous ne voulons pas d'une paix humiliée et précaire. Nous ne voulons pas faire de la France, prématurément désarmée, affaiblie, une victime et une proie; nous la voulons, au contraire, plus forte, moins exposée et plus prospère qu'à l'heure actuelle.

Pour aboutir à un résultat positif, nous aurons soin de limiter rigoureusement notre tâche. La paix universelle et le désarmement simultané resteront à jamais des rêves, si la science, la méthode la plus rigoureuse et la plus patiente ne s'appliquent pas à chercher, à trouver et à définir les moyens d'en hâter la réalisation. Déjà on peut affirmer que le désarmement ne sera que le dernier terme de l'évolution pacifique. Entre ce dernier terme et nos aspirations présentes, combien d'étapes successives restent à franchir, sans qu'on puisse en doubler aucune? Nul ne pourra songer au désarmement avant d'avoir essayé, au préalable, l'effet d'une réduction progressive des armements; et cette réduction elle-même sera nécessairement précédée par la limitation, la non-augmentation des armements. Mais cette limitation suppose déjà de grands changements dans les relations des puissances, et ces changements devront être consacrés par des traités. Ces traités, impliquant des échanges de concessions réciproques, motivées par le respect de la justice et par la conscience d'une solidarité nouvelle entre les divers États contractants, ne pourront être menés à bonne fin, ni même négociés, sans une pénétrante préparation de l'opinion. C'est cette période de préparation que nous avons à abréger le plus possible, et c'est à quoi doit se limiter, quant à présent, notre effort, pour être efficace.

Ainsi compris, notre programme devient très simple, très net : nous n'avons qu'un but, généraliser la pratique de l'arbitrage international, amener les gouvernements à résoudre raisonnablement, non pas tous les conflits, mais le plus grand nombre possible de leurs conflits, par les voies de droit; étendre aux relations de peuple à peuple les progrès lentement, mais définitivement obtenus déjà dans les relations d'homme à homme, de commune à commune, de province à province dans un même pays.

Les moyens d'action ne nous manqueront pas pour arriver à ce résultat.

Nous commencerons par dresser la liste de tous les pays, et ils sont nombreux, avec lesquels nous pourrions signer sans inconvénient des conventions générales d'arbitrage, et nous soumettrons cette liste au gouvernement, car l'article 19 de la Convention de la Haye impose à cet égard une véritable obligation morale aux vingt-six gouvernements signataires.

Par l'entremise de nos amis de l'Union interparlementaire, nous entretiendrons des rapports suivis avec les groupes analogues au nôtre à l'étranger.

Les Sociétés françaises d'arbitrage qui poursuivent avec tant d'abnégation leur œuvre souvent ingrate, en dehors du parlement, pourront désormais s'appuyer sur nous, tout en nous prêtant leur concours, et régler leur propagande éducatrice d'après nos progrès. Leur action et la nôtre sur l'opinion d'une part, sur les pouvoirs publics d'autre part, seront d'autant plus puissantes qu'elles seront mieux concertées et qu'il n'y aura plus ainsi aucune force, aucune bonne volonté perdue dans cette voie.

Le gouvernement, hésitant jusqu'à ce jour à exécuter ses engagements de la Haye, devra tenir compte de notre insistance pour changer enfin d'attitude. *Nous verrons cesser ce scandale d'une Cour internationale d'arbitrage, ostensiblement et solennellement ouverte par la volonté de tous, mais en réalité fermée par un retour tacite de ces mêmes volontés.*

Nous étudierons, le cas échéant et selon les circonstances, dans quelle mesure les prescriptions novatrices de l'article 27 pourront être observées et comment la grande idée française d'un *devoir international* pourra trouver peu à peu sa sanction dans le monde entier.

Ainsi la France, loin d'être humiliée, compromise ou affaiblie par son attachement au principe de l'arbitrage, y puisera, au contraire, une force, une source de prestige et d'autorité nouvelles; elle ne laissera plus à la République des Etats-Unis le privilège de donner seule son exemple à l'univers; les autres nations européennes ne tarderont pas à la prendre une fois de plus pour guide.

Nous pourrons nous honorer, messieurs, d'avoir su comprendre l'élévation, le bienfait et la portée d'une telle mission. Nos fils, plus tard, nous sauront gré de ne pas l'avoir déclinée, car nous allégerons les difficultés qui s'accumulent pour eux à l'horizon. Nous servirons ainsi de la façon la plus efficace notre pays, puisque, tout en respectant les traditions les plus libérales, les plus humaines et les plus nobles de son passé, en même temps que nous défendrons de toutes nos forces ses intérêts dans le présent, nous sauvegarderons moralement et matériellement et nous préparerons de notre mieux la grandeur de son avenir. (*Applaudissements.*)

*
* *

Après une discussion approfondie concernant son programme, le groupe a décidé que sa prochaine séance sera consacrée à l'étude de la convention du 29 juillet 1899 pour le règlement pacifique des conflits internationaux.

Il examinera ensuite les moyens les plus pratiques d'assurer le plus tôt possible une exécution sérieuse de cette convention, qui rendra tant de services le jour où les gouvernements seront obligés de se conformer aux engagements formels qu'elle contient et qu'ils ont éludés jusqu'ici.

Le bureau avisera de la formation du groupe les comités similaires des parlements étrangers, avec lesquels il sera heureux d'entrer en cordiales relations; le bureau de l'Union interparlementaire voudra bien se charger d'être son intermédiaire. Le bureau ne manquera pas, également, d'adresser une communication analogue aux diverses personnalités, associations, journaux et revues françaises portant un intérêt spécial à la question de l'arbitrage.

L'attention de M. le ministre des affaires étrangères sera particulièrement appelée sur le concours que le groupe compte trouver auprès de son administration pour la poursuite de ses études.

Au moment de clore ce procès-verbal, le président donne connaissance aux membres du bureau de la lettre suivante qu'il vient de recevoir de M. Léon Bourgeois, président de la Chambre des députés, ancien délégué de la France, avec MM. Bihourd et d'Estournelles, à la conférence de la Haye :

Cannes, 27 mars 1903.

Mon cher président et ami,

Soyez, je vous prie, l'interprète de mes cordiales félicitations auprès du groupe de l'Arbitrage international : vous savez les vœux que je forme pour le succès de ses travaux : ils contribueront puissamment à éclairer l'opinion sur le bienfait des solutions de droit substituées à celles de la violence et sur l'urgence d'utiliser, dans la mesure possible, la cour permanente de la Haye.

Croyez, mon cher ami, à mes sentiments de bien vive et fidèle sympathie.

LÉON BOURGEOIS.

PRINCIPAUX ARTICLES DE LA CONVENTION DE LA HAYE

ARTICLE PREMIER. — En vue de prévenir autant que possible le recours à la force dans les rapports entre les États, les puissances signataires conviennent d'employer tous leurs efforts pour assurer le règlement pacifique des différends internationaux.

. . . .

ART. 19. — Indépendamment des traités généraux ou particuliers qui stipulent actuellement l'obligation du recours à l'arbitrage pour les puissances signataires, ces puissances se réservent de conclure, soit avant la ratification du présent acte, soit postérieurement, des accords nouveaux, généraux ou particuliers, en vue d'étendre l'arbitrage obligatoire à tous les cas qu'elles jugeront possible de lui soumettre.

ART. 20. — Dans le but de faciliter le recours immédiat à l'arbitrage pour les différends internationaux qui n'ont pu être réglés par la voie diplomatique, les puissances signataires s'engagent à organiser une cour internationale d'arbitrage, accessible en tout temps et fonctionnant, sauf convention contraire des parties, -

conformément aux règles de procédure insérées dans la présente convention.

. . . .

Art. 27. — Les puissances signataires considèrent comme un DEVOIR, dans le cas où un conflit aigu menacerait d'éclater entre deux ou plusieurs d'entre elles, de rappeler à celles-ci que la cour permanente leur est ouverte.

En conséquence, elles déclarent que le fait de rappeler aux parties en conflit les dispositions de la présente convention, et le conseil donné, dans l'intérêt supérieur de la paix, de s'adresser à la cour permanente, ne peuvent être considérés que comme actes de bons offices.

LISTE DES MEMBRES DU GROUPE PARLEMENTAIRE

DE L'ARBITRAGE INTERNATIONAL
ET COMPOSITION DU BUREAU AU 31 DÉCEMBRE 1905

Présidents d'honneur : MM. BERTHELOT, de l'Académie française.

Le baron de COURCEL, membre de l'Institut, président de l'Arbitrage anglo-américain des pêcheries de Behring.

E. LABICHE, président du groupe de l'Union interparlementaire.

WALDECK-ROUSSEAU †, ancien président du conseil.

Président : M. D'ESTOURNELLES DE CONSTANT.

Vice-présidents : MM. DE LA BATUT, BAUDIN, BEAUQUIER, DUBIEF, FLANDIN, JAURÈS.

Secrétaires : MM. CORDEROY, CORNET, COUYBA, JANET, THIERRY, VIGOUROUX.

Comité d'action : MM. BÉRAUD, DEMARÇAY, BERTEAUX, CODET, GÉRALD, G. MÉNIER, MILL.

Questeur : M. PAJOT.

Secrétaire-adjoint : M. J. RAIS.

Membres :

MM. les sénateurs :

Comte D'AUNAY; BARBEY†; BATAILLE; BAYOL†; BEAUPIN; BELLE; BÉRAUD†; BÉRENGER; BERSEZ; BERTHELOT; BÉZINE; BIDAULT; BIZOT DE FONTENY; BLANC; BLANCHIER; BOISSIER; BOUDENOOT; Léon BOURGEOIS.

CALVET; DE CHAMAILLARD; CHARLES DUPUY; CHAUTEMPS (ÉMILE); COCULA; COMBES; COLLINOT†; Baron DE COURCEL.

DAUMY; DAVID (Henri); DEANDREIS; DECRAIS; DELPECH; Baron DEMARÇAY; DESTIEUX-JUNCA; DIANCOURT; DOLHAC; DUBOST (ANTONIN); DUPUY (JEAN); DUVAL.

ERMANT ; D'ESTOURNELLES DE CONSTANT ; EXPERT-BESANÇON.

GAÇON ; GARNIER✝ ; GARREAU ; GAUTHIER (Aude) ; GAUVIN ; GAYOT ; GIRARD (Alfred) ; GOMOT ; GOTTE-RON ; GOURJU ; GOUTANT ; GUÉRIN (Vaucluse) ; GUIL-LIER ; GUYOT.

HAULON.

KNIGHT.

LABBÉ ; LATERRADE ; LE CHEVALIER ; LEGRAND ; LEYGUE (Raymond) ; LINTILHAC ; LORDEREAU ; LOZÉ.

MAGNIN ; MARET (Seine-et-Oise) ; MARTIN-BIENVENU ; MASCURAUD ; MILLIÈS-LACROIX ; MONIS ; MOLLARD.

NOEL ; NÈGRE.

PAMS ; PÉDEBIDOU ; PETITJEAN ; PEYROT ; PEYTRAL ; PIC-PARIS ; PIETTRE ; PINAULT ; PIOT ; POCHON ; POIR-RIER ; PREVET.

RATIER ; RIOTTEAU ; RIVET ; ROUVIER (Charente-Infé-rieure).

STRAUSS.

TROUILLOT.

VALLÉ ; VELTEN ; VIDAL DE SAINT-URBAIN ; VINET ; WADDINGTON (Richard).

MM. les députés :

ABEL BERNARD ; ADAM (Achille) ; AJAM ; Albert POU-LAIN ; ALLARD ; Comte D'ALSACE, prince D'HÉNIN ; AN-DRIEU ; ARAGO (François) ; ARBOUIN ; Aristide BRIAND ; ARMEZ ; ASTIER ; AUGÉ ; AYNARD.

BACHIMONT ; BALANDREAU ; BALITRAND ; BAL-LANDE ; BARTHOU ; BAUDET (Charles) (Côtes-du-Nord) ; BAUDET (Louis) (Eure-et-Loir) ; BAUDIN ; BAUDON ; BEAU-QUIER ; BERGER (Georges) ; BERTEAUX ; BERTHET ; BER-TRAND (Lucien) (Drôme) ; BERTRAND (Paul) (Marne) ; BICHON ; BOUHEY-ALLEX ; BOURELLY ; BOURRAT ; BOUVERI ; BOYER (Antide) ; BRETON (J.-L.) ; BUISSON (Ferdinand) ; BUSSIÈRE ; BUYAT.

CAILLAUX ; CAMUZET ; CARNOT (François) ; CAUVIN ; CAZAUVIEILH ; CAZEAUX-CAZALET ; CAZENEUVE ; CHABERT (Justin) ; CHAIGNE ; CHAMBIGE ; Marquis DE CHAMBRUN ; CHANAL ; CHANDIOUX ; CHAPUIS ; CHAR-LES BOS ; Charles CHABERT ; CHARRUYER ; CHASTE-NET ; CHAUMET ; CHAUVIÈRE ; CLÉMENTEL ; CODET ; COLIN ; COLLIARD ; CONSTANS (Paul) ; CORDEROY ; CORNET (Lucien) ; COUTANT (J.) ; COUYBA ; CRUPPI.

DEBAUNE ; DEBUSSY ; DECKER-DAVID ; DEJEANTE ;

DELARBRE; DELARUE†; DELAUNE; DELBET; DELÉGLISE; DELONCLE (François) (Cochinchine); DELONCLE (Charles) (Seine); DELORY; DÉRIBÉRÉ-DESGARDES; DERVELOY; DESCHANEL (Paul); DEVILLE (Gabriel); DORMOY; DOUMERGUE; DRON; DUBIEF; DUFOUR; DULAU; DUMONT; DUPUY (Pierre); DUTREIL.

EMPEREUR; EUZIÈRE.

FÉRON; FERRERO; FLANDIN (Étienne); FOULD.

GALY-GASPARROU; GAUTIER (Léon); GENTIL; Georges GROSJEAN; GÉRALD; GÉRAULT-RICHARD; GERVAIS; GIROD; GODET; GOUJAT; GOURD; GOUZY; GROUSSEAU; GUIEYSSE.

HÉMON; HENRIQUE-DULUC; HOLTZ; HUBBARD; HUGUES (Clovis).

D'IRIART D'ETCHEPARE; ISNARD.

JANET; JAURÈS; JEANNENEY; JUMEL.

LA BATUT (de); LAFFERRE; de LANESSAN; LAROCHE-JOUBERT; LARQUIER; LAURAINE; LEFFET; LÉGLISE; LEMIRE; LEROY (Modeste); LESAGE; LESPINAY (marquis de); LEYGUE (Honoré) (Haute-Garonne); LHOPITEAU; LOUP.

MANDO; MARET (Henry); MAROT; MARUÉJOULS; MAS; MAUJAN; MENIER (Gaston); MERLOU; MESSIMY; MICHEL (Henri); MILL; MILLERAND; MOREL (J.); MOTTE; MOUGEOT; MUTEAU.

NOULLENS.

OLLIVIER.

PAJOT; Paul MEUNIER; PAVIE; PELLETAN; PÉRET; PÉRIER (Germain); PETITJEAN; PEUREUX; PICHERY; Pierre POISSON; PLISSONNIER; POULLAN; de PRESSENSÉ.

RAGOT; RAJON; RAULINE; RENOULT (René); RÉVEILLAUD; RÉVILLE (Marc); RIGAL; Robert SURCOUF; ROCH; ROUANET; ROUGIER; RUAU.

SABATERIE; SALIS; SARRAUT; SCHNEIDER (Charles); SEMBAT; SIEGFRIED; SIMYAN; STEEG.

THIERRY (J.); THIERRY-CAZES; THIVRIER; TORCHUT; TOURGNOL; TOURNIER (Albert); TROUILLOT.

URSLEUR.

VAILLANT; VAZEILLE; VIGNE (Octave); VIGOUROUX; VILLAULT-DUCHESNOIS; VILLEJEAN; VIOLETTE; WALTER.

RÉCEPTION
DES DÉLÉGUÉS DES PARLEMENTS SCANDINAVES
EN FRANCE

FORMATION DES DÉLÉGATIONS

Lettre d'invitation du groupe parlementaire français de l'Arbitrage international aux présidents des trois parlements scandinaves :

Paris, 16 juin 1904.

MONSIEUR LE PRÉSIDENT ET CHER COLLÈGUE,

Le groupe parlementaire français de l'Arbitrage international, dans sa séance de ce jour, a décidé, sur la proposition de son bureau et de son comité d'action, de poursuivre, à la fin de la présente année, la série des réceptions inaugurée au mois de novembre dernier par la réception à Paris des membres du parlement britannique.

J'ai reçu de mes collègues le très agréable mandat de vous demander s'il serait possible à un certain nombre de membres du groupe de l'Arbitrage du parlement (danois, suédois, norvégien) de nous honorer à leur tour de leur visite, en même temps qu'une délégation des groupes similaires des deux parlements (danois, suédois, norvégien).

Cette invitation s'étend d'ailleurs à tous les membres du parlement (danois, suédois, norvégien), sans distinction.

La date qui semblerait la plus favorable, après mûre réflexion, et malgré qu'elle ne puisse malheureusement convenir également bien à tous nos invités, serait la même que celle que nous avons adoptée l'an dernier, le samedi 26 novembre.

Nous espérons que nous recevrons bientôt, monsieur le président et cher collègue, une réponse affirmative à l'appel cordial que nous vous adressons. Nous sommes profondément convaincus que les représentants de tous les peuples ne peuvent que gagner à se connaître; leur rapprochement constitue à nos yeux un progrès de plus dans les bonnes relations internationales et une garantie nouvelle de la paix du monde.

Veuillez agréer, monsieur le président et cher collègue, l'assurance de ma très haute considération.

Le président du groupe parlementaire français de l'Arbitrage international,

D'ESTOURNELLES DE CONSTANT.

Réponses des présidents des parlements danois, suédois et norvégien à l'invitation du groupe de l'Arbitrage international.

Lettres identiques des présidents des deux chambres du parlement danois (Landsthing ou Folkething) :

Copenhague, 4 juillet 1904.

Monsieur le président,

J'ai reçu hier votre lettre du 16 du mois passé

par laquelle le groupe parlementaire français de l'Arbitrage international invite les membres du parlement danois à visiter la France en même temps qu'une délégation des parlements suédois et norvégien, en v··· de continuer la série de réceptions relatives à la question d'arbitrage, inaugurée l'année passée par des entrevues tenues à Paris entre les membres des parlements français et anglais.

J'ai fait porter aussitôt cette invitation à la connaissance des membres du (Landsthing, Folkething) danois, lequel n'est pas réuni en session pour le moment, et aussitôt que j'aurai reçu l'avis de ceux-ci, j'enverrai notre réponse définitive.

Mais, dès aujourd'hui, je tiens à vous exprimer, monsieur le président, notre profonde reconnaissance pour l'honneur qui a été fait aux membres du parlement danois, et, dans l'espoir que la réunion se réalisera d'une manière heureuse et qu'elle obtiendra de bons résultats pour la question d'une si haute importance dont elle s'occupera, et dont les représentants de la nation française ont été les initiateurs et interprètes éloquents, je vous prie, monsieur, d'agréer les expressions de mes sentiments les plus distingués.

Le président du Landsthing :

Le président du Folkething,

THIER.

Lettres identiques des présidents des deux chambres du parlement suédois :

Stockholm, 6 août 1904.

Monsieur le président,

J'ai eu l'honneur de recevoir la lettre que vous avez bien voulu me faire parvenir. L'aimable invitation que vous adressez aux membres du parlement suédois, au nom du groupe parlementaire français de l'Arbitrage international, trouvera, je n'en doute pas, un accueil des plus sympathiques auprès de mes collègues de la première et de la seconde chambre.

Toutefois, la saison rendant mes rapports avec eux un peu lents, je regrette de ne pas être à même de vous informer, avant le commencement d'octobre prochain, du résultat définitif des démarches que je me suis empressé de faire pour leur faire part de votre lettre, dont le contenu a été également publié par nos journaux.

En attendant, j'ose espérer que l'appel cordial venu de la chambre des députés de la République française ne manquera pas de réaliser l'établissement des rapports personnels entre les représentants de nos deux peuples, pour le plus grand bien du développement des bonnes relations traditionnelles existant entre la Suède et la France.

Veuillez agréer, monsieur le président, l'assurance de ma haute considération.

Le président de la première chambre,
Cte SPARRE.

Le président de la seconde chambre,
SVARTLING.

Lettre du président du parlement norvégien :

Christiania, 4 juillet 1904.

Monsieur le président,

J'ai l'honneur d'accuser réception, avec mes remerciements, de votre communication relative à une invitation aux parlementaires norvégiens de venir à Paris en même temps qu'un certain nombre de membres des parlements danois et suédois.

Je suis persuadé que mes collègues du parlement norvégien sauront apprécier avec moi les sentiments amicaux qui ont poussé les membres du groupe que vous présidez à nous tendre cette aimable invitation. Nous partageons tous votre conviction de l'importance de réunir les représentants des différentes nations, et il nous serait particulièrement agréable de nouer un lien de plus avec les représentants du peuple français.

Il ne m'est pas possible cependant de vous dire actuellement si une délégation du Storthing pourra accepter votre invitation à l'époque indiquée, la session parlementaire n'étant ouverte que le 11 octobre. Je crois en outre devoir ajouter — après conférence avec le collège des présidents du Storthing — que le mois de novembre serait une date peu commode aux parlementaires norvégiens, le Storthing étant à ce temps très occupé de son travail.

Je vous prie d'agréer, monsieur le président, l'assurance de ma haute considération.

Le président du parlement norvégien,
C. BERNER.

Lettre du président du groupe parlementaire suédois de l'Arbitrage international :

Stockholm, 10 juillet 1904.

Monsieur le président et cher collègue,

J'ai bien l'honneur d'accuser réception de votre lettre d'invitation à la date du 16 juin dernier. Vous avez, monsieur le président, par cette lettre, de laquelle nous autres, Suédois, nous sentons flattés, bien voulu demander s'il serait possible à un certain nombre de membres du groupe parlementaire suédois de rendre visite aux adhérents du groupe parlementaire français de la Paix en même temps qu'une délégation des groupes similaires des parlements danois et norvégiens. Avec plus d'attention, j'ai aussi remarqué que cette invitation s'étend à tous les membres du parlement suédois sans distinction, ce qui est autant d'importance que d'estime.

Après avoir reçu votre lettre d'invitation, je l'ai fait parvenir à la connaissance des secrétaires du bureau suédois afin que les préparatifs, que l'on considère comme nécessaires, pour annoncer votre invitation honorifique, soient exécutés. Aussitôt qu'une décision quelconque aura été prise, vous en serez averti.

En ce qui concerne les effets d'une visite officielle en France, je suis bien persuadé, monsieur le président, que les représentants des peuples scandinaves ne peuvent que gagner à connaître ceux du glorieux peuple français.

Veuillez agréer, monsieur le président et cher

collègue, l'assurance de ma très haute considération.

Le président du groupe,
GULLBRAND ELOWSON.

Lettre du président du groupe norvégien de l'Union interparlementaire :

Monsieur le président et cher collègue,

J'ai eu l'honneur, le 29 juin, de recevoir votre lettre datée du 16, par laquelle le groupe parlementaire français de l'Arbitrage inter.ational, d'une manière si cordiale, invite ses collègues du groupe norvégien de l'Union interparlementaire à une réception devant avoir lieu à Paris le 26 novembre prochain.

J'ai fait parvenir aujourd'hui cette lettre au bureau du groupe norvégien, afin que l'invitation puisse être présentée au groupe. Ceci ne pourra pourtant pas se faire avant l'automne, le Storthing ne siégeant pas en ce moment et ne devant se réunir que le 11 octobre. Les membres du Storthing ont besoin d'une autorisation pour pouvoir s'absenter pendant la durée d'une session.

C'est pourquoi je suis obligé de me borner préalablement à exprimer mes remerciements chaleureux et mon adhésion parfaite aux idées si bien développées par vous, monsieur le président, sur la grande importance de telles réunions interparlementaires pour le rapprochement des nations entre elles.

Veuillez agréer, monsieur le président et

cher collègue, l'assurance de ma considération la plus distinguée.

Le président du groupe,

H. Houst.

Télégramme de M. de Lagerheim à M. le président du groupe parlementaire français de l'Arbitrage international, Paris :

Stockholm, le 10 juillet 1904.

La signature, hier, à Paris, d'une convention d'arbitrage obligatoire entre les Royaumes-Unis de Suède et de Norvège et la France, me fait un devoir bien agréable de vous exprimer combien nous apprécions le travail énergique que vous ne cessez de vouer, avec le groupe parlementaire français de l'Arbitrage international, à l'œuvre de la paix entre les nations.

DE LAGERHEIM,

Ministre des affaires étrangères.

Réponse du président du groupe parlementaire français de l'Arbitrage :

A M. le ministre des affaires étrangères de Suède et Norvège, à Stockholm.

Le télégramme que Votre Excellence a bien voulu m'adresser, après l'heureuse signature du traité entre la France et les royaumes unis de Suède et de Norvège, a profondément touché mes collègues du groupe de l'Arbitrage et leur président.

Le 26 novembre prochain verra réunis à Paris, en grand nombre, nous l'espérons, les membres des quatre parlements suédois, norvégien, danois et français, pour célébrer, à la même date que l'an dernier, les irrésistibles progrès de la justice internationale. Nous comptons que Votre Excellence pourra assister à cette belle manifestation et recevoir en personne nos cordiales et unanimes félicitations.

D'Estournelles de Constant.

COMPOSITION DES DÉLÉGATIONS SCANDINAVES

Malgré les difficultés exposées par chaque président, quoique notamment la session parlementaire fût.ouverte,. la visite des trois parlements du Nord eut lieu à la date prévue.

Voici la composition des délégations parlementaires, auxquelles vinrent se joindre un certain nombre de personnalités de la politique, des lettres et des sciences des trois pays.

DÉLÉGATION DU PARLEMENT DANOIS

COMITÉ

Président : Le comte **Frijs**, sénateur.

M. Hey, consul honoraire, sénateur.

M. Rordam, docteur en médecine, médecin de première classe de la marine royale danoise, député.

MEMBRES DU LANDSTING

Breinholt, conseiller d'État.

Hage, chambellan, propriétaire, ancien ministre de l'agriculture.

Host, président de tribunal de première instance.

Kofoed, géomètre.

Pagh, conseiller, rédacteur en chef.

Rambusch, lieutenant-colonel du génie en retraite.

Rasmussen-Krojerup, propriétaire.

Stilling, industriel.

MEMBRES DU FOLKETING

K. Bjerre, pasteur.

P. Bjerre, propriétaire.

Borgbjerg, docteur en philosophie, journaliste

Hammerich, conseiller d'État, ingénieur civil.
Svend Hogsbro, avocat à la cour suprême.
Anton Jensen, instituteur.
Jensen-Toustrup, propriétaire.
Jungersen, propriétaire.
Maroff, rédacteur en chef.
Thomas Larsen, cultivateur.
Nielsen-Gron, propriétaire.
H. P. Pedersen, fermier.
Poul Rasmusen, avocat à la cour d'appel.
Sabroe, rédacteur en chef.
Svelstrup, président de tribunal de première instance.
Svendsen, propriétaire.

Secrétaires : MM. le professeur **Pierre Oesterby.**
Ed. Hansen, interprète juré.

PERSONNALITÉS ACCOMPAGNANT LE GROUPE DANOIS

Mme **Borgbjerg**, accompagnant M. **Borgbjerg**, député.
M. Georges **Brandès** et Mme **Brandès**.
Mme **Breinholt**, accompagnant M. **Breinholt;** sénateur.
M. **Carstensen**, président de l'Union des journalistes danois.
Mme la C^{sse} **Frijs**, accompagnant M. le comte **Frijs**, sénateur.

Mme **Hage,**	—	M. **Hage,** sénateur.
Mme **Hey,**	—	M. **Hey,** sénateur.
Mlle **Host,**	—	M. **Host,** sénateur.
Mme **C. E. Jensen,**	—	M. **Borgbjerg**, député.
Mme **Oesterby,**	—	M. **Pierre Oesterby.**
Mlle **Olesen,**	—	M. **Rordam,** député.
Mme **Pedersen,**	—	M. H. P. **Pedersen,** député.
Mme **Rasmusen,**	—	M. **Poul Rasmusen,** député.
Mme **Rordam,**	—	M. **Rordam,** député.
Mme **Sabroe,** } Mme **Schieby,** }	—	M. **Sabroe,** député.

DÉLÉGATION DU PARLEMENT SUÉDOIS

Présidents : M. le docteur **Cavalli** et M. le baron **Bonde.**
Le baron **Beck Fries** (J. G.), sénateur, propriétaire.
Beckman (E.), député, homme de lettres.
Biesèrt (J. E.), député, industriel.
Bjorlin (J. G.), sénateur, général de brigade.
Carlson (E.), député, docteur ès lettres, président du conseil
supérieur de l'enseignement secondaire.

Centervall (J. E.), député, docteur ès lettres.
Dieden (J. H. E.), sénateur, consul.
Ekman (A.), député, industriel.
Elowson (G.), député, docteur ès lettres.
Fahlbeck (P. E.), sénateur, professeur de l'Université.
Faxe (G.), député, négociant.
Le comte Hamilton (R. G.), sénateur, propriétaire.
Hedlund (H.), député, rédacteur en chef.
Le baron Klingspor (G.), sénateur, propriétaire.
Le comte Klingspor (Ph.), sénateur, propriétaire.
Melin (O.), sénateur, négociant.
Nylander (S. O.), député, industriel.
Nystrom (C.), sénateur, docteur en médecine et en philosophie.
Odqvist (G.), député, cultivateur.
Rettig (J.), sénateur, industriel.
Roos (G. W.), député, secrétaire de préfecture.
Staaf (K. A.), député, avocat.
Stephens (J. S. F.), sénateur, propriétaire.
Tamm (G.), député, propriétaire.
Tillberg (K.), sénateur, industriel.
Le baron Trolle   sénateur, propriétaire.
Trygger (E.), sénateur, professeur à l'Université.
Wallenberg (G. O.), député, armateur.

Secrétaire : **John Hammar,** directeur de la Société générale d'exportation de Suède.

PERSONNALITÉS ACCOMPAGNANT LE GROUPE SUÉDOIS

Mme **Sturge,** née **Beckman,** accompagnant	M. **Beckman,** député.	
Mlle **Beckman,**	—	M. **Beckman,** député.
Mme **Dieden,**	—	M. **Dieden,** sénateur.
Mme **Ekman,**	—	M. **Ekman,** député.
Mme **Elowson,**	—	M. **Elowson,** député.
Mme **Faxe,**	—	M. **Faxe,** député.
Mme **Wijk,**	—	M. le baron **Klingspor.**
Mlle **Wijk,**	—	M. le baron **Klingspor.**
Mlle **Melin,**	—	M. **Melin,** sénateur.
Mme **Rettig,**	—	M. **Rettig,** sénateur.
Mme **Roos,**	—	M. **Roos,** député.
Mme la B^{ne} **Trolle,**	—	M. le baron **Trolle,** sénateur.
Mme **Trygger,**	—	M. **Trygger,** sénateur.

DÉLÉGATION DU PARLEMENT (STORTHING) NORVÉGIEN

BUREAU DE LA DÉLÉGATION NORVEGIENNE

Président : N. **Prebensen**, préfet de Nesener, président de l'Odelsthing.

Vice-président : J. **Brunchorst**, directeur du Musée de Bergen, député de Bergen.

Membre du bureau : M. H. **Oppen**, agent consulaire de France, directeur de banque, député de Larvik.

Secrétaire : Chr. L. **Lange**, docteur ès lettres, secrétaire du comité Nobel du parlement norvégien.

MEMBRES DE LA DÉLÉGATION

A. **Berge**, maire de Vanse, député de Lister et Mandal.

Sigval **Bergesen**, agent consulaire de France, armateur, député de Stavanger.

Alfred **Eriksen**, pasteur de Karlsoe, député de Tromsoe.

A. **Frisak**, capitaine de vaisseau, député de Jarlsberg et Larvik.

G. **Granrud**, docteur en médecine, député de Holmestrand.

Bernhard **Hanssen**, armateur, député de Flekkefjord.

Monthei **Hoog**, propriétaire de forêts, député de Hedemarken.

G. A. **Jahren**, propriétaire d'usine, député de Smaalenene.

Carl **Stousland**, directeur de banque, député de Skien.

I. J. **Svendsboe**, maire de Fjelberg, député de Bergenhus-du-Sud.

Axel **Thallaug**, avocat à la cour d'appel, député de Hamar, Lillehammer et Gjoovik.

Ivar **Tveiten**, propriétaire de forêts, député de Bratsberg.

PERSONNALITÉS ACCOMPAGNANT LA DÉLÉGATION NORVÉGIENNE

Mme **Bergesen**, accompagnant M. Bergesen.

Mme **Eriksen**, accompagnant M. Eriksen.

M. le lieutenant-colonel **Heftye**, ancien ministre de la guerre.

M. **Horst**, proviseur du lycée de Tromsœ, président du groupe interparlementaire, et Mme **Horst**.

M. **Ihlen**, ingénieur, président du *Norges Oplysningskontor*, et son secrétaire M. **Janson**.

M. **Konow**, ancien président du Storting, délégué à la conférence de la Haye.

M. J. **Lœvland**, ancien ministre des travaux publics, président du comité Nobel du parlement norvégien.

Mme **Prebensen**, accompagnant M. **Prebensen**.

M. **Rieker**, premier secrétaire au ministère de Norvège.

M. **Thommessen**, directeur du *Verdens Gang*.

LES ÉTATS SCANDINAVES

M. Flandin, vice-président du groupe, a bien voulu rédiger, à la demande du Bureau, la note suivante, qui est très intéressante au point de vue des conditions politiques particulièrement délicates dans lesquelles cette manifestation d'indépendance et de bon accord a pu s'organiser.

La Suède et la Norvège, qui forment aujourd'hui deux Etats absolument distincts, étaient encore, en novembre 1904, réunis sous l'autorité d'un même souverain, le roi de Suède et Norvège; mais il s'agissait d'une simple « union personnelle ». Les deux gouvernements n'avaient de commun que l'autorité du souverain et le service des affaires étrangères ressortissant à un ministère établi à Stockholm. La rupture de « l'acte d'union » n'a pas modifié le régime parlementaire des deux États.

SUÈDE

La Suède est une monarchie héréditaire, où le pouvoir législatif est exercé de concert par le roi et par la diète (*Riksdag*).

Le *Riksdag* se compose de deux assemblées : la première chambre et la seconde chambre.

La *première chambre* comprend 150 membres, élus pour une durée de neuf années par les conseils provinciaux (*Landstingen*) et par les conseils municipaux des villes qui ne sont pas représentées au conseil provincial.

Sont éligibles à la première chambre les Suédois âgés de plus de 35 ans et justifiant, depuis trois ans, d'un cens déterminé : possession d'un immeuble d'une valeur imposable de 80,000 rixdalers (111,200 fr.) ou payement au Trésor de contributions calculées sur un revenu annuel de 4,000 rixdalers (5,000 fr.).

Aucune indemnité n'est allouée aux membres de la première chambre.

La *seconde chambre* comprend 230 membres (dont 150 pour les campagnes et 80 pour les villes), élus pour une période de trois ans, par des électeurs censitaires. Le cens est de 800 couronnes (1,100 fr.). L'établissement du suffrage universel est réclamé en Suède.

En principe, l'élection est à deux degrés. Mille électeurs du premier degré désignent un électeur du second degré. L'élection, toutefois, peut avoir lieu au suffrage direct lorsque la majorité des électeurs d'une circonscription le décide ainsi. Cette pratique est aujourd'hui généralement suivie.

Tout citoyen jouissant des droits électoraux dans sa commune est éligible.

Les membres de la seconde chambre reçoivent une indemnité de 1,200 rixdalers (1,660 fr.).

Chacune des deux chambres a les mêmes attributions et les mêmes prérogatives.

Le président et le vice-président de chaque chambre sont nommés par le roi. Les chambres élisent leurs secrétaires.

Le *Riksdag* se réunit à Stockholm tous les ans, en session ordinaire, le 15 janvier, ou le lendemain si le 15 est un jour férié.

A l'ouverture de chaque législature, il forme cinq comités spéciaux chargés de l'étude des affaires : comité de constitution, comité des finances, comité des impôts, comité de la banque, comité de législation. Chacune des chambres choisit, au scrutin secret, la moitié des membres de ces comités.

En même temps, le *Riksdag* désigne, à l'aide d'une procédure assez compliquée, un jurisconsulte, le *procureur général du Riksdag*, ayant mission de surveiller l'application des lois et de poursuivre devant la cour du royaume tous fonctionnaires suspects de forfaiture.

Le *Riksdag* nomme en outre des délégués pour administrer la banque du royaume et vérifier la gestion des deniers publics.

Enfin, il charge six membres, dont deux au moins doivent être des jurisconsultes de profession, d'assurer, sous la présidence du procureur général, le respect de la liberté de la presse.

Le pouvoir exécutif est exercé par un conseil d'Etat, composé de onze membres nommés par le roi et qui peuvent être pris dans le sein ou en dehors du *Riksdag*.

Huit d'entre eux sont chefs de départements ministériels. Les membres du conseil d'Etat sont responsables devant le *Riksdag*.

Il y a depuis longtemps en Suède les deux grands partis du parlementarisme : libéraux et conservateurs. Mais les questions économiques paraissent aujourd'hui l'emporter dans les préoccupations du Parlement suédois sur les questions d'ordre purement politique.

NORVÈGE

La Norvège est, comme la Suède, une monarchie constitutionnelle.

Le parlement norvégien, ou *Storthing*, est une grande assemblée élue pour trois ans et se subdivisant en deux chambres : *Lagthing* et *Odelsthing*, qui, toutes deux, sont issues du même suffrage. C'est, en effet, le *Storthing* qui opère lui-même la répartition de ses membres entre les deux chambres. Un quart compose la première chambre ou *Lagthing;* les trois autres quarts forment la seconde chambre ou *Odelsthing.*

Sont éligibles au *Storthing* les citoyens âgés de trente ans et domiciliés depuis dix ans dans le royaume.

L'élection a lieu à deux degrés.

Sont électeurs au premier degré les citoyens norvégiens âgés de vingt-cinq ans accomplis, domiciliés depuis cinq ans dans le pays où ils résident.

Il est élu un électeur du second degré pour 50 électeurs du premier degré dans les villes et 100 dans les campagnes, la Norvège étant partagée en districts électoraux, urbains ou ruraux. Le vote par correspondance est admis au cas d'impossibilité justifiée de se rendre au scrutin.

Le *Storthing* se réunit tous les ans à Christiania, en octobre. Chaque chambre tient ses séances séparément et nomme son président et son secrétaire.

Tout projet de loi doit d'abord être soumis à la deuxième chambre ou *Odelsthing*. La loi, votée par les deux chambres, ne devient définitive qu'avec la sanction du roi ; s'il la refuse, il retourne le projet de loi à l'*Odelsthing* en déclarant que « pour le moment il n'en reconnaît pas l'utilité ». Le projet ne peut alors être repris que par le *Storthing* suivant, et le roi a encore une fois le droit de lui refuser sa sanction, mais il ne peut persister dans son opposition après qu'un troisième *Storthing* s'est prononcé dans le même sens que ses devanciers.

Le pouvoir exécutif est représenté auprès du *Storthing* par un conseil d'État de dix membres nommés par le roi.

Le *Storthing* a généralement témoigné des tendances très démocratiques. Il se compose surtout de petits propriétaires ruraux.

DANEMARK

« La forme du gouvernement du Danemark, déclare la constitution danoise, est celle d'une monarchie limitée. »

Le roi exerce le pouvoir exécutif par l'intermédiaire de ministres responsables.

Le pouvoir législatif appartient concurremment au roi, dont la sanction est nécessaire, et au parlement, au *Rigsdag*, composé de deux chambres.

La première (*Landsthing*) comprend 12 membres choisis à vie par le roi et 54 membres élus par le suffrage à deux degrés pour une durée de huit ans. Les membres élus se renouvellent par moitié.

La deuxième chambre (*Folkething*) est formée de membres élus pour trois ans par le suffrage universel direct. Elle se renouvelle intégralement.

Le parlement danois se réunit chaque année le premier lundi d'octobre, pour une session dont la durée normale est de deux mois.

Dans certains cas, les deux chambres siègent ensemble sous la dénomination de *Rigsdag réuni*.

Les deux chambres élisent chacune leur bureau. Le « scrutin de proportion » peut être réclamé, de manière à assurer la représentation des minorités dans le bureau et dans les commissions.

Les membres du *Rigsdag* ont droit au remboursement de leurs frais de voyage et à une indemnité de 6 couronnes (8 fr. 40) par jour pendant la durée des sessions.

Les luttes politiques ont été très vives dans le parlement danois entre les conservateurs (droite) unis aux nationaux libéraux (centre) et le parti démocratique de gauche, comprenant les trois groupes des radicaux, des amis des paysans et des socialistes.

ARRIVÉE DES DÉLÉGATIONS SCANDINAVES
EN FRANCE

Les membres des délégations danoise, suédoise, norvégienne, se rassemblèrent à Copenhague, où le groupe parlementaire français de l'Arbitrage les salua par ce télégramme :

Représentants de trois peuples amis, la France vous attend pour vous accueillir fraternellement; la civilisation vous saura gré de votre pèlerinage en l'honneur de l'arbitrage et de la paix.

D'Estournelles de Constant.

Réunis dans un banquet solennel par le président du Rigsdag, ils répondirent par cette adresse :

Profondément touchés de vos paroles de bienvenue, les députés scandinaves, assemblés à Copenhague pour partir ensemble, vous expriment de plein cœur leur sentiment de sympathique dévouement.

Président du Rigsdag.

Mardi 22 novembre.

JEUDI 24 NOVEMBRE

Le jeudi 24 novembre, les délégués arrivèrent tous en France, à midi 40, à Jeumont, où le groupe de l'Arbitrage avait désigné pour les recevoir :

MM. Beauquier, député, vice-président; Béraud, sénateur; Louis Mill, député; Vigouroux, député. Des représentants de la section française de l'Association franco-scandinave s'étaient joints aux membres du groupe.

M. Beauquier souhaita la bienvenue aux délégués :

Chers collègues de Scandinavie,

Au moment où vous posez le pied sur le sol de la France, je suis heureux, au nom du groupe parlementaire français de l'Arbitrage international et en qualité de vice-président de ce groupe, de vous tendre les mains en vous disant : « Soyez les bienvenus au milieu de nous! « (Hourra! hourra!)

Déjà nous étions animés pour vous des sentiments de la plus vive sympathie, car depuis longtemps nous combattons ensemble le beau combat pour la paix, pour la justice internationale.

Vous allez vous trouver au milieu de la population parisienne, qui vous réserve un chaleureux accueil, car vous n'êtes pas pour elle des inconnus. Depuis plusieurs années déjà vos poètes, vos littérateurs, surtout vos auteurs dramatiques, ont conquis les suffrages du public français. Votre Ibsen est chez nous populaire à l'égal de nos plus célèbres auteurs.

Moi-même qui ai l'honneur de vous souhaiter la bienvenue, j'ai le plaisir de connaître personnellement quelques-uns d'entre vous, car j'étais un des députés français qui sont allés, il y a quelques années, à Christiania pour la réunion interparlementaire de la paix et de l'arbitrage. Laissez-moi exprimer ce vœu que m'inspirent les visites successives que nous avons eues des Anglais, des Italiens et aujourd'hui des Scandinaves : je souhaite ardemment que Paris, la capitale française, devienne comme LA MECQUE pacifique que tiendront à visiter au moins une fois dans leur vie les pèlerins amis de la paix.

Nous sommes fiers de pouvoir nous dire les « patriotes de l'Europe », en attendant d'être les patriotes du monde entier. (*Applaudissements.*)

Réponse de M. Hey, sénateur danois :

Messieurs, permettez-moi, au nom du comité et de mes collègues du parlement danois, de vous remercier des paroles de bienvenue que vous venez de nous adresser. Les paroles me manquent pour vous exprimer la joie profonde et la sympathique émotion que nous ressentons en posant le pied sur le sol de ce beau pays de France, pour lequel nous professons une réelle et sincère amitié. Nous sommes doublement heureux d'avoir pu nous rendre à votre aimable invitation, parce que nous avons vu dans cette invitation une preuve que cette amitié est réciproque, et parce que nous avons été conviés à prendre part à une de ces œuvres de haute hu-

manité qui caractérisent l'esprit éclairé et généreux de la noble nation française. (*Applaudissements.*)

Réponse de M. Prebensen, président de l'Odelsthing et de
la délégation norvégienne :

Au nom du groupe norvégien, j'ai l'honneur,
messieurs, de vous remercier de l'aimable accueil que vous nous avez fait et des paroles si
cordiales que vous venez de nous adresser,
paroles qui nous disent que nous sommes les
bienvenus et qui, dès lors, augmentent la joie
que nous sentons en faisant notre entrée,
comme invités, dans votre grand et beau pays.

Réponse de M. le baron Bonde, député, président de la
délégation suédoise :

Messieurs, au nom des représentants du parlement suédois, je vous remercie de l'accueil
cordial qui nous est fait et des paroles de bienvenue que vous venez de nous adresser. Ils nous
ont vivement touchés, en trouvant directement
le chemin de nos cœurs.

Quand jadis nos ancêtres les Vikings s'ap-
prochaient des côtes normandes, ils y jetaient
la terreur et l'effroi. En voyant leurs voiles à
l'horizon, les habitants allumaient des feux de
guerre sur les rochers. De notre temps, c'est
à bras ouverts que vous recevez l'invasion pacifique qui aujourd'hui passe vos frontières, et
les feux qui flambent à notre rencontre, ce sont
des feux de joie, c'est le feu qui brille dans nos
yeux ardents de sympathie et d'amitié.

Nous te saluons, belle France, nous te saluons, noble peuple français, nous sommes accourus à ton appel pour nous mettre dans vos rangs, dans la lutte commune contre la barbarie et les préjugés et pour la civilisation et la prospérité du monde entier. (*Applaudissements.*)

M. L. Mill, député du Pas-de-Calais, salua dans une autre salle ceux qui n'avaient pu trouver place dans le salon de réception, par une courte improvisation.

Avant de monter dans le train spécial que la Compagnie du Nord avait gracieusement mis à leur disposition, les délégués envoyèrent à M. le président de la République ce télégramme :

> *M. Loubet, président de la République, palais de l'Élysée, Paris.*

Touchés de l'accueil que nous réservent les représentants de la nation française, les délégués parlementaires de Suède et Norvège et du Danemark ont à cœur, en mettant le pied sur le sol de la France, de présenter au chef de l'État français l'expression de leurs hommages de profond respect.

HEY, BONDE, PREBENSEN.

Le train, dirigé par M. Reygondaud, inspecteur principal, entra en gare du Nord, à Paris, à 3 h. 50.

M. d'Estournelles de Constant, entouré des membres du bureau du groupe et d'un grand nombre de ses collègues; M. Gabriel Monod, de l'Institut, président de la section française de l'Association franco-scandinave; M. Akerman, ministre de Suède et de Norvège; M. le comte de Reventlow, ministre de Danemark; M. Gustav Nordling, consul général de Suède et de Norvège, et de nombreuses personnalités de la société scandinave de Paris reçurent les délégations.

De nouvelles paroles de bienvenue furent prononcées.

D'abord par M. d'Estournelles de Constant :

Messieurs les présidents et chers collègues,

Messieurs les représentants de l'Union parlementaire, et du comité Nobel,

Mesdames et Messieurs nos invités,

Au nom du groupe parlementaire français de l'Arbitrage international, interprète lui-même du Parlement et de la France, nous vous adressons une cordiale bienvenue.

Nous vous remercions d'avoir entrepris ce long voyage en dépit des conditions les plus défavorables, en plein hiver et en pleine session parlementaire.

L'opinion sera unanime à vous savoir gré de cette noble initiative, et notre manifestation n'en aura que plus de portée, aujourd'hui, plus que jamais.

C'est un solennel hommage rendu par les représentants des quatre peuples que nous représentons à la cause universelle du travail et du progrès, inséparable de la paix du monde.

Ensuite par M. Gabriel Monod, au nom de l'Association franco-scandinave :

Mesdames, Messieurs,

C'est avec un sentiment profond de joie que je viens, au nom de l'Association franco-scandinave, que j'ai l'honneur de présider, avec M. Liard, vice-recteur de l'académie de Paris, vous exprimer nos souhaits de bienvenue. Vous savez ce qu'est notre association, comment M. Lucien Maury, professeur de littérature française à l'université d'Upsal, uni à d'éminents représentants de l'enseignement supérieur et secondaire en Suède, en ont jeté les bases, il y a moins de deux ans, et comment aux sections française et suédoise sont venues se joindre des sections danoise et norvégienne. Notre association a pour mission de renouer les liens séculaires d'amitié et de solidarité qui unissent la France à vos trois patries, en organisant non seulement des échanges de visites d'étudiants, de professeurs, d'industriels et de commerçants, mais une collaboration active des Scandinaves et des Français dans tous les domaines et les arts de la paix. Cette collaboration de nos quatre peuples a existé de tout temps dans le domaine politique comme dans le domaine littéraire et artistique. Rappellerai-je tant de traités conclus, de guerres poursuivies en commun, Descartes cherchant un asile en Suède, Berzélius et Gay-Lussac, Linné et Jussieu, OErsted et Arago collaborant au progrès des mêmes sciences par des découvertes fraternelles, notre littérature du dix-septième et du dix-huitième siècle avidement étudiée chez vous, et de nos jours votre Ibsen et votre Bjœrnson admirés et acclamés chez nous autant que votre Nordenskiœld ou votre Nansen, votre Brandès cité par nos professeurs et nos critiques comme le maître qui a le plus profondément analysé les grands courants de la pensée moderne, vos artistes, les Thaulow, les Edelfet, les Wallgren, les Hagborg et tant d'autres adoptés par la France comme des compatriotes? Vous verrez aujourd'hui, messieurs les membres des parlements scandinaves, manifester avec éloquence la volonté de vos peuples de travailler avec la nation française à l'œuvre grandiose de la paix et de l'arbitrage. Votre visite actuelle est un grand acte. Notre association, toute pacifique, est fière de s'y associer et adresse un salut fraternel aux trois nations scandinaves, si dignement représentées ici par les ministres et les consuls de Suède, de Norvège et de Danemark et par les délégués des parlements de vos trois pays.

Vivent les Scandinaves!

Après les applaudissements, MM. Prebensen, Cavallt et Hage répondirent.
Allocution de M. Prebensen :

Mes collègues du Storthing norvégien, les autres invités de la Norvège et moi, nous tenons, messieurs, à vous remercier de tout notre cœur de l'honneur que vous nous faites en nous recevant ici, à la gare.

Je regrette de ne pas savoir m'exprimer assez bien dans votre belle langue, mais vous comprenez pourtant les sentiments que nous éprouvons, au moment de notre arrivée dans votre capitale, dans cette ville universelle, Paris, qui sait attirer le cœur de tous les pays intéressés aux œuvres de la civilisation. *(Applaudissements.)*

Allocution de M. le docteur Cavalli, sénateur, président de la délégation suédoise :

C'est avec des sentiments de profonde reconnaissance que les membres de la délégation suédoise ont entendu les paroles de bienvenue qui viennent de leur être adressées.

Ce n'est pas la première fois que des Suédois sont amicalement reçus en France. Pendant l'été déjà, les Français ont fait un chaleureux accueil aux membres suédois de l'Association franco-scandinave fondée afin d'établir des relations amicales entre ses membres.

Nous voici à notre tour désireux, nous aussi, de travailler à créer et à développer des liens d'amitié et de sympathie mutuels entre les deux pays.

C'est en vue de ce but que nous sommes arrivés en France, ce beau et grand pays qui nous a toujours inspiré l'estime et l'admiration. (*Bravos!*)

Allocution de M. Hage, sénateur danois, ancien ministre de l'agriculture :

Nous sommes enchantés d'être à Paris et d'y faire la connaissance personnelle d'hommes dont nous connaissions déjà les noms et qui se sont voués à une œuvre si patriotique et si belle.

Permettez-moi, messieurs, en vous offrant nos salutations sincères et cordiales, de m'adresser en premier rang à votre éminent président, M. d'Estournelles de Constant, en lui souhaitant de voir prospérer et vivre l'œuvre noble et généreuse qu'il a entreprise. (*Applaudissements.*)

Dans la cour de la gare, les délégués trouvèrent un service d'automobiles mis à leur disposition, pour leur séjour, par les constructeurs français. Ils furent conduits à l'hôtel Continental, où eurent lieu les présentations individuelles.

VENDREDI 25 NOVEMBRE

La journée du vendredi 25 novembre fut consacrée à des réceptions particulières.

Les parlementaires scandinaves furent invités individuellement par un certain nombre de leurs collègues français.

Dans l'après-midi, les membres français de la Ligue pour l'arbitrage, réunis dans un salon de l'hôtel Continental, souhaitèrent la bienvenue aux membres scandinaves de la Ligue Assistaient à cette réunion : Mmes Séverine et Camille Flammarion ; MM. Frédéric Passy, Lucien Le Foyer, l'organisateur de la réunion ; Ch. Beauquier, député du Doubs ; A. Weiss, professeur à la faculté de droit ; E. Arnaud, ancien président du congrès de la paix de Rouen ; G. Moch, ancien président du congrès de Monaco ; Horst, Elowson, Bajer, baron Bonde, Trygger, députés et sénateurs scandinaves.

L'Association de la paix par le droit était représentée, en dehors de son vice-président, par Mlle Christine Grabb, trésorière du groupe de Paris, ainsi que par MM. A. Jouet et Natan-Larrier, membres du Comité directeur.

M. Passy prit la présidence.

Dans une allocution souvent interrompue par de chaleureux applaudissements, il rappela combien l'idée de l'arbitrage s'était fortifiée en peu de temps auprès de toutes les nations, puisque, dans l'espace de quinze mois, il a été conclu entre divers peuples du monde au moins quinze traités d'arbitrage.

L'orateur rappela le rôle joué par M. Bajer dans cette propagation rapide d'une grande idée ; M. Bajer eut, en effet, le premier en Europe, la conception du bureau de la paix à

Berne. Enfin, M. Passy remercia le gouvernement norvégien d'avoir bien voulu jeter les yeux sur lui au moment où le prix Nobel fut accordé pour la première fois à un pacifiste. (*Bravos!*)

Je constate avec plaisir, une fois de plus, que, par-dessus la tête des souverains et des diplomates, les peuples, dans la personne de leurs représentants, commencent à entamer des relations d'amitié les uns avec les autres. Il n'y avait jadis que les chefs d'État qui se rendaient visite; ils s'appelaient réciproquement : « Mon cousin. » Aujourd'hui, ce sont les députés des populations qui viennent au-devant les uns des autres, et ils s'appellent : « Mes frères! » Quel heureux augure pour l'avenir! Après les parlementaires anglais, nous sommes heureux de recevoir les parlementaires scandinaves.

... Ce m'est un devoir de reconnaître que vous avez été, messieurs les Danois, Norvégiens et Suédois, nos plus fidèles alliés dans l'œuvre de pacification que depuis longtemps nous avons entreprise. Nous n'avons pu oublier notamment les persistants et courageux efforts de notre ami Bajer ici présent, avec qui je me suis rencontré à toutes les conférences interparlementaires en faveur de l'arbitrage et de la paix.

... J'ai eu le plaisir de visiter vos belles et si hospitalières contrées : j'ai vu Copenhague, Christiania, Stockholm, si pittoresquement situés. J'ai constaté par moi-même le caractère

honnête et paisible de vos populations si épri-
ses de justice et qui n'aspirent qu'à la faire régner dans les rapports des peuples entre eux.

... Nous continuerons ici à lutter avec vous
pour les idées qui nous sont chères et pour la
conclusion de nouveaux traités d'arbitrage, qui
seront de nouvelles mailles de cet immense réseau d'alliances dont nous espérons bien couvrir
l'Europe.

Ayons toujours présent à l'esprit que c'est par
la paix, par la paix seulement, que l'humanité
pourra réaliser la part de bonheur qu'il lui est
permis d'espérer. (*Applaudissements.*)

Allocution de M. Elowson, président du groupe suédois
de l'Arbitrage (extraite du *Courrier européen*) :

En qualité de président du groupe suédois de
l'Union interparlementaire, je suis heureux de
saluer ici M. Frédéric Passy, qui tout à l'heure,
dans un discours éloquent, nous a rappelé comment fut constituée l'Union interparlementaire.
Il vous a dit quels progrès fait chaque jour l'idée
de la paix par le droit, dont il est l'ardent dé-
fenseur. J'ajouterai simplement que vous savez
tous comme moi qu'il existe, dans le monde
matériel, une attraction entre les choses, attraction universelle qui s'exerce aussi dans le domaine moral. Les peuples éprouvent aujour-
d'hui cette attraction universelle; ils ont, de
plus en plus, une tendance à se rapprocher. Voilà
pourquoi ils se rendent visite. Voilà pourquoi
nous sommes, en ce moment, en France.

... Comment sommes-nous venus en France ? Nous sommes venus ici invités par la France ; nous sommes venus pour resserrer ces liens de fraternité qui unissent les peuples entre eux de plus en plus. Certainement, il y a et il y aura encore des différends entre les nations ; des intérêts se heurteront encore dans l'avenir ; mais les nations ont aujourd'hui deux manières différentes de régler entre elles leurs conflits : l'une, l'ancienne, la guerre ; l'autre, la nouvelle, l'arbitrage. Celle-ci, la plus jeune, est aussi celle qui a le plus de vitalité, c'est elle qui triomphera de l'avenir. (*Applaudissements.*)

Allocution de M. Horst, président du groupe norvégien de la Paix :

Je ne suis nullement préparé à prendre la parole dans cette réunion, mais, cependant, c'est un devoir pour moi d'adresser quelques mots de sympathie à M. Frédéric Passy, le Nestor des travailleurs qui se groupent autour de lui, et qui consacrent leurs efforts au triomphe des idées pacifistes.

... La Norvège aime la paix. Le parlement norvégien a toujours été favorable à l'arbitrage et à la cause de la paix, en général. Je n'en donnerai qu'une preuve, celle de la fondation du prix Nobel.

... La Norvège aime aussi la France. C'est la Révolution qui lui a donné, pour ainsi dire, sa constitution, celle de 1814, dont les principes sont tirés de la constitution française de 1791.

... La Norvège est pacifique. Si, autrefois, au temps des Vikings, les Norvégiens sont descendus vers le Midi pour se battre et conquérir des territoires, aujourd'hui ils ne veulent plus qu'y faire des incursions pacifiques et commerciales. Et c'est pourquoi ils disent aujourd'hui aux Français : « Faites que la France soit toujours l'une des premières dans l'œuvre civilisatrice; continuez votre propagande en faveur de la liberté dont vous avez été les premiers à projeter la lumière sur le monde entier; ne travaillez pas seulement pour la France, mais pour l'humanité tout entière. » (*Applaudissements.*)

Allocution de M. Bajer :

... Je suis heureux de constater une fois de plus que c'est la France qui marche à la tête des nations dans le mouvement pacifique, que c'est elle qui a signé, la première, avec la Grande-Bretagne, un traité d'arbitrage, le 14 octobre. Depuis lors, d'autres ont suivi, et l'on peut dire qu'ils se multiplient chaque jour. Et il est à souhaiter que tous ces traités soient formulés, à présent, sur le modèle de celui qui a été passé entre la Hollande et mon propre pays, je suis fier de le dire, le Danemark. (*Applaudissements.*)

Allocution de M{{me}} Séverine :

... Laissez-moi, messieurs, vous souhaiter la bienvenue, et vous la souhaiter triplement : d'abord, comme écrivain; ensuite, comme femme; enfin, comme pacifiste.

Comme écrivain, comme journaliste, parce que je crois nécessaire que la bienvenue vous soit souhaitée au nom de ceux qui considèrent un peu la France, non pas comme un préau de forteresse, non pas comme une cour obscure et sombre où tout est méfiance, tout est hostilité, mais comme un jardin clair... Oui, c'est cette France au nom de laquelle je désire vous souhaiter la bienvenue sans limites, cette France où quelqu'un a osé imprimer : « La haine de l'étranger est le commencement du patriotisme. »

Pas de patriotisme sans la haine de l'étranger! Ces paroles, nous les répudions, parce que nous croyons que le patriotisme sincère n'est pas le patriotisme qui s'en tient au berceau de la race.

Je salue votre littérature, parce qu'elle a fait beaucoup pour la nôtre. La claire Scandinavie lui a souri, et vous êtes venus, et votre pensée grave, votre pensée profonde, est venue imprégner notre littérature de réflexion et de méditation.

Puis, comme femme, parce que vous avez aussi imprégné notre éducation de tendances nouvelles, parce qu'à côté de la tradition qui perpétue ce que j'appellerai la bataille des sexes, — qui les égare et qui crée entre eux tant de malentendus, — il y a cette éducation libre que vous avez conçue, par laquelle vous avez fait des femmes hautes et dignes, des femmes chez lesquelles la camaraderie est admise et facile.

Enfin, je vous remercie comme pacifiste. Voilà vingt ans que je mène, sans me lasser, quoique quelquefois on soit fatiguée, voilà vingt ans que je mène cette campagne de fraternité et de bonté pour les humbles travailleurs. Combien de batailles, ceux-là seuls qui sont ici pourront en témoigner.

Eh bien, tous nos amis pacifistes sont ici les bienvenus; comme nos frères italiens, comme nos frères anglais, voilà que vous arrivez, et pour nous c'est aussi une grande joie et un grand honneur de vous recevoir. On dit que chez vous les jeunes filles, lorsque l'hiver est venu, tracent avec leurs patins des signes sur la glace, des noms, des cercles; eh bien, je voudrais penser que l'une d'elles, la plus jolie et la plus tendre, a un jour, du bout de son patin, tracé le mot de paix, et, quand le dégel est venu, quand les glaçons se sont dispersés, que celui qui portait ce mot a été rendu à l'Océan immense, ce mot-là a quitté votre côte, est venu vers notre frontière, est arrivé sur nos rivages, emportant ainsi le vœu de celle-là que je ne connais pas, mais que je salue, avec vous, de toute mon âme, de toute mon affection, à qui j'envoie mes saluts de paix et de fraternité. (*Applaudissements.*)

Presque dans le même temps, la rédaction du *Courrier européen* fêtait à son tour les délégations.

Parmi les assistants: MM. Lœvland, ancien ministre, président du comité Nobel du Storthing norvégien (comité pour la paix); Bajer, ancien député danois; Horst, ancien président de l'Odelsthing norvégien; Axel Ekman et Ernst

Beckman, députés suédois ; Rœrdam, député danois ; Bernhard Hansen et Svendsboe, députés norvégiens ; John Hammar, directeur de la Société générale d'exportation de Suède ; Frederiksen, directeur de l'agence Ritzau ; Ed. Hansen, secrétaire de la délégation parlementaire danoise ; Edw. Diriks, Cavling, correspondant du *Politiken* ; Anatole Leroy-Beaulieu, de l'Institut ; le prince Wiszniewski, Gabriel Séailles, professeur à la Sorbonne ; Albert Métin, Raqueni, secrétaire de la Ligue franco-italienne ; Maurice Alfassa, Paul Louis, Léon Poliet, Ch. Paix-Séailles, Pietro Mazzini, Jean Longuet, Alexandre Ular, Mony Sabin, Erik Lie, G. Gluncy, Arne Hammer, Ch. Chanvin, etc., etc., ainsi qu'un certain nombre de dames.

La série des toasts a été ouverte par une allocution de M. Louis Dumur, rédacteur en chef du *Courrier européen*.

Mesdames, Messieurs,

Dans la modeste intimité d'une rédaction de journal, il ne m'appartient pas d'évoquer devant vous la grande idée qui vous a fait quitter vos travaux et entreprendre un long voyage pour répondre à l'invitation des parlementaires français. Cette grande idée de paix et de rapprochement des peuples, vous l'entendrez abondamment développer dans des discours officiels, par des bouches éloquentes et autorisées, au cours des fêtes qui vont vous être données.

Je tiens seulement à vous remercier d'avoir bien voulu entreprendre un nouveau voyage à travers Paris, presque aussi long que celui que vous avez fait à travers l'Europe, pour venir échanger avec nous, simplement et en toute sympathie, quelques paroles cordiales et nous permettre de serrer des mains amies.

Je suis heureux, toute notre rédaction est heureuse et fière de votre présence au milieu de nous, et de ce que vous avez bien voulu distraire pour nous quelques instants de ces journées si importantes et si remplies, qui marqueront un pas de plus dans la voie du progrès européen et de la civilisation universelle.

Messieurs les députés danois, norvégiens et suédois, j'ai l'honneur de vous souhaiter la bienvenue au nom de notre rédaction, et, puisque nous sommes au seuil de ces journées mémorables, de vous adresser ses vœux pour que votre séjour en France vous laisse les meilleurs souvenirs, et qu'il prenne dans l'opinion européenne toute la signification qu'il doit comporter.

J'éprouve une particulière satisfaction de voir ici deux des membres du comité Nobel du Storthing norvégien, MM. Lœvland et Horst. Ils me permettront de saisir cette occasion de leur exprimer de vive voix la reconnaissance avec laquelle nous avons accueilli la haute distinction que le comité a bien voulu accorder l'année dernière à notre rédaction pour l'encourager dans ses efforts pour l'œuvre de la paix.

En M. Lœvland, nous saluons un des hommes les plus éminents du parti libéral norvégien, ancien ministre, président du comité Nobel de la paix. Comme chacun le sait, c'est au parlement norvégien que le Suédois Nobel a confié la cinquième part de son héritage destinée à favoriser la cause de la paix, tandis que les quatre autres prix sont distribués par des institutions suédoises. S'il l'a fait, c'est que Nobel savait que les Norvégiens sont un peuple essentiellement pacifique et que le Storthing fut le premier, et pendant longtemps le seul, à envoyer aux frais de l'État des représentants officiels aux congrès interparlementaires.

En M. Horst, président du groupe interparlementaire norvégien, ancien président de l'Odelsthing, nous saluons précisément la haute personnalité qui a été le délégué de la Norvège à tous les congrès de la paix. Nous avons eu le plaisir de faire la connaissance de M. Horst l'année dernière, lors de son séjour à Paris, et nous nous rappelons les belles paroles qu'il prononçait au banquet annuel de la paix :

« Il y a en Norvège, disait M. Horst, un sentiment vif pour la France, non seulement parce que la France est une nation éminemment libérale et progressiste, mais parce que la grande Révolution a créé en quelque sorte la constitution norvégienne de 1814, bâtie sur la constitution de 1791. C'est avec cette constitution que le peuple norvégien parcourt depuis près de cent ans une ère de développement heureux et fécond. Et maintenant nous voyons que c'est la France également qui prend l'initiative des idées de paix et d'arbitrage, qui sont suivies avec tant d'intérêt par les petites nations. Là encore c'est la France que l'on voit au premier rang. »

Après la Norvège, pourrait-on dire !

Nous sommes heureux aussi de la présence parmi nous de M. Fredrik Bajer, le vétéran du mouvement pacifiste dans les pays du Nord, le fondateur du Bureau international de la paix de Berne. Nous avons eu l'honneur de publier tout dernièrement un article de M. Fredrik Bajer, où il étudiait l'histoire des relations pacifiques entre le Danemark et la France et où il relevait le fait que depuis mille ans les relations entre la France et le Danemark avaient toujours été les meilleures, et que le Danemark était le seul pays de l'Europe qui avait toujours été en paix avec la France.

Enfin, à ces trois noms, je tiens à joindre celui de M. Georges Brandès, — qui, retenu ailleurs, me prie de l'excuser, — l'éminent critique danois, dont l'influence a été si grande dans les pays du Nord et dans toute l'Europe, et qui a contribué dans une mesure inappréciable à une transformation complète des esprits dans le séns des idées nouvelles.

Messieurs, j'exprime mon espoir, et cet espoir est maintenant une certitude, que les relations si heureusement établies deviendront de plus en plus cordiales entre les trois pays du Nord et la France, — et dans le milieu plus particulièrement international de notre journal, je puis et je dois ajouter : et entre toutes les nations civilisées. (*Applaudissements.*)

Puis M. Louis Dumur a donné lecture des lettres et télégrammes suivants :

Rome. — Salutations aux compatriotes et amis du Nord. — BJŒRNSTJERNE BJŒRNSON.

Odessa. — Prie transmettre plus cordiaux souhaits bienvenue à nos chers hôtes. — NOVICOW.

Je vous remercie cordialement de votre aimable invitation et je regrette beaucoup que des engagements antérieurs m'empêchent de l'accepter. — Georges Brandès.

Un empêchement absolu me survient au moment où je comptais aller vous joindre; je vous prie de m'excuser et d'être l'interprète de mes sentiments les meilleurs auprès de vos invités. — D'Estournelles de Constant.

Excusez-moi auprès de nos amis scandinaves. Je dois les voir, comme je l'ai écrit à Bajer, samedi, à l'Élysée et ailleurs. Il m'est impossible d'être partout où je voudrais être. — Frédéric Passy.

J'aurais été très heureux de pouvoir assister à la réception qui sera donnée le 25 courant par la rédaction du *Courrier européen* en l'honneur des parlementaires du Nord et du comité Nobel. Malheureusement, je suis déjà pris par une autre réunion et me trouverai ainsi privé du plaisir d'être des vôtres. — Paul Deschanel.

Je suis souffrant en ce moment et ne pourrai répondre aujourd'hui à votre aimable convocation. — Ludovic Halévy.

Mille excuses de ne pouvoir venir. Remerciements et meilleurs vœux. — Hedlund, député suédois.

Je regrette beaucoup que, par suite d'autres arrangements, je ne puisse assister à la réception du *Courrier européen*. — Chr. L. Lange, secrétaire du comité Nobel du Storthing norvégien.

M. Louis Dumur présente également les excuses et les salutations de M. Ch. Seignobos, retenu à la Sorbonne ; puis M. Gabriel Séailles, professeur à la Sorbonne, prend la parole.

Mesdames, Messieurs,

Si on m'a demandé de prendre la parole dans cette réunion, quand tant d'autres sont mieux désignés pour le faire, c'est, j'imagine, pour que je vous souhaite la bienvenue au nom des penseurs, des savants, des écrivains, des philosophes, de tous ceux qui pensent ce que vous travaillez à réaliser.

La science est déjà une paix entre les hommes, car non seulement elle ne se crée et elle ne se développe que par l'entente, que par l'effort convergent de tous les chercheurs, — quelque langue qu'ils parlent, à quelque nationalité qu'ils appartiennent, — mais encore la science tend à réconcilier tous les esprits, dans la grande concorde de la vérité.

Cette paix féconde est encore enfermée dans de bien étroites limites ; il faut que nous la propagions et que nous l'étendions à toutes les relations humaines.

C'est à vous, messieurs, que revient l'honneur d'avoir fait que l'idée de la paix n'est plus une idée théorique, n'est plus un rêve des philosophes. Grâce à vous, hommes d'action, politiques parlementaires, cette idée de la paix sort des livres; elle entre dans les faits; elle s'exprime dans les formules, dans des décisions, dans des règlements pratiques. Certes, ce que nous avons fait est bien peu de chose, auprès de ce qui reste à faire. Mais commencer est une grande chose; nous avons commencé. Nous n'attendons plus que l'idéal sorte des faits par la force de choses, que la paix se produise d'elle-même par le progrès naturel des relations internationales; nous sommes à la besogne avec la résolution de l'imposer, cette paix, aux militaires impatients, aux diplomates retors, à tous ceux qui vivent de ce dont les autres meurent. (*Applaudissements.*)

Messieurs, ne nous faisons pas d'illusions. Pour que la paix règne entre les peuples, il faut d'abord qu'elle règne à l'intérieur de chaque peuple. Tant que la vie sociale se réduira à une lutte pour la vie sans merci, tant qu'une concurrence impitoyable fera d'une façon de guerre civile l'état normal des sociétés, la guerre étrangère renaîtra elle-même des habitudes et des passions. (*Approbation.*) Elle restera toujours nécessaire, ne fût-ce, messieurs, que pour donner aux citoyens d'un même pays le sentiment de leur communauté.

Donc, luttons contre toutes les formes de la guerre, car toutes ces formes se tiennent, et travaillons à universaliser le règne de la paix par la justice, dans toutes les relations des hommes. (*Applaudissements.*)

Voici les discours qui ont été ensuite prononcés : M. Bajer ancien député danois, ancien président du Bureau de la paix de Berne.

Mesdames, Messieurs,

Je ne devrais pas parler ici, puisque je n'en ai pas reçu la mission, mais, puisqu'on m'y convie, je veux rappeler un proverbe danois et peut-être aussi norvégien, exprimant cette pensée que les mots viennent à la bouche d'eux-mêmes lorsque le cœur est plein de quelque chose. Voilà pourquoi, bien que je n'aie rien à dire spécialement dans le moment présent, je veux néanmoins vous remercier cordialement, au nom de tous mes compatriotes scandinaves. Cela ne doit pas empêcher quelqu'un de prendre la parole après moi, mais, puisqu'on me demande d'être le premier à la prendre, comme étant le plus âgé, je tiens à vous remercier de votre aimable invitation. J'espère que les heures que nous passerons ici compteront parmi les plus agréables de notre séjour à Paris, séjour qui a si bien commencé que nous ne pouvons qu'espérer qu'il finira de même.

J'ai une raison personnelle pour remercier la rédaction du *Courrier européen*. J'ai été heureux de voir, dans le premier numéro de ce journal, un article que j'ai écrit. Ce qui est dit dans cet article, je voudrais que cela soit... je ne sais comment on dit en français; en danois nous disons *stemmegaffel*. Je voudrais que cela soit comme le diapason dans le concert de paix millénaire entre la France et les pays scandinaves.

M. Dumur a dit, d'après moi, que le Danemark était le seul pays qui avait été en paix avec la France pendant mille ans. Ce n'est peut-être pas tout à fait exact; c'est une inscription qui se trouve sur une des cloches de Corneville. (*Rires.*) Je cite mes sources! Je crois que la Norvège a été aussi en paix avec la France, et même la Suède. Et je veux souhaiter que non seulement cette paix dure, mais que nous fondions la Sainte-Alliance pour la paix!

Lorsqu'on ne sait pas précisément ce qu'on doit dire, on est toujours en danger de trop parler. Je veux conclure en disant simplement ce que j'aurais déjà dû dire à l'Hôtel Continental : « Vive l'alliance pour la paix, la France et les pays scandinaves en tête! (*Applaudissements.*)

M. **Horst**, ancien président de l'Odelsthing, président du groupe interparlementaire norvégien.

Messieurs,

On a souvent dit que le peuple français ne connaissait pas l'étranger, ne connaissait pas les autres nations. Je ne crois pas que cela soit tout à fait exact; pendant ces derniers temps tout au moins, il y a eu un journal, en France, dont la rédaction connaissait très bien les autres nationalités : je veux parler de l'*Européen*. Peut-être sera-ce sous le nom de *Courrier européen* que cet organe poursuivra son œuvre.

Je crois pouvoir parler au nom du comité Nobel, au moins au nom de son président, mon honorable ami, M. Lœvland, en remerciant la rédaction de l'*Européen*, la rédaction du *Courrier européen*, de ce qu'elle a fait pour faire comprendre à la France les autres nationalités de l'Europe, pour expliquer les questions qui sont actuelles en Europe et dans le monde civilisé tout entier.

Je bois au progrès, au bonheur de cet organe.

On a dit : « Après la guerre, la paix. » Peut-être y a-t-il eu, comme vous le savez, une guerre que je ne veux pas connaître ; mais j'espère que la paix viendra un jour et que nous trouverons toujours en France, à Paris, une rédaction comme celle-ci, qui a déjà tant fait pour la cause de la paix et de la bonne entente des nations. (*Vives approbations.*)

M. Holger Rœrdam, député danois :

Au nom de mes compatriotes, je porte un toast à la rédaction du *Courrier européen*, en lui exprimant mes meilleurs vœux pour le temps présent comme pour l'avenir. Un journal qui compte au nombre de ses collaborateurs tant de personnes célèbres de tous les pays est sûr d'avance du succès de ses efforts.

Je lève mon verre à la prospérité du *Courrier européen*. (*Applaudissements.*)

M. Anatole Leroy-Beaulieu, de l'Institut :

Messieurs,

Nous avons déjà été représentés ici, nous autres Français, par les orateurs qui viennent de vous porter un toast. Je puis cependant ajouter quelques mots au nom de ceux de nos amis qui ont la joie de visiter vos beaux pays scandinaves.

J'ai la chance d'être un de ceux qui ont pu admirer les fjords et les lacs de vos trois royaumes. De plus, je puis dire que je suis, depuis une quarantaine d'années, un des hommes qui ont constamment suivi, de loin il est vrai, ne sachant aucune de vos langues, le développement intellectuel et politique de vos trois peuples.

Une chose m'a toujours frappé, l'originalité et la vigueur de l'esprit scandinave. Aujourd'hui, il y a dans le monde une tendance à agglomérer les peuples en grands États; c'est ce qu'on entend sous le nom d'impérialisme, d'après lequel n'auraient droit de vivre que les grandes nations et les grands empires.

C'est une des tendances les plus dangereuses de notre époque. Je crois que si l'on veut montrer ce que cet impérialisme a de contraire aux intérêts généraux de la civilisation et au développement de l'humanité, il n'y a qu'à regarder vos trois peuples du Nord. Vous êtes, quant au nombre des habitants, de petits peuples; mais vous êtes des peuples pleins de vie, ayant chacun son originalité, son génie. Vous avez montré que les petites nations, quoi qu'on en dise, ont un rôle et un grand rôle dans notre civilisation.

Nous sommes fiers d'être Européens; je l'avoue volontiers, moi qui reviens d'Amérique et qui suis un admirateur de l'Amérique. Je n'en trouve pas moins que nous avons en Europe un avantage qui deviendra de plus en plus manifeste, au fur et à mesure que nous nous habituerons à vivre en frères entre Européens. Nous avons sur l'Amérique l'avantage d'avoir une grande variété, une grande multiplicité de nationalités. C'est un avantage que nous devons garder. Nous n'en sentirons, il est vrai, tous les bienfaits que lorsque nous nous serons tous rapprochés et bien pénétrés des sentiments de fraternité européenne et de solidarité humaine.

Encore une fois, je crois que vous rendez un service signalé à l'humanité en montrant que les petits peuples ont un rôle essentiel. Dans la politique, par vos institutions, vous êtes des peuples libres, des peuples qui avez su garder ou conquérir votre liberté, et, ce qui est non moins important, vous êtes de grands peuples dans le domaine de la science, de l'art, de la littérature.

Quand on voit tout ce que de petits peuples de deux millions d'habitants comme le Danemark et comme la Norvège ont su produire, on se demande s'il y aurait pour l'humanité un plus grand malheur que la suppression de pareils peuples. Vous êtes au premier rang dans la littérature, dans la critique et dans l'art, pour le roman, pour le drame, pour la musique, et peut-être aussi pour la peinture. Vous avez en toutes choses votre originalité. Vous devez la garder. Vous êtes de ceux que nous aimons à suivre et à admirer; nous n'avons qu'un regret:

ne pas connaître davantage vos langues et ne pouvoir vous lire que dans des interprètes qui souvent vous défigurent.

Vous êtes Scandinaves; vous formez trois peuples frères et comme jumeaux. Mais il y a un autre peuple qui vous est, lui aussi, parent, qui est rapproché de vous par l'histoire, un peuple dont un grand nombre de membres sont de votre race ou de votre sang, et dont je regretterais que le nom ne soit pas prononcé ici, — et c'est pour cela que j'ai pris la parole, — c'est la Finlande.

Ce que je disais tout à l'heure du grand malheur que serait pour l'Europe la disparition d'un peuple qui a son originalité et son génie, je peux l'appliquer à la Finlande, — cette pauvre Finlande aujourd'hui opprimée, dont nous nous sommes appliqués, en Europe, à revendiquer les droits, dont, pour ma part, je n'ai cessé de prendre la défense. Il ne faut pas désespérer d'elle.

Les hommes offrent, hélas! peu de résistance à la mort; il n'en est pas de même des peuples; ils ont la vie dure. Nous pouvons espérer que le peuple finlandais recouvrera ses libertés, et cela à une époque peut-être prochaine. Les événements pourront bientôt tourner en sa faveur. Ce sera une grande satisfaction pour vous tous, Scandinaves, et aussi pour nous autres Français, en tant qu'amis de la liberté et de l'humanité. (*Vifs applaudissements.*)

Après M. Anatole Leroy-Beaulieu, M. Lœvland prononce

une allocution en langue norvégienne, que traduit ensuite en français M. Ed. Hansen, secrétaire de la délégation danoise.

M. Lœvland commence par remercier M. Anatole Leroy-Beaulieu pour son discours, puis il continue ainsi :

C'est l'idée de la paix qui a provoqué en Norvège et dans les autres petites nations l'idée de l'arbitrage, l'idée de la paix universelle. Dans les petits pays, on a compris que la paix universelle, c'est la sûreté et le progrès des petites nations.

Pour les petites nations surtout, la guerre, c'est la ruine, la débâcle, la destruction de tout ce qui est beau, grand et noble. C'est pourquoi les petites nations voient avec enthousiasme que se ravive en France et ailleurs l'idée de l'arbitrage. Les grandes nations aussi ont compris que la paix, c'est la prospérité de la science et de la culture matérielle et intellectuelle.

La France a toujours été, dans les différentes fluctuations de l'histoire, le pays qui a tenu la tête chaque fois qu'il a été question d'un progrès dans un sens ou dans un autre. La France a également tenu sa place dans la question de l'arbitrage. C'est la France qui, à présent, a pris l'initiative de réunir les différentes nations et d'assurer par ses efforts la prospérité, non seulement pour elle-même, mais pour toutes les nations qui voudraient lui emboîter le pas et la suivre dans la voie de la paix. La France a toujours été la nation de la gloire ; autrefois ce fut la gloire de la guerre, à l'avenir ce sera la gloire de la paix. (*Vifs applaudissements.*)

M. Lœvland termine en poussant un triple hourra en l'honneur de « la grande, la belle, la noble France », hourra qui est répété avec enthousiasme par nos hôtes du Nord, au milieu des applaudissements des Français présents.

Le soir, l'Opéra, la Comédie française, l'Opéra-Comique, l'Odéon, le théâtre Sarah-Bernardt, le théâtre Antoine, avaient mis des loges et des fauteuils à la disposition de nos hôtes.

SAMEDI 26 NOVEMBRE

Le samedi 26 novembre, après une nouvelle série de déjeuners intimes, commença le cours officiel des manifestations, et en premier lieu la visite au président de la République.

Réception à l'Élysée.

La réception eut lieu à 4 heures.

Les délégués étaient accompagnés par un grand nombre de notabilités et de dames danoises, suédoises et norvégiennes. Ils ont été reçus dans le salon Murat par M. et Mme Loubet, qu'entouraient MM. Abel Combarieu et le général Dubois, secrétaires généraux de la présidence; Mollard, directeur du protocole; Henri Poulet, chef du secrétariat particulier; les colonels Reibell et Chabaud; Mmes Dubois, Combarieu, Henri Poulet; M. d'Estournelles de Constant, président du groupe parlementaire français de l'Arbitrage, et Mme d'Estournelles de Constant, MM. Beauquier, Janet, députés, Frédéric Passy, etc.

M. de Reventlow, ministre du Danemark, et M. Akerman, ministre de Suède et de Norvège, ont d'abord présenté au chef de l'État et à Mme Loubet les présidents des délégations. Ces messieurs ont ensuite fait la présentation de leurs compatriotes, qui, après avoir salué le président de la République et Mme Loubet, se sont rendus dans la grande salle des fêtes, où M. et Mme Loubet sont allés les rejoindre.

Des discours ont été alors prononcés.

Discours de M. le comte Frijs, sénateur, président de la délégation danoise :

Monsieur le président,

C'est un grand honneur pour moi d'être le premier des délégués des parlements scandinaves à adresser la parole au chef de la République française. Nous gardons tous, en Danemark, une vive reconnaissance à vous, monsieur le président, de la gracieuse visite que vous avez faite à notre roi et à notre pays, et la mémoire en restera toujours comme un souvenir cher à notre cœur.

Nous nous sommes rendus avec gratitude à l'aimable invitation que le groupe parlementaire de l'Arbitrage a bien voulu nous faire, et nous savons que cette grande et noble idée d'arbitrage peut compter sur votre sympathie.

Nous en voyons la meilleure preuve dans l'heureuse initiative prise sous vos auspices, monsieur le président, par la France, dans les incidents qui se sont produits dernièrement.

Puis, le docteur Cavalli, au nom des deux chambres du parlement suédois, s'est exprimé ainsi :

Monsieur le président de la République,

Vous voyez devant vous quelques membres du parlement suédois qui se sont rendus en France sur l'invitation du groupe parlementaire de l'Arbitrage international.

L'accueil qui nous est fait a profondément touché nos cœurs, en même temps que nous apprécions hautement le grand honneur que le chef de l'État nous fait en voulant bien nous recevoir ici.

Quelques-uns d'entre nous sont en France pour la première fois, mais il n'y en a aucun, monsieur le président de la République, qui ne sait d'avance que la France est un pays riche et

fécond, et ses habitants un peuple actif et généreux, connu au loin pour ses hauts faits et pour
son esprit de justice et de vérité.

De retour dans nos foyers, nous penserons
avec reconnaissance à l'accueil que nous avons
reçu, à l'honneur qui nous a été fait, ainsi qu'à
votre lointain pays, et nous en garderons un
ineffaçable souvenir.

*Discours de M. Prebensen, président de la délégation
norvégienne :*

Permettez-moi, monsieur le président, de
joindre aux paroles qu'ont proférées M. le comte
Frijs, au nom du Danemark, et M. Cavalli, au
nom de la Suède, l'expression de la reconnaissance dont est inspirée la nation norvégienne,
à cette occasion si mémorable pour notre pays.

L'impression qu'a faite votre discours si
sympathique et si éloquent se conservera non
seulement chez nous, qui avons eu le grand
honneur de l'entendre, mais chez le peuple
tout entier que nous représentons ici.

Les conditions extérieures des deux nations
française et norvégienne sont bien différentes.
Mais néanmoins il y a un même sentiment qui
nous inspire et qui nous unit : c'est l'amour
commun de la liberté.

Nous sommes assurés que cet amour de la
liberté ne mourra jamais en France. Nous
osons espérer qu'il en sera de même pour notre
patrie.

C'est dans ces sentiments que la Norvège,

pauvre et froide, salue en votre personne, monsieur le président, la riche et souriante France.

Réponse de M. le président de la République :

Messieurs,

Je suis très touché des paroles que vous venez de prononcer. La première dépêche que vous avez adressée, en pénétrant sur le territoire français, était destinée au président de la République. J'en ai été très ému, car elle était la première manifestation de cette sympathie dont votre présence ici donne un éclatant témoignage. J'ai été aussi très flatté de recevoir votre première visite officielle.

Vous avez rappelé le voyage bien rapide que j'ai fait, il y a quelques années, en Danemark. J'ai été heureux alors d'aller saluer le vénérable roi Christian qui préside, avec tant de dignité, aux destinées de son pays. Chaque année, j'ai la joie de recevoir S. A. le prince héritier, accompagné de la famille royale.

Je fais des vœux pour leur bonheur et pour la prospérité du peuple danois.

J'ai bien regretté que S. M. le roi Oscar n'ait pas pu, l'an dernier, comme les années précédentes, venir passer quelques jours dans notre pays qu'il aime profondément et dont il est aussi profondément aimé. J'espère que sa santé lui permettra de reprendre le cours de ses voyages et de venir éprouver la fidélité de nos sentiments.

La Norvège, qu'il personnifie comme la Suède, est l'objet de toutes nos sympathies, auxquelles lui donnent droit son activité laborieuse et son amour de la liberté.

Messieurs,

En répondant à l'appel du groupe parlementaire français de l'Arbitrage, vous avez accompli un acte qui aura un grand retentissement. Votre visite, la première des parlementaires désignés par les chambres dont vous faites partie, produira un effet moral qui se fera sentir au loin; la cause de l'arbitrage et celle de la paix y gagneront.

Si vous vous en réjouissez, soyez sûrs que la République française s'en réjouit avec vous.

M. Loubet conduisit alors ses hôtes dans la grande salle à manger, où avait été préparé un goûter.

La musique de la garde républicaine exécuta plusieurs poèmes symphoniques scandinaves et français.

Toast de M. le président de la République :

Mesdames, Messieurs,

Je ne peux laisser passer une si heureuse circonstance sans vous proposer de porter deux toasts :

A S. M. le roi Christian, au doyen vénéré des souverains de l'Europe, à ce monarque dont les nobles sentiments et le caractère servent de modèle aux générations qui l'ont suivi. Je bois à sa santé, à la santé de la famille royale et à la prospérité du peuple danois.

A S. M. le roi Oscar, dont la visite est toujours si bien accueillie en France, et dont la santé nous inspire tant de sollicitude. Je fais des vœux pour que sa belle et verte vieillesse se prolonge longtemps encore pour l'affection de ses sujets. Je porte la santé de toute la famille royale.

Je bois à la Suède et à la Norvège, à ces deux nations unies sous le même souverain, qui ont droit chez nous aux mêmes sympathies, à leur prospérité et à leur bonheur.

Je bois aux parlements des trois pays qui ont envoyé des délégués dont les sentiments pacifiques et les sympathies pour la France nous sont particulièrement précieux.

Enfin, je bois aux dames danoises, aux dames suédoises, aux dames norvégiennes qui, en accompagnant les parlementaires de leurs pays, donnent, avec leur charme et leur grâce, à l'œuvre de paix qu'ils poursuivent avec nous, le gage d'un succès qui, certainement, ne lui fera pas défaut.

Quand la musique de la garde eut joué les hymmes nationaux de Danemark, de Suède, de Norvège, M. le ministre de Suède et de Norvège répondit au président de la République :

Monsieur le président,

Les paroles que vous venez de prononcer seront fidèlement transmises à leur haute destination respective ; elles ont, en attendant, vivement ému les cœurs de tous les Scandinaves ici présents ; au nom de ceux-ci, au nom de mon collègue de Danemark et au mien, je vous prie d'en agréer nos remerciements respectueux. Veuillez aussi me permettre de proposer à mes compatriotes de lever nos verres en votre honneur, Monsieur le président, et dans cette santé nous comprendrons nos vœux pour la gloire et le bonheur de cette grande et hospitalière France qui nous est si chère à nous tous. A la santé de monsieur le président de la République, à la prospérité de la France !

Après avoir entendu la *Marseillaise*, les délégués prirent congé du chef de l'Etat et de Mme Loubet.

Au palais de la présidence du Sénat.

Vers 5 heures et demie, les parlementaires scandinaves furent reçus par M. Fallières, entouré de MM. Lanes, chef de cabinet; Dupré, secrétaire général de la présidence, et des autres fonctionnaires du palais.

Allocution de M. Hage, chambellan du roi, sénateur danois :

Monsieur le président du Sénat,

Au nom des délégués des trois parlements scandinaves, je vous apporte nos remerciements les plus chaleureux pour votre flatteuse et aimable réception.

Notre séjour à Paris, cette belle ville qu'on apprend à aimer et à admirer de plus en plus, chaque fois qu'on y revient, nous laissera pour toujours les meilleurs souvenirs. Nous nous rappellerons toutes les amabilités que nous avons reçues et toutes les choses intéressantes que nous avons vues et entendues ; mais, lorsque nous quitterons Paris, ce sera dans l'espoir que notre visite aura également contribué à consolider la question qui nous a réunis ces jours-ci.

Nous savons bien que ce ne seront pas les petites nations qui résoudront la grande question de l'arbitrage; non, il faut que les grandes nations aillent en avant et s'accordent entre elles. Mais, sans aucun doute, l'appui et les efforts des petites nations ne seront pas sans importance.

Messieurs, jadis les pays scandinaves guerroyaient souvent, beaucoup trop souvent, entre eux; après chaque guerre, le résultat était la destruction et l'affaiblissement pour les nations. De nos jours, une guerre entre le Danemark et nos frères scandinaves appartient à ces fantaisies qui n'ont rien à faire avec la réalité. Ceci nous prouve, messieurs, que l'idée d'éviter des conflits et d'arranger les divergences internationales par l'arbitrage est déjà mûre depuis longtemps dans l'esprit des peuples scandinaves, et que nous sommes d'avance des alliés sûrs, naturels et sympathiques, quand il s'agit de travailler pour l'arbitrage international.

Messieurs, il y a un siècle, les Danois étaient les alliés des Français sur les champs de bataille. J'espère et je désire qu'aussi à l'avenir vous puissiez compter sur nous comme vos alliés fidèles, mais il faut nous chercher sur les champs où on combat pour la civilisation, pour l'instruction et pour les progrès du monde; nous, ainsi que nos frères scandinaves, serons fiers de suivre la grande et puissante France dans cette voie et de vous prêter notre modeste concours.

Monsieur le président, c'est avec le plus vif plaisir que nous nous sommes rendus à votre aimable et gracieuse invitation. Si ce sont les grandes nations qui doivent nous montrer le chemin qu'il faut parcourir, ce sont aussi leurs représentants, qui, par la confiance de leurs compatriotes, sont placés au premier rang, dont le travail sera de la plus haute importance. Nous sommes donc heureux de pouvoir compter sur votre puissant appui, quand il s'agit de travailler pour la paix internationale et la concorde européenne.

Veuillez recevoir, monsieur le président, l'expression de notre plus grand respect, de notre plus vive sympathie et de nos meilleurs souhaits pour l'avenir et la prospérité de votre pays.

M. Fallières, président du Sénat, répondit :

Messieurs,
Chers et honorés collègues des trois parlements du Nord,

Votre présence dans ce palais, la courtoisie qui vous y a conduits, les paroles si émouvantes que je viens d'entendre, tout me pénètre d'une douce émotion.

Souffrez que, dans ma reconnaissance, je vous exprime ma plus vive et ma plus sincère gratitude.

Souffrez surtout que je rapporte tout l'honneur de votre visite au Sénat et à la France.

Au Sénat, qui, je le proclame bien haut, n'est indifférent à aucune des manifestations dont le but est le maintien ou le développement de l'entente cordiale entre les nations.

A la France, si justement fière de voir se succéder, dans sa capitale et sur son sol, dans des voyages inoubliés, tant de glorieux serviteurs des idées de justice, de fraternité et de paix, qui, sans jamais se lasser, répandent à pleines mains dans le monde une semence dont les germes naissants deviendront un jour, que je souhaite prochain, une triomphante moisson!

Faut-il qu'après d'autres j'ajoute, à mon tour, que vous êtes les bienvenus parmi nous?

Vous y serez entourés des plus chaudes sympathies. Vous y rencontrerez des cœurs généreux battant à l'unisson des vôtres, et lorsque, de retour dans vos nobles pays, vous direz à vos compatriotes ce que vous aurez fait, comment vous avez été accueillis, lorsque vous leur aurez apporté le salut amical de la France, laissez-moi espérer que, dans leur légitime orgueil national, ils en éprouveront une patriotique satisfaction.

En tous cas, je suis sûr qu'ils partageront avec nous cette confiance que votre voyage n'aura été inutile ni à la cause de l'arbitrage ni au bien de l'humanité!

Lorsque ses hôtes furent réunis au buffet, M. Fallières porta un toast aux dames, après avoir fait remettre des fleurs à chacune d'elles.

Le président du groupe de l'Arbitrage répondit en quelques paroles.

Au palais de la présidence de la Chambre des députés.

M. Henri Brisson accueillit avec la même courtoisie que son collègue du Sénat les membres des parlements scandinaves, que lui présenta M. d'Estournelles de Constant.

M. Staaff, député suédois, salua M. Brisson :

Très reconnaissants d'avoir l'honneur de vous voir, monsieur le président, les délégués des trois parlements du Nord vous présentent leurs hommages les plus respectueux. Nous saluons en vous le président d'une assemblée des plus importantes pour tout ce qui existe de progrès et de développement dans le monde politique et social. Et nous n'ignorons pas la dignité avec laquelle vous remplissez les devoirs que comporte cette place si élevée.

Nous sommes réunis dans cette belle France autour d'une idée, l'idée brillante et féconde d'un avenir de droit, de paix et de concorde entre les peuples. Les pensées des grands esprits de nos jours et d'autrefois, qui ont conçu cette idée, se sont étendues vers des horizons encore couverts des nuages du songe. Ils ont rêvé d'un temps où seront groupées toutes les nations européennes, où par conséquent il existera un parlement des États-Unis d'Europe.

Ce rêve se réalisera-t-il un jour? Voilà ce qui échappe à nos regards trop faibles pour percer le brouillard des événements futurs.

Mais s'il devait en être ainsi, nous souhaitons

vivement qu'il y ait à cette époque des hommes comme vous pour présider ce grand parlement, des hommes qui puissent y répandre, comme vous le faites aujourd'hui parmi vos compatriotes, les sentiments de confiance qui animent une assemblée ayant à sa tête un chef non seulement d'un esprit éminent, mais encore d'une intégrité parfaite.

Veuillez recevoir, monsieur le président, les vœux sincères des délégués du Nord.

M. Brisson répondit à ces paroles par une émouvante improvisation. Évoquant les rêves généreux de sa jeunesse, rêves de liberté, de justice et de concorde entre les peuples, il exprima la douceur qu'il éprouvait à les voir se réaliser malgré tout, bien lentement, après de trop nombreuses et trop douloureuses épreuves, par le développement du progrès et de l'éducation universelle. « C'est avec une douce fierté, dit-il en concluant, que je vois la France prendre une part si active et si persistante à cette évolution, et je vous remercie, par votre inoubliable visite, d'être venus lui apporter le concours de vos sympathies. »

Après cette allocution, ou plutôt cette évocation, M. Brisson offrit à son tour des gerbes de roses aux dames et leur fit les honneurs des salons du palais. Ensuite eut lieu la visite de la Chambre, sous la conduite de MM. les questeurs.

Le soir, les théâtres dont nous avons déjà donné les noms avaient invité de nouveau nos hôtes.

DIMANCHE 27 NOVEMBRE

Le dimanche 27 novembre, par un train spécial, gracieusement mis à leur disposition par la compagnie de l'Ouest, les délégations étaient conduites en quelques minutes à Versailles.

La municipalité attendait ses invités sur le quai de la gare pavoisée.

M. d'Estournelles de Constant présenta les délégués à M. Baillet-Réviron, maire de Versailles, qui les salua en ces termes :

Le maire de Versailles et les représentants de cette ville sont venus au-devant de vous pour vous offrir leurs souhaits de bienvenue, en leur nom personnel et au nom de la population tout entière. Nous regrettons que Versailles ait perdu sa parure habituelle, et nous vous sommes reconnaissants d'être venus visiter notre ville, dont les souvenirs magnifiques sont le principal attrait.

Nous espérons que votre visite restera dans votre souvenir comme elle restera gravée dans le nôtre.

Puis, Scandinaves et Français gagnèrent le palais. Bravement les dames ont voulu s'associer à la visite, et c'est un contraste heureux, sous la neige d'un jour d'hiver, que leurs silhouettes très élégantes et leur sourire ému des manifestations de sympathie qui les accueillent. La plupart se rendent à pied au palais.

Dans la Cour de Marbre attendent M. le préfet de Seine-et-

Oise, M. le général commandant la place et M. P. de Nolhac, conservateur du palais.

M. Pierre de Nolhac, en quelques paroles de bienvenue, salue les visiteurs en constatant qu'après l'accueil de la France vivante et agissante du présent, ils reçoivent l'accueil de la France du passé. Il évoque brièvement les souvenirs des princes des États du Nord venus à Versailles sous l'ancien régime, et des artistes scandinaves (Lundberg, Roslin, etc.) qui y ont été accueillis et fêtés.

Ces paroles de bienvenue prononcées, au nom du ministre de l'instruction publique et des beaux-arts, M. de Nolhac prend, avec sa bonne grâce habituelle, la direction d'un rapide voyage rétrospectif à travers l'histoire de la France monarchique, commençant par les grands appartements de la reine, s'arrêtant à l'œil-de-bœuf, à la chambre de Louis XIV, aux grands appartements du roi, à la chapelle; au retour, enfin, à la galerie des Glaces. Là se découvre la surprise annoncée par M. d'Estournelles de Constant; tout à coup l'histoire revit, le rêve s'anime et se réalise, en l'honneur des délégués; « l'immortelle jeunesse des marquises et des bergères de Watteau » descend des fresques au rythme d'une gavotte de Lulli, mimée par les sœurs Mante, de l'Opéra.

Un déjeuner assis, offert par la municipalité dans la galerie des Batailles, termine cette inoubliable visite.

Au dessert, M. le préfet, M. le général Jolly et M. le maire portent les toasts d'usage.

M. Poirson, préfet de Seine-et-Oise, se félicita d'avoir eu l'honneur de présider cette brillante assemblée; le représentant du gouvernement leva son verre en l'honneur de LL. MM. les rois de Danemark, de Suède et de Norvège. Le général Jolly, dans un toast plein de finesse et de tact, rappela l'hommage du ministre de la guerre à la paix de jour en jour mieux assurée. En termes très heureux il montra que le rôle de l'armée dans un pays libre est de défendre, avec le territoire, la liberté et la paix. Rendre la France inattaquable, c'est rendre la paix plus assurée, c'est affermir son rôle et sa puissance de progrès et de civilisation.

M. Baillet-Réviron prononce à son tour le toast suivant :

Mesdames, Messieurs,

Avant que cette réunion prenne fin, vous permettrez au maire de Versailles de prendre une fois encore la parole.

Je le ferai brièvement.

Ce sera, en premier lieu, pour vous remercier d'avoir ajouté à votre voyage à travers la France une journée pour visiter Versailles et ses palais.

Ce sera aussi, messieurs, pour porter un toast aux pays scandinaves qui ont tant d'affinité avec le nôtre, à LL. MM. le roi de Danemark, le roi et la reine de Suède et de Norvège.

Messieurs, je porte également un toast à la santé des membres des parlements scandinaves et à leurs charmantes compagnes, qui emporteront, avec un peu de fatigue peut-être, le souvenir d'une promenade qui, je l'espère, n'aura pas été sans charme.

Je ne veux pas terminer sans remercier aussi M. le sénateur d'Estournelles de Constant, non seulement d'avoir organisé cette visite, mais d'avoir eu la bonne pensée d'y associer la municipalité et les représentants de la population de Versailles.

Je me rappelle comme si c'était hier — et pourtant trente ans se sont écoulés depuis lors — le jour où j'assistais à une séance de l'Assemblée nationale, ici, à Versailles. J'écoutais avec une attention avide un discours chaleureux, vibrant de patriotisme et interprétant l'espoir de l'orateur de voir renaître, grandir, se développer la France. Des rêves magnifiques se déroulaient devant nous, et ces rêves — j'ose l'affirmer, messieurs — se sont réalisés dans une mesure qui surpasse tout ce qu'on aurait pu espérer ce jour-là. Mais la France est devenue grande non seulement par son développement financier, sa situation politique et sa puissante influence, qui s'étend par-dessus le monde tout entier, elle a atteint sa position actuelle surtout par la puissance dominatrice des grandes idées qui y naissent et par l'énergie et la force admirable que sait développer le peuple français, lorsqu'il s'agit de transformer l'idéal en réalité et de remporter des victoires éclatantes sur les idées surannées, sur les obstacles et les entraves.

Dans la plupart des pays civilisés il se fait de nos jours un travail infatigable pour le développement intérieur, et certes les résultats déjà obtenus nous semblent très beaux.

Mais, quels que soient les progrès, à quelque degré que nos efforts pour améliorer le sort de l'humanité aient été couronnés de succès, il existe néanmoins une question de toute première importance, qui attend toujours sa solution : cette question est celle des relations internationales. Certes, la meilleure entente et même une amitié apparente existent entre les nations européennes; mais, malgré cela, combien facilement un léger malentendu peut faire éclater des combats sanglants qui ruinent en peu de jours le fruit du travail assidu de plusieurs dizaines d'années, des luttes désastreuses qui écrasent tout ce que le genre humain s'est approprié de beau et de noble, et qui répandent partout le malheur et les larmes.

Nous ne rêvons pas même la paix perpétuelle, mais nous faisons des efforts pour que le jour vienne où il y aura des rapports réglés, une entente cordiale, entre les différentes nations, comme il en existe déjà au sein de ces nations. Nous espérons que les dissensions entre les divers pays, du moins dans la plupart des cas, seront remises à la décision d'un tribunal arbitral, et nous faisons des vœux pour que cette manière de voir pénètre peu à peu dans la conscience universelle, pour en chasser les lambeaux des idées surannées. Le tribunal international, — voilà la parole du jour, la grande question sur laquelle se concentre l'intérêt de ceux qui désirent le vrai bien, le développement assuré de l'humanité. Cette question occupe dans une certaine mesure l'attention du monde entier, mais nulle part elle ne s'est enracinée autant que chez vous. Plus qu'aucun autre État, vous avez su gagner des résultats pratiques, et vous me permettrez de dire que ces résultats sont splendides. Grâce à votre travail plein de zèle et d'énergie, et amplement couronné d'un succès mérité, nous avons pu accepter votre hospitalité au milieu des conditions paisibles en Europe. Des relations d'amitié se sont déjà établies entre vous et les représentants d'une autre puissante nation, avec le secours de laquelle vous avez remporté des victoires importantes, parce qu'elles préparent la réalisation de vos nobles aspirations.

Aujourd'hui, vous voyez au milieu de vous les représentants des peuples de la Scandinavie, qui viennent vous offrir de soutenir, dans la mesure où cela leur est possible, votre beau travail au service de la paix universelle. Permettez-moi de vous exprimer notre profonde reconnaissance pour vos nobles aspirations et votre travail admirable, en vue de cette paix universelle, qui seule permettra à l'humanité le développement de ses facultés, le progrès, le rapprochement vers l'Idéal.

M. d'Estournelles de Constant se leva enfin pour donner le programme de la fin de la journée.

Mais les paroles des orateurs qui l'avaient précédé lui imposaient un commentaire de cette fête.

Ce fut une improvisation dont nous n'avons pu résumer que quelques passages :

... Je n'avais pas l'intention de parler aujourd'hui; mais nous venons d'entendre de si généreux et fortifiants discours, que je ne puis m'empêcher de me réjouir avec vous de la claire leçon d'optimisme que nous recevons ici.

Nous la devons un peu à M. le maire, à M. le préfet, à M. le général; je suis heureux de les remercier au nom de tous.

Nous la devons encore à M. le comte Hamilton, qui en d'éloquentes paroles nous a donné le commentaire encourageant de cette belle journée.

Nous la devons à la nature disciplinée de ces lieux, à l'harmonie méthodique de ce palais, à la beauté paisible et réglée de ces jardins...

Nous vous la devons surtout à vous, mes chers collègues des trois parlements du Nord, à vous qui apportez dans les galeries du roi Louis XIV l'espoir pacifique de vos peuples.

Votre présence modifie ce vieil édifice. Il paraît bien, en effet, que son ancienne valeur se renouvelle, à notre avantage : cette galerie des Batailles avait gardé jusqu'à ces dernières années quelque chose du belliqueux despotisme périmé; votre présence ici, votre unanime confiance dans l'avenir, relègue dans le passé ces souvenirs, et de tout ce passé où tant de splendeurs glorieuses se sont heurtées à tant de désastres, il ne reste qu'un enseignement et une espérance : l'espoir de voir la France aujourd'hui libre, instruite par ses malheurs mêmes, servir plus que jamais passionnément le progrès, la civilisation et l'humanité.

Après une rapide visite à Trianon, les hôtes de Versailles rentrèrent à Paris.

A la légation de Danemark, M. le comte de Reventlow, ministre de Danemark, les reçut dans les salons de la légation, avec une grâce parfaite.

Ce fut une halte en territoire national pour les uns, en pays ami pour les autres.

A la présidence du conseil des ministres.

De la légation de Danemark, à 5 heures, les parlementaires scandinaves se rendirent au ministère de l'intérieur, où, par une innovation délicate dont ils se montrèrent fort touchés, le président du conseil les reçut, non dans un salon, mais dans son cabinet de travail.

Allocution de M. Brunchorst, député norvégien :

Il est toujours difficile de parler au nom de trois États qui sont indépendants les uns des autres et qui ont souvent des intérêts différents. Vous savez même qu'entre la Suède et la Norvège les relations — quoique toujours très amicales — ont quelquefois présenté des difficultés qui sont très réelles, mais qu'il n'est pas facile de faire comprendre à des étrangers.

Il y a une circonstance qui, néanmoins, me rend possible de prendre la parole au nom de ces nations différentes : c'est qu'elles sont d'accord sur une chose : elles sont unies dans un sentiment commun de sympathie sincère pour la France.

Il est vrai qu'il y a une grande différence entre la France et nos pays du Nord. Mais cette différence même est peut-être la raison de l'attraction qu'a toujours exercée sur nous votre beau pays. Nous sommes un peu symbolistes, nous autres Norvégiens. C'est pour cette raison, peut-être, que je vois une sorte de symbole dans la manière dont les relations entre la France et les pays scandinaves se sont développées à travers les siècles.

Ces relations ont commencé il y a déjà plus de mille ans. Les parlementaires que nous avons alors envoyés en France étaient certainement plus dangereux que nous. Ils n'étaient pas non plus si bien reçus.

Mais la France était si nécessaire pour nous déjà dans cette antiquité lointaine, que nous étions obligés de briser la résistance pour nous emparer, d'une manière violente, de vos richesses et d'une partie de votre pays. Après ce temps, les relations sont devenues plus pacifiques, et c'est dans cela que je vois une sorte de symbole.

Nous vous envoyons encore nos meilleurs hommes, ceux qui possèdent le pouvoir dans nos pays. Maintenant, ils deviennent des amis; ils ont laissé leurs armes chez eux. Ils viennent remercier la France pour ce que ce riche pays a donné au monde civilisé dans les arts, dans la littérature et dans les sciences.

Les plus belles étapes de la civilisation sont dues à la France.

Réponse de M. Combes, président du conseil :

Je suis très touché des généreux sentiments que vous venez d'exprimer pour mon pays.

Vous avez fait allusion à la différence de caractère de deux peuples, et vous avez rappelé l'époque historique heureusement lointaine où nos intérêts étaient rivaux. Aujourd'hui, la situation est changée. Une ère de civilisation s'est ouverte et a rapproché les nations. Si ce rapprochement entre les pays du Nord et la France a semblé devoir être maintenant plus intime, l'explication est qu'à des degrés divers nous avons de votre sang dans nos veines.

Le président du conseil fit ensuite allusion à l'esprit symboliste du Nord, à l'esprit réaliste de la France, dont a parlé le docteur Brunchorst. La France s'est imprégnée de cette double intellectualité ; elle a pu comprendre mieux que d'autres nations les hommes du Nord, Ibsen entre autres, et elle inculque aux pays septentrionaux un peu de sa vie pratique.

M. Combes se félicita du rapprochement de la France et des trois nations représentées : Danemark, Suède et Norvège, espérant que ce rapprochement s'accentuerait pour le bonheur commun.

M. Combes évoqua un souvenir de ses jeunes années, lorsque, pénétré d'admiration pour les hommes du Nord, il ébauchait, au sortir de ses premières études, un roman inspiré par la vie de l'un d'entre eux. Il parla de l'intérêt que portent les parlements étrangers aux travaux du parlement français. « Rien de ce qui se fait dans une nation, dit-il, ne saurait être maintenant indifférent aux autres. » Le président termina ainsi :

J'espère que les bonnes relations entre vos

pays et la France iront s'accroissant et que continueront à se développer les sentiments d'estime, de sympathie et — permettez-moi l'expression — le commencement d'affection qui nous anime.

Il se tourna ensuite vers les dames présentes et les remercia de s'être jointes à la délégation :

A mon âge, dit-il, on peut se permettre un compliment : en vous voyant entrer, j'ai eu cette impression qu'au charme naturel de votre race vous ajoutez la grâce et l'élégance particulière de la Française.

Soirée au ministère des affaires étrangères.

Le ministre des affaires étrangères et Mme Delcassé offrirent, le soir, une brillante fête en l'honneur des délégations.

M. et Mme Delcassé recevaient, à l'entrée des salons, leurs invités, parmi lesquels, avec nos hôtes, on remarquait : MM. les présidents des Chambres, les ministres, les membres du parlement, du conseil supérieur de la guerre et le corps diplomatique.

Un remarquable concert en l'honneur de la musique scandinave et suivi d'un brillant souper termina la soirée.

LUNDI 28 NOVEMBRE

La matinée du lundi 28 novembre fut consacrée à la visite du musée du Louvre, dont les galeries avaient été ouvertes spécialement pour les parlementaires scandinaves, par une décision gracieuse de M. Homolle, de l'Institut, conservateur.

Le conservateur fit lui-même les honneurs du musée. Il accueillit les visiteurs par cette allocution :

Messieurs les délégués,

Nous sommes heureux, mes collaborateurs et moi, de vous souhaiter la bienvenue et de nous mettre à votre disposition pour vous guider dans les galeries de notre musée national. Les antiques liens d'amitié qui unissent la France avec les pays scandinaves, la grandeur et la beauté de l'œuvre de paix dont vous êtes les messagers, nous rendent ce devoir particulièrement précieux et redoublent notre désir de vous pouvoir être agréables.

Comme à Versailles, il fallut, au Louvre, se contenter d'un bref résumé des collections : les suggestions de cette imposante synthèse du passé furent le bénéfice de la matinée.

Du Louvre à la Sorbonne, il n'y a pour ainsi dire pas solution de continuité.

Il était donc d'une heureuse méthode de commencer l'après-midi au palais de l'Université de Paris.

M. le vice-recteur, entouré des membres du conseil de l'Université, notamment M. Croiset, doyen de la faculté des lettres ; M. Appel, doyen de la Faculté des sciences, reçut les délégués dans la Salle du Conseil.

Discours de M. Georges Brandès :

Monsieur le recteur, Messieurs,

Il y a un an, un des plus grands savants français, M. Berthelot, président d'honneur du groupe parlementaire de l'Arbitrage international, disait au banquet du Grand Hôtel :

« Nous aurons aussi le concours de ces petits peuples de l'Europe, foyers d'une civilisation si intense :... la Suède, la Norvège, le Danemark, trop fréquemment victimes, à cause de leur faiblesse, de la brutalité de leurs grands voisins. Ils s'empresseront de se placer sous l'égide de la nouvelle ligue. »

Ce que M. Berthelot annonçait, le voilà réalisé ! Mais si les Scandinaves sont accourus à Paris, heureux d'être appelés à ces grandes fêtes de rapprochement entre les nations, ce n'est pourtant pas la crainte de dangers possibles qui les amène, c'est l'enthousiasme sincère et chaleureux pour la France et pour l'idée que le groupe parlementaire français de l'Arbitrage international représente.

Dans le domaine de la politique, dans le monde extérieur en général, il y a toujours possibilité de dissensions et de malentendus qui rendent un arbitrage désirable, même entre nations qui n'ont jamais été en guerre l'une avec l'autre.

Mais il y a un autre monde, celui de la pensée et de ses œuvres, le monde de la littérature et de l'art, où il n'existe guère de dispositions belliqueuses et où il s'agit seulement de se comprendre, de se pénétrer et de profiter le plus possible l'un de l'autre en s'aimant mutuellement.

C'est le terrain merveilleux des influences réciproques exercées par les différents génies nationaux.

En faisant à quelques hommes en dehors de la politique, à quelques représentants des littératures de la Scandinavie, le très grand honneur de les inviter à cette manifestation d'entente et d'amitié, le groupe parlementaire de l'Arbitrage a montré qu'il sait bien apprécier la force énorme des grands courants intellectuels, bien que ceux-ci agissent discrètement, comme en secret.

L'action d'un traité, si considérable qu'elle soit, est faible, comparée à l'action d'un livre de premier ordre ou d'un esprit éminent.

De nos jours il n'y a pas de frontière pour la science. Toute découverte, toute invention, tout progrès, en quelque pays qu'il surgisse, devient aussitôt propriété universelle.

Il va donc sans dire que tout ce que la science doit à la France a profité aux pays du Nord. Et *vice versa*, si le Danois Ole Rœmer a trouvé la vitesse de la lumière, si le Danois Œrsted a découvert l'électro-magnétisme, si le Norvégien Abel a fait époque dans les mathématiques transcendantes, si les Suédois Bergman, Scheele, Berzélius se sont illustrés dans la chimie, leurs découvertes ont été immédiatement adoptées et assimilées en France.

Quant à Tycho-Brahé, ce prince de la science des astres, quant à Linné, ce roi dans le monde des fleurs, ils vous appartiennent aussi bien qu'à nous.

Bien autrement compliquées et bien moins directes sont les influences littéraires d'un peuple sur le génie national d'un autre. L'intelligence et la bonne volonté ne suffisent pas pour les subir, le génie lui-même ne suffit pas pour les exercer.

M. d'Estournelles de Constant nous écrivait récemment : « A nos yeux, la langue importe aussi peu que le vêtement. L'essentiel, c'est la sympathie. »

« Sympathie » serait un mot bien faible pour exprimer les sentiments que les grands écrivains d'un peuple inspirent à certains esprits d'un autre. Avec de la sympathie, on ne s'est jamais assimilé une grande œuvre étrangère. Il faut un enthousiasme à toute épreuve, une chaleur à fondre de l'or.

Il ne suffit donc nullement qu'un grand écrivain français soit traduit en langue scandinave, même d'une manière magistrale, pour qu'il exerce une véritable influence sur une race de tout autre tempérament.

Le livre traduit plaît, intéresse et... glisse sans pénétrer. Il faut que le poète ou le philosophe français trouve chez nous un esprit qui ne lui soit pas trop inférieur par le talent, et qui, tout en se l'appropriant avec une ferveur extraordinaire, le transforme entièrement en fusionnant l'essence de son œuvre avec son être à lui. Dans l'airain de l'œuvre d'art qu'il produira alors, le métal français se trouvera refondu et méconnaissable, mais il y sera toujours un élément essentiel.

Au temps de Gustave III, la littérature suédoise reflétait l'éclat de la littérature française du dix-huitième siècle. Le plus grand poète de la Suède, Bellman, le plus grand poète que le *rococo* ait produit en Europe, si vous ne voulez pas compter Watteau au nombre des poètes, était certes profondément original. Mais il a une grâce toute française. C'est naturel, car le pays d'origine du *rococo*, c'est la France.

Les littératures modernes du Danemark et de la Norvège ont été fondées par le Norvégien Louis Holberg, leur plus grand auteur. C'était en bonne partie un esprit de culture française. Jeune, il s'enthousiasmait pour Pierre Bayle. Il a décrit comment, à Paris, les étudiants d'alors attendaient de grand matin, devant la bibliothèque Mazarine. A peine les portes ouvertes, ils se précipitaient comme pour gagner un prix de course, car le premier entré pouvait lire le dictionnaire de Bayle. Il était lui-même si avide de cette lecture, qu'à Rome, où le livre était défendu, il donna le change pour se le procurer à un bibliothécaire ignorant.

Il est le père de notre comédie nationale, mais il regarda toujours Molière comme son maître, son maître vénéré, bien qu'il fût venu au monde soixante ans après lui. Holberg, qui n'emploie guère le mot « grand », appelle toujours Molière le grand poète comique, le grand

homme. Quand il veut appuyer une opinion exprimée par lui sur des questions de théâtre, il
ajoute : « Molière ne jugerait pas autrement. »
Par Holberg, nous avons subi l'influence de Molière comme celle de Bayle.

L'ascendant français se fait sentir sur toute
notre histoire littéraire.

Au dix-huitième siècle, le poète norvégien
Wessel, qui a écrit la parodie la plus amusante
de la tragédie classique, après Voltaire, fut néanmoins très français d'esprit et de style.

Au dix-neuvième siècle, le plus éminent des
poètes suédois, celui qui est regardé à bon
droit comme le poète national par excellence,
Esaias Tegner, insensible à toute influence
allemande, était Français par le brillant de
son esprit et par son amour de la lumière et
de la clarté.

Au même siècle, le penseur le plus original
et le plus profond du Nord, Soeren Kierke-
gaard, un Danois, était, à son insu peut-être,
fortement influencé par Pascal. Bien que né
deux cents ans après lui, il le rappelle.

Et le plus exquis prosateur moderne du Danemark, Jacobsen, qui a étudié Flaubert avec
ardeur, lui ressemble par son travail lent et
tenace comme par son art parfait.

Ainsi, depuis des siècles, nous sommes les
obligés de la France. L'âme moderne du Nord
s'est développée mystérieusement dans des
laboratoires intellectuels. Mais il y a eu dans sa
composition un élément français, et cet élément,
certainement, n'a pas été le moins lumineux.

Les esprits les plus clairs que nous ayons eus ont reçu une féconde impulsion du génie français. Les esprits les plus épris de vérité qui nous ont dirigés ont été à l'école de la France. Hugo a dit de sa patrie :

> Du monde enchanté
> C'est la clarté ;
> Son nom est France
> Ou Vérité.

Ces paroles, nous les endossons.

Il faut ajouter que tous les esprits largement libéraux des pays scandinaves, ceux qui nous ont procuré la liberté intellectuelle et politique, ont été enthousiastes de la France.

Malte-Brun et Heiberg père étaient imbus des idées de la grande Révolution, et, dans leur exil, ils trouvaient chez vous une autre patrie.

Même des Allemands, comme Henri Heine, ont encore attisé chez nous cet enthousiasme pour la France.

Des idées de justice et de liberté nous sont venues de votre pays :

> Son aile immense
> Couvre avec fierté
> L'Humanité ;
> Son nom est France
> Ou Liberté.

Il y a un an, Français et Anglais pouvaient parler de l'influence intellectuelle exercée de part et d'autre. Est-ce que nous pouvons prétendre à une telle réciprocité ? Hélas ! non. Certes, dans les derniers temps, la Norvège a exercé son ascendant en France; on s'est approprié Grieg et surtout Ibsen. Puis on s'est mis tout de suite à combattre l'influence scandinave... : elle venait à peine de se faire sentir.

Donc si les influences n'ont pas été réciproques, la faute n'en est pas entièrement à notre faiblesse. La France est bien un peu coupable, elle aussi. Bien peu de vos littérateurs et de vos savants ont porté leurs regards vers le Nord. Nous avions pourtant ici, à la Sorbonne et au collège de France, un grand interprète de nos sentiments et de nos idées, Gaston Paris. Hélas ! nous l'avons perdu. Il nous manque à nous comme à vous.

Vous trouverez peut-être avantage, dans l'avenir, à vous occuper un peu plus de ce qui se fait dans nos pays. Nous savons fort bien que les idées scandinaves doivent être transformées, elles aussi, pour pénétrer chez vous. Mais nous avons le désir très naturel de payer un peu nos dettes.

De notre côté, un rapprochement plus intime n'est guère nécessaire dans l'ordre de la littérature et de l'art. Depuis plus de deux cents ans, nous nous assimilons les valeurs intellectuelles qui nous viennent de France. C'est du côté de la France qu'un rapprochement un peu plus intime est possible et désirable.

La manifestation qui nous unit aujourd'hui est de bon augure. C'est avec joie que nous en acceptons le présage. (*Vifs applaudissements.*)

Discours de M. Fahlbeck, sénateur suédois, professeur à l'université de Lund.

Monsieur le recteur,

Parmi les fêtes et les réceptions brillantes que nous traversons dans cette semaine inoubliable, l'invitation qu'a bien voulu nous adresser l'antique et glorieuse Université de Paris est de celles qui nous touchent le plus et auxquelles nous attachons le plus de prix.

En effet, les savants ont été nos précurseurs, et ils resteront pour nous des auxiliaires précieux. Depuis que l'Église a cessé d'être l'unique lien entre les peuples de l'Europe, les apôtres de la science ont été jusqu'à nos jours les seuls à rappeler aux nations civilisées que, malgré l'isolement et les divisions politiques, elles sont membres de la même famille. La république des lettres et des sciences, l'Université, en recevant les étudiants de tous les pays, demeura longtemps le seul témoignage de la solidarité qui unit entre eux les peuples de l'Europe.

Heureusement les temps sont changés. Le siècle qui vient de s'écouler a vu naître et se développer maintes manifestations de cette solidarité.

Les visites interparlementaires en sont la plus récente et, j'ose le prédire, une des plus importantes, des plus fécondes. En effet, les parlements sont de nos jours les véritables souverains des nations, ou ils le deviendront bientôt.

Mais le but qui est la fraternité des peuples est encore éloigné et le chemin est semé d'obstacles de toutes sortes; aussi nous faut-il demander aux sciences comme aux lettres appui et assistance.

Cette aide, nous en avons besoin, d'abord et avant tout pour élaborer la législation qui doit ériger l'arbitrage en institution permanente, et, en outre, pour développer le droit des gens, pour en faire une partie intégrante des codes nationaux.

Mais ces codes nationaux et le droit constitutionnel eux-mêmes exigent des travaux considérables et des recherches approfondies, auxquels les savants sont appelés à contribuer. Je ne veux pas dire par là, comme Platon, que les philosophes doivent gouverner le monde; mais les savants peuvent préciser les tâches qui incombent à l'État moderne et nous aider à trouver les moyens de les bien remplir.

Ce problème social, par exemple, que l'évolution historique a suscité sur le chemin des peuples civilisés, comme un sphinx menaçant, et qui, pourtant, constitue la principale difficulté de la politique extérieure, il ne peut se résoudre qu'avec l'aide de la science.

Enfin, il appartient encore aux savants, par des études d'histoire comparée, de répandre la lumière sur les constitutions des différents peuples et de nous en faire connaître les divers types jusqu'ici trop peu connus. Tous les peuples, en effet, peuvent apprendre l'un chez l'autre, soit que leurs constitutions datent d'hier, soit

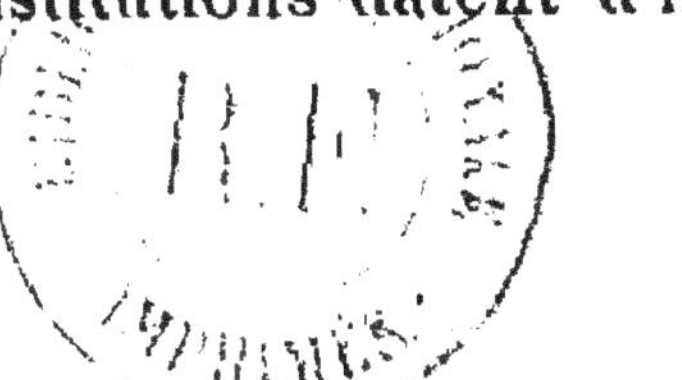

7

qu'elles aient derrière elles plusieurs siècles, comme c'est le cas pour la constitution de l'Angleterre et pour celle de la Suède. Et c'est là une voie dans laquelle les légistes français marchent en tête, depuis le grand Montesquieu jusqu'à nos jours.

Recevez donc, monsieur le recteur, de la part des délégués suédois, tous nos remerciements pour l'occasion que vous nous offrez d'acclamer la science française chez elle, dans cette vénérable Sorbonne. (*Applaudissements.*)

Discours de M. Loevland, ancien ministre des travaux publics, président du comité Nobel du parlement norvégien :

Monsieur le recteur,
Mesdames, Messieurs,

Je me permets de vous présenter les salutations et les remerciements de la nation à laquelle j'appartiens. Ce n'est pas seulement dans la navigation, dans le commerce et dans l'industrie que les rapports de la Norvège avec la France ont été importants. C'est surtout la coopération intellectuelle avec la France qui a été féconde pour notre développement national. Notre constitution politique est la fille de votre grande Révolution. Nos hommes de science, nos artistes, ont de tout temps reçu des idées, des impulsions de la France. Le génie français, qui possède une force sans rivale, parce qu'il est si fortement national, est en même temps tellement universel qu'il a un don unique pour être à l'avant-garde de l'évolution générale; ce génie français réunit donc toutes les conditions pour guider la coopération internationale.

C'est là qu'est l'avenir !

Les plus grands problèmes de l'avenir seront : à l'intérieur, la solution des questions sociales; à l'extérieur, de créer la sécurité fondée sur la justice internationale. La nation française, qui tant de fois déjà s'est placée au service des forces morales, nous montrera le chemin cette fois aussi. Vos savants, vos penseurs, vos auteurs et vos politiques ont déjà rendu à l'humanité les plus signalés services. C'est pourquoi nous savons qu'ils en rendront de plus mémorables encore dans le travail de l'avenir.

Je porte cet hommage au génie français, à la science française, ici, au sein de l'Université de Paris, ce foyer de la vie intellectuelle et scientifique de la France, qui, depuis le moyen âge, répand ses lumières parmi les peuples du monde entier. (*Vifs applaudissements.*)

Réponse de M. Liard, vice-recteur de l'Université de Paris :

Messieurs,

C'est une joie et une fierté pour l'Université de Paris que de recevoir votre visite, et c'est pour moi un honneur que de la représenter en une circonstance où vous avez comme interprètes auprès d'elle M. Georges Brandès, M. Fahlbeck et M. Lœvland.

Vous avez parlé, monsieur Brandès, de l'influence intellectuelle de la France sur les pays scandinaves, avec cette éloquence ardente, incisive et spirituelle qui durant des années a remué votre pays jusqu'aux entrailles. Je vous en remercie. Mais vous ne nous avez pas dit quel homme a été, à la fin du dix-neuvième siècle, l'ouvrier enthousiaste de cette influence. Cet homme, c'est vous. Vous avez dit un jour : « La littérature d'un pays est sa conscience. » Si cette parole est vraie, par vous, quelque chose de la conscience française est passé dans l'âme scandinave. De cette transfusion vous devez être remercié.

Vous venez d'exprimer le regret que, jusqu'ici, la France ne se soit pas assez ouverte aux influences de la pensée scandinave. Vous avez raison. Pourtant nous ne sommes pas sans la connaître.

Nous savons d'abord que vous n'êtes pas de petits pays, comme parfois le disent vos compatriotes, comme le disait ici même, il y a quelques mois, le président de la section suédoise de l'Association franco-scandinave. De petits pays ! Mais est-ce que la grandeur d'une nation se mesure à la surface de son territoire et au nombre de ses habitants ? A ce compte, Athènes et Jérusalem étaient de petites villes. Ce furent pourtant des villes très grandes. Si l'on envisage tout ce qui, depuis des siècles, est sorti de vous, vous êtes de grands pays. Belle est la part de l'âme scandinave dans la révélation progressive de l'humanité à elle-même.

Nous connaissons vos grands hommes, vos

savants, vos artistes, vos critiques qui sont des penseurs et qui savent, quand il faut, devenir des hommes d'action; nous connaissons vos poètes, vos dramaturges, vos héros de la pensée, hardis et audacieux comme vos explorateurs.

Nous savons aussi quelles activités sociales fermentent chez vous, quel effort s'y est accompli dans tous les champs de l'activité humaine, dans l'agriculture et l'industrie, dans l'éducation populaire, spécialement dans l'éducation et l'émancipation de la femme, dans les institutions d'assistance et de prévoyance, et quel y est le progrès des idées libérales et démocratiques.

Nous savons enfin que vous êtes des pays heureux, aux mœurs simples et douces, à la haute culture, d'une moralité plus haute encore, et qu'en chacun d'eux une conscience nationale très claire se dirige sûrement vers un avenir de progrès social et de paix.

Ce mot de paix me ramène à vous, monsieur Lœvland, qui êtes le président du comité Nobel de la paix, et je vous dis : « Nous aussi, dans cette maison, nous faisons œuvre de paix, parce que, suivant vos propres paroles, nous y faisons œuvre de science et de vérité. »

Tout d'abord, et c'est notre premier devoir envers notre patrie, — et j'ai la conviction que dans vos Universités, à Copenhague, à Christiania, à Lund, à Upsal, vos professeurs s'appliquent à un devoir semblable, — nous nous efforçons de maintenir et de développer dans la jeunesse française le sens et l'amour de ce qui fait l'individualité, la personnalité de la France, de ce qui est son génie propre, son histoire, sa langue, les formes diverses et successives de sa pensée et de ses sentiments, son art et sa littérature.

En même temps, nous cultivons ces sciences impersonnelles dont les vérités, une fois qu'elles sont nées, cessent d'appartenir à un peuple pour entrer aussitôt dans le domaine commun de tous les peuples, sciences mathématiques, sciences physiques, et aussi sciences morales et sciences sociales. Par elles, autour de la conscience distincte de chaque nation, et sans l'altérer, se forme peu à peu, grâce à une exosmose et à une endosmose spirituelles, une sorte de conscience collective où pénètre chaque jour plus de justice, plus de liberté, plus de bonté.

Messieurs, au nom de l'Université de Paris près de laquelle autrefois vos diocèses avaient des collèges, je vous souhaite la bienvenue et vous remercie de votre visite. (*Applaudissements.*)

Les délégués ont ensuite parcouru, sous la conduite de M. Nénot, de l'Institut, architecte de la Sorbonne, les salons de l'Académie, le grand amphithéâtre, le tombeau de Richelieu, la bibliothèque, les laboratoires de la faculté des sciences, en dernier lieu celui de M. Lippman, où le professeur a fait la très curieuse démonstration de la photographie des couleurs.

Les automobiles transportèrent les membres des délégations de la Sorbonne au Palais-Bourbon, où M. le secrétaire général de la questure les introduisait dans les galeries réservées de la salle des séances.

Les parlementaires scandinaves assistèrent aux délibérations de leurs collègues français et se retirèrent en emportant, en manière de souvenir, un élégant coffret, présent de MM. les questeurs Chapuis, Pagot et Ragot, renfermant les reproductions photographiques des plus beaux aspects du Palais et des décors de Delacroix ainsi qu'une brochure de M. Jules Rais, le dévoué secrétaire du groupe de l'Arbitrage, attaché principal à la bibliothèque de la Chambre des députés, sur l'histoire du Palais-Bourbon.

LE BANQUET

C'est le soir du lundi 28 novembre qu'eut lieu le banquet offert par le groupe parlementaire français de l'Arbitrage international en l'honneur des délégués des parlements scandinaves.

Comme en 1903 pour les parlementaires anglais, le banquet fut précédé par une réception où les convives purent faire connaissance ; la cérémonie eut lieu dans la salle des fêtes du Grand Hôtel.

L'inspiration du peintre Carrière ayant, pour la première réunion, doté le groupe d'un emblème, la composition de cet artiste ennoblissait, cette année encore, le menu portant toujours la belle devise de Michelet : « Au vingtième siècle, la France déclarera la paix au monde. »

Dès sept heures, le président et le bureau du groupe recevaient leurs invités, qui bientôt après descendaient, en amical cortège, des salons du Zodiaque à la salle des fêtes.

Plusieurs membres du parlement anglais, anciens délégués de 1903, ayant à leur tête lord Brassey, étaient venus se joindre à leurs collègues scandinaves et français. M. d'Estournelles de Constant, dans son discours, dégagea nettement la haute signification de leur présence.

Étaient placés à la table d'honneur : à la droite de M. d'Estournelles de Constant, président, MM. le président du Sénat, le ministre de Suède et de Norvège, le président du conseil, le docteur Cavalli, sénateur, président de la délégation suédoise, avec M. le baron Bonde ; le représentant du président de la République ; M. Prebensen, président de l'Oldesthing et chef de la délégation norvégienne ; le ministre des colonies ; Sir W. Holland ; M. Poirrier, vice-président du Sénat ; le baron Bonde, député, grand chambellan, président de la délégation suédoise ; Étienne, vice-président de la Chambre des députés ; Hage, sénateur danois, chambellan ; Melin, sénateur suédois ; Georges Cochery, député, ancien ministre ; Horst, président du groupe interparlementaire ; le préfet de la Seine ; Siegfried, député, ancien ministre ; Konow, délégué à la conférence de la Haye ; M. Liard, vice-recteur de l'Université de Paris ; Georges Brandès ; M. Derode, président de la chambre de commerce.

A la gauche du président, MM. le président de la Chambre des députés, le ministre de Danemark ; M. Berteaux, ministre de la guerre ; le comte Frijs, sénateur, président de la délégation danoise ; M. Pelletan, ministre de la marine ; lord Brassey ; MM. Rœrdam, député danois ; Hey, sénateur danois ; Lockroy, vice-président de la Chambre des députés ; Brunchorst, député norvégien ; Baudin, député, ancien ministre ; Oppen, député norvégien ; Lœvland, président du comité Nobel ; Frédéric Passy ; le président du conseil municipal ; le préfet de police ; sir Th. Barclay ; le président du conseil général ; Adolphe Carnot ; Mascuraud, président du comité républicain du commerce et de l'industrie.

Aux tables latérales, à côté des délégués des trois parlements du Nord et des membres du groupe parlementaire français de l'Arbitrage, avaient pris place de nombreuses notabilités du monde politique, littéraire, scientifique, commercial, et de la presse.

A la loggia du salon du Zodiaque, on vit bientôt des dames scandinaves, anglaises, françaises, invitées à venir entendre les orateurs.

A dix heures, M. d'Estournelles de Constant, président, prit la parole :

Discours de M. d'Estournelles de Constant.

M. d'Estournelles de Constant, président, donne lecture du télégramme par lequel le président du Storthing norvégien, M. Berner, annonce que l'état de sa santé l'a obligé à renoncer au voyage qu'il était à la veille d'entreprendre avec ses collègues :

Les membres du parlement norvégien et du groupe norvégien de l'union interparlementaire présentent à leurs collègues réunis au banquet de l'Arbitrage leurs félicitations cordiales. Répondant aux vœux de toute la nation norvégienne, nous déclarons : « En avant vers notre but commun : *la réalisation parfaite de l'arbitrage international.* »

L'assemblée applaudit ensuite la lettre suivante de M. Léon Bourgeois, ancien président de la Chambre des députés et membre de la cour de la Haye :

Mon cher sénateur et ami,

Jamais, plus vivement qu'aujourd'hui, je n'ai regretté d'être retenu loin de toute manifestation publique. J'aurais été, en effet, profondément heureux d'être auprès de vous, comme nous fûmes côte à côte à la Haye, pour recevoir la délégation que les trois parlements scandinaves font au parlement français l'honneur de lui envoyer pour témoigner de l'estime et de la sympathie réciproques qui chaque jour s'accentuent entre leurs patries et la nôtre, et pour rendre hommage aux principes de justice et de solidarité internationales pour lesquels nous avons lutté de notre mieux à la conférence de la paix.

Que de chemin parcouru depuis cette année 1899 où beaucoup, même parmi les esprits les plus libres, traitaient de chimères les espérances fondées sur les conventions de la Haye ! Il a fallu deux ou trois ans pour qu'un premier traité d'arbitrage fût signé entre deux grands pays en exécution de ces conventions. Mais depuis, c'est presque chaque jour que nous apprenons la signature de quelque nouveau traité de ce genre, et l'on peut prévoir le temps où la législation internationale enveloppera comme d'un réseau pacifique l'ensemble des peuples civilisés.

Et quel triomphe plus éclatant encore de nos idées dans cette convention toute récente par laquelle la Russie et l'Angleterre viennent de soumettre à une commission d'enquête, constituée conformément aux articles de la Haye, ce grave incident de Hull, d'où pouvait sortir la plus terrible des conflagrations !

Certes, l'œuvre qui reste à faire est immense. Il y faut travailler sans cesse, et sans cesse chercher les moyens de développer, de perfectionner, rendre plus efficace et plus rigoureux ce droit nouveau de la paix dont les bienfaits se font pour la première fois sentir au monde.

Et c'est pourquoi nous devons applaudir à l'initiative récente du président des États-Unis d'Amérique et nous réjouir de l'accueil déjà fait par tant de puissances à son généreux projet.

Mais les bons ouvriers de cette grande tâche, si rares il y a cinq ans à peine, sont aujourd'hui légion. Au-dessus des gouvernements eux-mêmes, une puissance souveraine a pris naissance qui disposera bientôt des destinées du monde. Il a toujours existé un penchant de l'opinion, mais on n'entendait par là qu'une force passagère et dont la direction variait sans cesse selon les passions ou les intérêts du moment. La puissance nouvelle est née d'une tout autre origine ; elle doit porter un autre nom : c'est celui de la conscience universelle ; elle puise ses inspirations dans les principes mêmes de la morale et du droit ; elle en a la fixité et la force, et c'est à eux qu'elle doit sa constante et bienfaisante action. (*Applaudissements.*)

C'est là qu'est la signification profonde de la visite que font à la France nos collègues du Danemark, de la Suède et de la Norvège; c'est là ce qui doit doubler pour nous la joie de les recevoir. Nous les saluons comme ils doivent l'être, non seulement comme les délégués de leurs parlements et de leurs pays, mais encore comme les représentants de cette conscience universelle dont nous nous efforcerons avec eux d'assurer l'empire sur le monde. (*Applaudissements.*)

Je sais, mon cher ami, que les pensées que j'exprime imparfaitement ici sont les vôtres et que nul n'en saurait être l'interprète plus éloquent et plus convaincu. Voulez-vous en transmettre l'expression à nos collègues et agréer, pour eux et pour vous, l'assurance de mes sentiments les plus dévoués?

Léon Bourgeois.

(*Vifs applaudissements.*)

Après avoir adressé les remerciements du groupe de l'Arbitrage à M. le président de la République, dont le représentant assiste au banquet; à M. le président du conseil, à MM. les présidents du Sénat et de la Chambre, des Conseils général et municipal, ainsi qu'à toutes les autorités qui ont tenu à s'associer à cette belle manifestation et à ceux qui ont contribué à en assurer le succès, M. d'Estournelles de Constant salue les membres du parlement anglais présents au banquet de l'an dernier et qui assistent également à celui de cette année :

Votre présence parmi nous ce soir, mes chers

collègues de la chambre des Lords et de la chambre des Communes, prouve aux sceptiques qui ne voyaient dans notre innovation de l'an dernier qu'un feu de paille sans lendemain, qu'elle a été, au contraire, un point de départ, et vous avez traversé la Manche pour applaudir au succès rapide de l'œuvre que nous avons commencée ensemble, pour la voir de vos propres yeux se poursuivre dans le large esprit où nous l'avions conçue, sans arrière-pensée contre personne, au profit de tous. (*Applaudissements.*)

Messieurs nos invités scandinaves,
Chers collègues,

Votre visite est un grand honneur pour le groupe de l'Arbitrage, pour notre parlement, pour la France.

Vous êtes venus, à votre tour, apporter une éclatante consécration à la politique de conciliation internationale que vous avez été des premiers à honorer, alors que tant d'autres ne savaient qu'en rire ou s'y opposer, et qui devient une force irrésistible en voie d'organisation.

Vous arrivez vous-mêmes organisés. Vous donnez l'exemple. Chacune de vos cinq assemblées a désigné quinze de ses membres, — soixante-quinze au total, — auxquels nous sommes heureux d'avoir vu se joindre d'éminentes personnalités, parmi lesquelles je salue les représentants de l'Union interparlementaire, du comité Nobel, de la Littérature, de l'Art, de la Science.

Vous venez accomplir avec nous, messieurs,

un solennel acte de foi dans le triomphe final
de la justice sur la violence. Vous répondez
ainsi aux vœux impatients de tous les peuples
civilisés, particulièrement à ceux de la France,
émue et fière d'être choisie comme le terrain
le plus favorable à ces manifestations d'un si
grand avenir.

Oui, d'avenir! et cet avenir se rapproche. Nous
sommes bien tous d'accord, n'est-ce pas, mes
chers collègues, Anglais, Scandinaves, Français? pour affirmer plus que jamais le caractère
essentiellement *réaliste* de notre programme et
de nos efforts. On ne fera pas passer pour des
fous ou pour des niais les représentants de cinq
peuples qui viennent de si loin, en si grand
nombre, dans les circonstances les plus défavorables, en plein hiver, en pleine session parlementaire, uniquement et expressément pour se
grouper autour d'un principe. Oui, nous prépa-
rons laborieusement en commun l'avenir; mais,
par cela même, nous travaillons pour le progrès
de nos pays respectifs, sachant que dans la sublime harmonie qui domine les contradictions
humaines, le progrès d'un peuple est inséparable du progrès du monde. (*Applaudissements.*)

Notre œuvre est d'autant plus nationale et positive que nous assurons chacun à notre patrie
un plus grand nombre d'amis et de clients. Un
peuple isolé, de nos jours, est un peuple con-
damné; non seulement il est pauvre et faible,
mais — véritable enclave — il devient un obs-
tacle au développement des autres. L'immense
réseau de communications de toutes sortes,

dont les mailles se resserrent méthodiquement chaque jour entre tous les points du globe, n'est pas autre chose qu'un réseau préparatoire de communications pacifiques.

Rappelez-vous les progrès réalisés depuis la formation de notre groupe, le 26 mars 1903.

Alors, la cour de la Haye, — qui sera l'honneur impérissable de notre alliée la Russie, et de son jeune souverain, — la cour de la Haye était considérée en Europe, malgré l'initiative américaine, comme une institution mort-née; les conventions d'arbitrage, comme dérisoires. — Aujourd'hui, ces conventions se multiplient entre presque tous les États; le Danemark s'unit à la Hollande par un traité général et obligatoire; le Chili à la République Argentine par une convention de désarmement; l'Angleterre et la Russie viennent d'être sauvées, dans l'explosion du plus inattendu et du plus grave des conflits, par l'existence de ces commissions d'enquête que nous avions créées en 1899; le président Roosevelt propose un progrès de plus, une nouvelle conférence de la paix... (*Applaudissements.*)

Il est vrai qu'à l'heure présente les incorrigibles sceptiques, dont l'éphémère ironie se change si vite en sottise, nous opposent le spectacle de la guerre russo-japonaise; ils ne voient pas précisément que l'horreur de cette tragédie donne plus de pénétration aux appels que nous ne cessons d'adresser à la raison, bien plus encore qu'à la pitié universelle. Ils ne voient pas qu'ils nous apportent un argument de plus, et décisif, pour que les peuples, éclairés par cet horizon ensanglanté, se détournent des solutions violentes d'autrefois et cherchent le salut dans une organisation moderne de la justice internationale, dont l'embryon est le tribunal de la Haye. Ils ne voient pas que la guerre n'est qu'un épisode de l'éternel drame, la lutte sans trêve de l'homme contre les forces de la nature; ils ne voient pas que ce fléau, comme les autres, finira par reculer à son tour devant le bon génie de la civilisation, et que, s'il y a là-bas du sang, des douleurs, des ruines, et ici, au contraire, des espérances et de la joie, c'est que là-bas c'est le passé avec ses barbares convulsions qui résiste, ici l'avenir avec ses promesses, ses conquêtes certaines, qui resplendit. (*Applaudissements prolongés.*)

Discours de M. Combes, président du conseil des ministres :

Je salue de nouveau avec joie nos hôtes scandinaves, et de nouveau, au nom du gouvernement, je leur souhaite une cordiale bienvenue. Leur arrivée à Paris marquera profondément dans leurs souvenirs et dans les nôtres, car elle n'a rien de commun avec la banale curiosité du voyageur. (*Applaudissements.*) Elle a son origine et sa raison d'être dans un ordre d'idées infiniment plus graves et plus élevées. L'appel de la France à l'union des peuples, à la paix généreuse et féconde qui respecte tous les droits et protège tous les intérêts en les fondant harmonieusement dans le principe supérieur de la solidarité humaine, cet appel si vibrant dans sa simplicité et si sincère dans son désintéressement a retenti jusque dans les contrées les plus lointaines.

Vous l'avez entendu de vos rivages, messieurs les parlementaires des trois royaumes du Nord, et vous avez voulu y répondre par une démarche significative qui associe vos trois gouvernements et vos trois nations aux pensées pacifiques de notre nation et de notre parlement.

Venus comme des messagers de paix, vous ne rapporterez de votre visite que des paroles de paix. La France ne saurait être soupçonnée de décadence et de faiblesse quand elle maudit la guerre et ses horreurs, quand elle réprouve en les déplorant les haines nationales, quand elle prodigue ses efforts et ses vœux pour les éteindre à jamais, en adjurant tous les peuples sans exception de s'associer entre eux dans une politique de concorde et d'humanité. (*Applaudissements.*) Ses ennemis les plus déterminés ont rendu hommage de tout temps à sa vaillance et à ses autres qualités guerrières, et c'est précisément parce qu'elle s'est montrée dans le passé la plus ardente et la plus prompte peut-être à tirer l'épée du fourreau, c'est parce qu'elle a versé son sang sur mille champs de bataille pour défendre ses idées ou ses intérêts, qu'elle est autorisée maintenant, plus qu'aucune autre nation peut-être, à faire de la paix la règle immuable de sa politique étrangère (*Applaudissements prolongés*) et à multiplier les traités d'arbitrage, qui sont par excellence des instruments de paix.

Votre présence à ce banquet, messieurs les membres des trois parlements du Nord, atteste que le Danemark, la Suède et la Norvège s'unissent à la France dans ce même sentiment, je le constate avec une satisfaction sans mélange; et, pour obéir à un devoir qui m'incombe, je suis heureux de le consacrer dans un toast qui retentira dans tous vos cœurs :

J'ai l'honneur de vous proposer de porter un toast à Sa Majesté le roi de Danemark, à Sa Majesté le roi de Suède et de Norvège, à Sa Majesté la reine, aux familles royales de Danemark, de Suède et de Norvège. (*Applaudissements répétés.*) Je bois également au bonheur et à la prospérité des peuples danois, suédois et norvégien. (*Nouveaux applaudissements.*)

La musique de la garde républicaine joue les hymnes scandinaves, répétés en chœur par tous les convives debout et enthousiastes.

Discours de M. Akerman, ministre de Suède et de Norvège :

Messieurs,

Les paroles par lesquelles M. le président du conseil vient de vous proposer la santé de S. M. le roi de Danemark et celle de S. M. le roi de Suède et de Norvège seront fidèlement transmises à leur haute destination respective par les deux représentants diplomatiques qui ce soir ont l'honneur d'être au nombre de vos convives : ces paroles ont, en attendant, causé une bien vive satisfaction à tous les Scandinaves ici présents : ils y ont trouvé de la sympathie pour leurs pays et un hommage à deux souverains également aimés de leurs peuples et également vénérés. (*Applaudissements prolongés.*)

Et maintenant, monsieur le président, je vous prie de m'accorder de nouveau la parole pour avoir l'honneur de proposer à cette assemblée la santé de M. le président de la République. (*Applaudissements.*)

Et je me demande, messieurs, à quelle époque plus opportune je pourrais célébrer les éminentes qualités du chef de l'Etat français, si ce n'est celle où, après six années de constants efforts pour le rapprochement des peuples, l'action française étend sa portée, en recommandant à la méditation, que dis-je, à la conscience des nations la valeur pratique de la grandiose idée de l'arbitrage ; à cette époque où, pour tout dire, la France est devenue, par excellence, la pacificatrice du monde. Ce noble titre, messieurs, aucun peuple — et mon honorable collègue de Danemark ne me désavouera pas — ne le reconnaît à la France avec plus d'empressement, plus de reconnaissance que les trois peuples scandinaves. Et croyez-le bien, messieurs, il ne nous est pas difficile d'admirer la France. Nous n'avons pour cela qu'à puiser à une source intarissable et lumineuse, — j'allais dire *radioactive* en souvenir d'une des plus grandes découvertes du génie français, — à une source qui, à travers les siècles, s'est appelée et s'appelle encore aujourd'hui la sympathie du Scandinave pour la France. Vous comprendrez ainsi, mes-

sieurs, quelles fibres intimes le groupe parlementaire français de l'Arbitrage et son inspiré
fondateur ont fait vibrer en adressant au nord
scandinave, aussitôt après la première visite
parlementaire, une invitation. Oui, certes, il y
a bien communauté de sentiments entre vous et
nous, — et ce que vous honorez, nous l'honorons
aussi ; et c'est dans la conviction que nous en-
tourons tous d'une même estime et d'un même
respect la santé que je vais vous proposer, que
je vous prie, messieurs, de lever vos verres en
l'honneur de M. Émile Loubet, président de la
République française.

Vive le président de la République ! Vive la
France ! (*Longue salve d'applaudissements.*)

Après cette acclamation, la musique de la garde joue la
Marseillaise, reprise en chœur par les délégués scandinaves, qui poussent en terminant un triple hourra en l'honneur
de la France.

M. L. Mill, député du Pas-de-Calais, donne lecture du
discours de M. Berthelot, qu'une indisposition a retenu, à
son grand regret, loin du banquet.

Discours de M. Berthelot, sénateur, membre de l'Institut,
président d'honneur du groupe parlementaire de l'Arbitrage
international :

Messieurs,

Je vous souhaite la bienvenue au nom du
groupe parlementaire français de l'Arbitrage
international, au nom de la nation française tout
entière, avec laquelle vous avez tant de traditions historiques communes !

Vous êtes venus de vos trois belles capitales
nous rendre visite à Paris comme à des amis,

je dis mieux, comme à des frères, afin de nous entretenir ensemble de questions qui concernent l'avenir et la sécurité de l'humanité civilisée.

Cette réunion offre un caractère original ; elle procède suivant une méthode nouvelle, au point de vue international : ce n'est pas un acte officiel et diplomatique des gouvernements, comme la conférence de la Haye à laquelle nous adhérons d'ailleurs et que nous voulons appuyer. Ce n'est pas non plus un congrès, formé de citoyens isolés, poursuivant et accomplissant une œuvre purement individuelle, telle que celle poursuivie par nos précurseurs, les penseurs et les philosophes du dix-huitième et du dix-neuvième siècle, dont nous continuons les grandes traditions.

Sans doute l'opinion publique et la presse, son organe naturel, ont toujours eu à cet égard un rôle, mais toujours un rôle indirect. La nouveauté, c'est que la réunion de personnes assemblées dans cette enceinte n'est pas, ainsi que dans les congrès ordinaires, celle de simples particuliers, sans mandat et sans autorité légale. Vous représentez ici à titre réel, quoique purement officieux, vos parlements respectifs de Danemark, de Suède, de Norvège et de France, c'est-à-dire des corps électifs, organes constitutionnels du progrès dans vos différentes nations, et dont le concours est indispensable pour la confection des lois et la marche normale des gouvernements. Nous avons, je le répète, un droit légal d'intervention dans l'évolution et la réforme des institutions, dans la poursuite et l'accomplissement des améliorations sociales, soit entre individus pour chaque État particulier, soit entre nations pour l'ensemble des États civilisés, destinés à réaliser dans un avenir prochain la sainte alliance des peuples. Les délégués des parlements sont donc spécialement désignés pour une semblable propagande : je veux dire à la fois pour agiter ces problèmes, les éclaircir par la discussion, et pour signaler les règles qui devront être proposées à la sanction des pouvoirs nationaux. Voilà pourquoi et avec quelle autorité morale nous nous assemblons aujourd'hui, animés d'un même esprit de progrès et de solidarité !

L'initiative des penseurs et des associations libres du vingtième siècle n'est pas stérile d'ailleurs ; elle est déjà sanctionnée par ces traités internationaux signés entre les États civilisés et qui tendent à étendre et à préciser chaque jour davantage les questions susceptibles de rentrer dans le domaine international. Ce sera sans doute l'un des traits caractéristiques du vingtième siècle, l'honneur des souverains et des Républiques qui poursuivent aujourd'hui avec tant de générosité cette grande révolution dans l'histoire de l'humanité !

Messieurs,

C'est à juste titre que les nations scandinaves s'associent à ce noble mouvement ; votre rôle a toujours été grand dans l'histoire, depuis deux mille ans. Il reculerait bien haut, s'il fallait donner créance à ces vieilles traditions faisant venir de la Chersonèse cimbrique, c'est-à-dire du Danemark, les Cimbres et les Teutons qui ont failli détruire à ses débuts la domination romaine. Vos origines remonteraient ainsi à la jonction des grandes races celtique et germanique, dont le mélange et l'association constitue le fond commun des populations de l'Europe occidentale, Français, Allemands, Anglais, et même Italiens et Espagnols du Nord, aussi bien que des peuples scandinaves ; et cette descendance générale s'étend aujourd'hui aux peuples américains. Quelle que soit la valeur de la légende que je viens de rappeler, il est certain que nous avons dans nos lointaines origines quelque fraternité ethnique, quelque communauté physiologique propre à rendre compte de la similitude du développement matériel et moral de nos civilisations nationales.

Cette communauté d'origine apparaît avec plus de certitude au moyen âge, au moment de la prépondérance des races scandinaves ; elle devient à la fois plus profonde et plus manifeste à l'époque où vos Vikings possèdent l'empire des mers, ce rêve des plus grands peuples.

Pendant deux siècles ils ont étendu leur action sur tous les rivages européens, de la Baltique et de la mer du Nord à l'océan Atlantique et à la Méditerranée. Ils ont fondé en Russie les États Varègues, c'est-à-dire la première organisation de cet empire devenu si considérable ; ils ont colonisé l'Islande, les côtes des États britanniques, le nord de la France, le sud

‹ l'Italie, et leur influence a rayonné depuis le nord de l'Amérique jusqu'à l'Archipel et l'empire byzantin, jusqu'à la mer Noire et la Géorgie. Partout où ils ont passé ils ont semé des germes durables, et leur trace demeure fortement imprimée.

Permettez-moi de rappeler à cet égard des souvenirs personnels. Il y a un quart de siècle, j'ai visité vos États; d'abord le Danemark, où j'ai admiré Copenhague, l'Athènes du Nord, reproduisant toute la civilisation artistique et raffinée de notre midi de l'Europe; puis j'ai connu Christiania et la forte individualité politique et intellectuelle des Norvégiens, et j'ai été heureux de parcourir Stockholm et Upsala, avec leur grand développement scientifique, les souvenirs inoubliables des longues relations entre la Suède et la France, et de recevoir le bon accueil que son souverain réserve aux compatriotes de ses ancêtres. Ce n'est pas ici le lieu de vous rappeler toutes les choses qui m'ont frappé, ni la sympathie que j'ai partout rencontrée, du lac Moelar au Grand Belt et à l'Ile d'Odensé. Je vous dirai seulement comment, en me promenant sur le port de Copenhague et sur le port de Stockholm, j'ai été surpris de retrouver la plupart des physionomies et des façons d'être de nos marins du Havre et des côtes de Normandie; certes, ils ne parlent pas la même langue, mais leurs gestes, leur active énergie, leur dévouement à leurs devoirs maritimes, sont pareils et les feraient regarder comme appartenant à une même nation.

L'importance du rôle des peuples scandin -
ves pour la civilisation et pour la liberté des
croyances et des opinions s'est manifestée de
nouveau d'une façon capitale au dix-septième
siècle, au moment ou la réaction catholique me-
naçait d'étouffer en Allemagne et dans l'Europe
civilisée toute liberté dans la religion, dans la
science et dans la pensée. Les Danois les premiers ont engagé la lutte contre la puissance
alors colossale de l'Autriche, et les Suédois
n'ont pas tardé à la poursuivre seuls d'abord,
puis avec le concours de cette France que vous
venez visiter aujourd'hui.

Il ne s'agit pas maintenant d'une œuvre de
lutte comme au temps de la guerre de Trente
ans, mais d'une œuvre de pacification ; nous la
poursuivons ensemble dans l'espérance de la
rendre universelle et définitive.

Pour cette œuvre nouvelle, le concours de
tous est nécessaire, et vous avez la juste prétention que les peuples scandinaves jouent,
dans la réalisation de cette entreprise de civilisation, un rôle non moins considérable qu'autrefois dans la guerre. Vous avez pour cela ce qu'il
faut, l'énergie nécessaire à toute initiative, la
haute culture qui ne le cède à celle d'aucun
autre peuple, même plus favorisé par le nombre
ou par le climat ; vous avez les grands hommes,
promoteurs de tout progrès dans la civilisation.

Qui pourrait méconnaître l'importance de
vos institutions, universités, académies scientifiques, littéraires, musées et écoles de tout
genre, et surtout celle des génies individuels,

par lesquels les institutions sont vivantes et fécondes, je veux parler de vos grands savants, de vos grands artistes, de vos littérateurs d'autrefois et d'aujourd'hui, célèbres dans le monde entier : Scheele et Berzélius parmi les fondateurs de la chimie; Œrsted, qui a découvert l'électromagnétisme; Thorwaldsen et vos écoles d'artistes en tout genre; vous avez les grands explorateurs des mers polaires, Nordenskiold et Nansen, dignes héritiers des anciens Vikings; vous avez Ibsen, l'un des rénovateurs du théâtre moderne; Brandès, le grand critique; Bjoernsen, ce philosophe si profond et si original, et tant d'hommes illustres que je ne saurais énumérer ici. Bref, vous avez une pléiade d'hommes de génie qui perpétuent l'action des races scandinaves sur le développement de la civilisation moderne. Leur gloire est le patrimoine commun de vos trois nations; c'est aussi celui de l'humanité tout entière!

Ce n'est certes pas dans cet ordre immatériel et idéal que les esprits chagrins pourraient prétendre que le nombre brut devient de plus en plus prépondérant au sein de nos sociétés d'aujourd'hui; ni que ceux-là ont le plus grand poids parmi les peuples qui comptent la plus grande multitude de soldats.

Sans remonter jusqu'à l'antiquité où la petite Grèce a triomphé du tout-puissant empire des Perses, nous n'avons encore oublié ni les cantons suisses défendant avec succès leur indépendance contre l'empire germanique, ni la Hollande victorieuse, après une lutte séculaire, d'un empire sur lequel le soleil ne se couchait pas. La Suisse et la Hollande ont été pendant plusieurs siècles le refuge de l'indépendance religieuse et intellectuelle, l'asile des opprimés par les grandes puissances d'alors. Elles ont montré que la vraie puissance d'un peuple, ce n'est pas le nombre, c'est l'énergie morale et la force intellectuelle de ses citoyens.

L'histoire nous apprend ainsi que la vie est souvent plus intense chez les peuples peu nombreux, de même que dans les cités antiques et dans les petites républiques de l'Italie du moyen âge, les relations directes entre citoyens, leur émulation, la confiance réciproque qu'ils ont les uns dans les autres, les sympathies et jusqu'aux jalousies et rivalités qui les animent, entretiennent une ardeur singulière dans ces petits foyers. Ce sont, en quelque sorte, les ferments qui excitent et multiplient la vie intellectuelle, artistique et morale de l'humanité.

L'un de nos poètes disait :

> Dieu ne mesure pas nos sorts à l'étendue.
> La goutte de rosée, à l'herbe suspendue,
> Y réfléchit un ciel aussi vaste, aussi pur
> Que l'immense Océan dans ses plaines d'azur.

C'est pourquoi il est utile et nécessaire de faire appel à tous pour le progrès de la civilisation. Une concorde de ce genre doit devenir la règle et la garantie universelle des peuples, quel que soit le nombre de leurs citoyens. Une semblable ligue pour le bien public tend à nous préserver tous des surprises et des agressions subites de la force brutale, qui a livré jusqu'ici trop souvent le monde à l'esprit de conquête.

La civilisation moderne doit reposer de plus en plus sur ces grands principes proclamés par la raison et la philosophie, en vertu desquels nul n'a le droit d'imposer son empire par la force ; toute domination doit reposer désormais sur le libre consentement des populations. Nul différend entre les peuples ne doit aboutir à l'asservissement des citoyens, au démembrement des territoires, au pillage de la fortune privée ou de la fortune publique du vaincu par le vainqueur.

La science nous enseigne d'ailleurs que la guerre et le pillage ne sont pas les moyens véritables et durables d'acquérir le bien-être et le bonheur. Ils détruisent le fruit du travail des vaincus en le livrant à l'arbitraire des vainqueurs, qui s'empressent trop souvent de gaspiller ces biens mal acquis. Mais ni la guerre ni la violence ne créent aucune source nouvelle de richesse dans le monde. Toute richesse doit être le fruit du travail ; mais c'est la science qui l'accroît sans cesse. Oui, les seules sources inépuisables de richesse et de puissance sont celles que la science moderne multiplie chaque jour pour le bien des hommes, par la mise en jeu pacifique des forces naturelles, que le labeur des ouvriers et des paysans met en œuvre et féconde. L'œuvre de la science a grandi, surtout depuis deux siècles, en faisant reculer devant elle l'antique ignorance, l'antique fanatisme et l'antique barbarie. La science a enseigné comment on prolonge la vie moyenne des hommes; comment on les préserve, dans une mesure chaque jour plus étendue, de la maladie et de la souffrance; comment on peut combattre la misère et développer le bien-être et la fortune des peuples et des individus, en même temps que leur instruction et leur dévouement réciproque. Ce sont là les trésors qu'il importe désormais de multiplier; c'est la robe blanche de l'agneau sans tache que toute race doit suivre dans l'avenir.

Tel est l'idéal que proclame la raison moderne appuyée sur une connaissance de plus en plus profonde de la nature humaine, de ses instincts de sociabilité, et par conséquent de solidarité, seule base fondamentale et certaine de la morale privée et de la morale collective.

Sans doute, la réalisation de cet idéal, comme celle de tous les autres, ne saurait être ni instantanée ni absolue; sans doute le règne de la vérité, de la justice et de l'amour ne sera jamais absolu dans le monde. Mais notre devoir, notre volonté, est d'y tendre d'un effort soutenu, sans jamais nous lasser, et de le faire triompher de plus en plus dans les relations entre les peuples, comme entre les individus. Tel est le but que poursuit notre association pour l'arbitrage international; notre réunion dans cette enceinte manifeste une nouvelle preuve du désir des nations civilisées d'accomplir désormais l'arrangement pacifique et diplomatique de tous leurs différends, c'est-à-dire cette double chimère du passé, cette double réalité de l'avenir, la libre fédération des États civilisés d'Europe et d'Amérique et la paix universelle ! (*Applaudissements prolongés.*)

Qu'il me soit permis avant tout d'exprimer mes vifs remerciements *au groupe parlementaire français de l'Arbitrage international* et à son vaillant président, pour l'invitation dont le groupe nous a si courtoisement honorés et pour l'aimable accueil dont nous sommes l'objet de sa part.

M. d'Estournelles de Constant est un guerrier heureux. Dans la lutte qu'il mène depuis tant d'années, avec une énergie inlassable et une science stratégique consommée, pour le triomphe de la justice et de la paix internationales, il a gagné déjà plus d'une bataille. Ce ne sera rien ôter à son mérite exceptionnel ni à celui de ses éminents collaborateurs que de soutenir pourtant qu'ils ont remporté sans trop d'effort la victoire qu'ils célèbrent ce soir. L'idée d'une rencontre entre les membres des parlements nous trouvait, en effet, sinon vaincus, du moins convaincus d'avance, et nous ne demandions pas mieux que de nous rendre à leur généreux désir.

Notre joie est grande de nous trouver ici. C'est toujours avec plaisir qu'on revient dans votre belle et noble France et dans ce Paris charmant, centre d'une activité si intense, foyer de tant de lumières dont la clarté rayonne au loin.

La satisfaction que nous ressentons est d'autant plus vive que l'occasion qui nous réunit ce soir embellit encore à nos yeux, si possible, votre admirable patrie et sa merveilleuse capitale. Nous nous estimons heureux de pouvoir par notre voyage et notre présence au milieu de vous contribuer, dans une certaine mesure, à consolider et à resserrer les liens qui unissent la France et la Suède. Nous considérons comme un honneur et comme un privilège l'opportunité qui nous est offerte de faire la connaissance d'un si grand nombre de membres du parlement français. Les noms de beaucoup d'entre eux nous étaient connus sans doute, mais il nous est extrêmement agréable de pouvoir nouer avec eux des relations personnelles. Autre chose est d'avoir entendu parler les uns des autres, autre chose de se voir et de procéder de vive voix à des échanges de vues féconds. En apprenant à se mieux connaître on apprend à s'estimer davantage. Bien des malentendus se dissipent lorsqu'on s'est expliqué, et d'autres, nés de l'ignorance, deviennent impossibles entre ceux qui ont pris contact, ne fût-ce qu'une seule fois, dans une rencontre fraternelle.

Combien grands peuvent être les avantages de ces réunions interparlementaires, des faits récents nous l'ont montré. Il y a un an, presque jour pour jour, que les députés anglais recevaient, de la part de leurs collègues français, la même généreuse hospitalité dont nous jouissons aujourd'hui; les représentants des deux pays consacraient ainsi l'entente franco-anglaise qui avait déjà trouvé dans le traité d'arbitrage signé quelques semaines auparavant, son expression concrète, et qui allait aboutir bientôt au règlement des litiges en suspens entre la France et l'Angleterre. Eh bien, cette entente n'a pas profité seulement aux nations entre lesquelles elle est intervenue; elle a été pour le monde entier un immense bienfait, et tous les amis de la paix, de la civilisation, du vrai progrès, ont pu s'en réjouir, puisque c'est grâce à elle qu'un conflit des plus graves par ses conséquences possibles a pu être évité et va être réglé par des voies pacifiques.

Il est permis de croire que la visite en France des parlements scandinaves aura, elle aussi, des résultats heureux. Pour ce qui est de la Suède, il y a longtemps déjà qu'elle entretient avec la France des rapports amicaux. Nous ne pouvons oublier que pendant le seizième et le dix-septième siècle l'histoire de nos deux pays a eu des points de contact nombreux. Nous nous souvenons de la confraternité d'armes qui nous unit durant la guerre de Trente ans. Au dix-huitième siècle, si nous ne coopérions plus sur les champs de bataille ou dans les congrès de la diplomatie, nous restions en relations suivies dans le domaine des arts, des lettres et des sciences. Plus tard, au commencement du dix-neuvième siècle, c'est un Français qui fut appelé à continuer en Suède l'œuvre glorieuse de la dynastie nationale. N'est-ce pas hier enfin que notre Institut Nobel accordait à des Français les récompenses enviées qu'il décerne chaque année à ceux qui ont servi le mieux la cause de l'idéalisme ou dont les travaux ont fait faire un pas nouveau aux sciences de la nature?

Désormais, nous l'espérons, nous le croyons fermement, c'est sur ce terrain fécond de la collaboration pacifique pour le progrès de la civilisation, pour le bien de l'humanité, que nous nous rencontrerons exclusivement et de plus en plus. Le monde moderne a soif de paix. La noble initiative du président des Etats-Unis, appelant les puissances à se réunir pour étudier ensemble les moyens de parfaire l'œuvre de la première et mémorable conférence de la Haye, cette proposition dont l'heureux règlement du conflit anglo-russe vient de souligner encore la portée considérable, répond aux aspirations profondes de toutes les nations civilisées, et le temps n'est plus où l'idée de substituer l'organisation de la justice internationale au régime séculaire du recours à la force pour résoudre les différends entre les peuples n'apparaissait aux gens soi-disant positifs que comme le rêve à jamais irréalisable de quelques esprits généreux, mais chimériques. Un grand changement s'est accompli à cet égard dans l'opinion publique de tous les pays. On voit aujourd'hui dans l'utopie d'hier le progrès nécessaire du développement économique aussi bien que moral et intellectuel de l'humanité. En même temps, des mesures pratiques, traités d'arbitrage ou autres, qui se multiplient et dont l'action ira en s'étendant, donnent un corps à l'idée. Si quelque chose a été fait, beaucoup sans doute reste à faire encore. Nous ne nous faisons pas d'illusion. Nous n'attendons pas même de réunions comme celle-ci, qui peuvent tant pour la bonne entente entre les peuples, nous n'attendons pas, dis-je, la cessation magique des maux que la guerre cause à l'humanité. Mais si le but définitif est encore éloigné, si nous y marchons à pas comptés, nous y tendons pourtant.

Nous serons heureux, nous, les délégués du parlement suédois, de nous unir à nos collègues du parlement français pour travailler dans la mesure de nos forces à nous en approcher, et nous pouvons, nous semble-t-il, les uns et les autres regarder vers l'avenir sans crainte comme sans impatience, car l'avenir est à la paix.

C'est dans ces sentiments, messieurs, que je lève mon verre et que je bois au groupe parlementaire français et à son président, dont la clairvoyance prophétique et le noble dévouement sont connus et admirés dans le monde entier, et au pays qui, selon les paroles de votre célèbre Michelet, au vingtième siècle déclarera la paix au monde. (*Vifs applaudissements.*)

Après une longue ovation aux délégués scandinaves, les assistants acclament lord Brassey, prenant la parole pour le parlement britannique.

Dicours de lord Brassey :

L'année passée, comme membre du parlement britannique, j'ai assisté à ces accueils gracieux et chaleureux que la France nous a faits, et que nous n'oublierons jamais. Aujourd'hui, c'est au tour des parlements du Danemark, de la Suède et de la Norvège. Je suis fier de me trouver encore parmi vos invités, à la suite de ces messieurs, dignes représentants des parlements du nord de l'Europe.

Dans quel but sommes-nous ici? C'est pour substituer l'arbitrage à l'empire de la force. L'entente cordiale n'est pas seulement pour la France et l'Angleterre. Les paroles me manquent pour vous dire comme ces relations amicales sont appréciées de notre côté de la Manche. Il faut que la bonne œuvre que nous avons entamée soit suivie. Il faut qu'elle soit internationale. Garder la paix, — la paix honorable, — *peace with honour*, pour me servir de ces mots heureux de lord Beaconsfield, — se serrer les mains, se comprendre bien, mettre fin à ces pertes déchirantes de la vie humaine sur le champ de bataille, c'est dans l'intérêt de toutes les nations.

Il faut que l'entente cordiale soit plus qu'une idée, plus qu'un ardent désir d'améliorer le sort des peuples. Il faut que l'entente soit mise en pratique. De part et d'autre, en Angleterre comme en France, nous avons des souverains et des hommes d'État capables et de bon vouloir. Le roi d'Angleterre, M. le président de la République française, ont dit, avec la courtoisie la plus parfaite, le premier mot. Les ambassadeurs, les ministres des affaires étrangères, se sont mis à l'œuvre. N'oublions pas l'action de notre ami

M. d'Estournelles de [Constant et du groupe admirable qu'il préside. On a trouvé le moyen de résoudre des questions trop longtemps discutées. On a confié à la France une tâche des plus importantes et des plus difficiles, — celle de vivifier le Maroc, pays de tant de ressources, et qui, de siècle en siècle, a souffert des misères d'un gouvernement sans lumières et sans moyens. C'était à la France de donner au Maroc les bienfaits du bon ordre et de la civilisation. Elle est à la hauteur de cette grande entreprise. Nous avons confiance dans le succès de son administration éclairée et sympathique. La force motrice de la France n'est jamais l'égoïsme. Sa politique est sage, noble et généreuse.

Du fond du cœur, et non pour la première fois, je vous remercie de votre bon accueil. Je ne mérite pas le privilège de vous offrir ces paroles d'un ami de la France, humble, mais dévoué. (*Applaudissements répétés.*)

Discours de M. Holger Rœrdam, député danois :

Messieurs,

Quand mes compatriotes ont reçu l'invitation dont les membres du parlement français leur ont fait l'honneur, on a ressenti en notre pays une joie bien vive, car je crois pouvoir affirmer, sans crainte d'être contredit, que dans aucun pays la cause de la paix et de l'arbitrage ne compte autant de sincères partisans que dans ma patrie. Pour les grandes nations, la paix et l'arbitrage présentent une cause avantageuse, disons même un bienfait immense; mais pour nous autres petites nations scandinaves, elles constituent une condition essentielle, de vie.

Nous avons appris à connaître en Danemark les malheurs de la guerre et aussi le bonheur de la paix, sous le régime de la constitution libre. Et, sous les auspices de ce régime, le pays a progressé notoirement. Nous avons chez nous une maxime qui dit : « Il faut regagner en dedans ce qui a été perdu au dehors. »

Le paysan danois a cultivé les landes du Jytland, et en a fait un pays fertile qui représente déjà maintenant de très grandes valeurs.

Les échanges commerciaux du Danemark avec l'étranger accusent des chiffres qui se sont doublés et redoublés plusieurs fois au cours de ces dernières années, et, actuellement, les bateaux de la marine marchande danoise sillonnent toutes les mers du globe et y font flotter avec honneur le pavillon danois.

Sous le régime de la constitution libre, le pouvoir législatif s'efforce de résoudre les grands problèmes sociaux et de rendre le pays heureux.

Pour nous, la cause de la paix et de l'arbitrage ne constitue point un rêve, ne nous paraît point comme un mirage lointain. Les trois nations scandinaves ont guerroyé entre elles pendant des siècles; maintenant les voilà des peuples frères, unis par les liens de l'amitié, et le règlement par les armes d'un différend qui se déclarerait entre eux, est devenu désormais chose impossible.

Et pourquoi n'en serait-il pas ainsi des autres voisins que nous avons?

Nous éprouvons, nous Danois, un plaisir tout particulier à venir ici, en France. Une étroite amitié a toujours régné entre la France et le Danemark. L'histoire nous prouve que, parmi toutes les nations de l'Europe, le Danemark est la seule qui n'ait jamais fait la guerre à la France ; bien au contraire, leurs rapports ont toujours été particulièrement amicaux.

Nous avons en Danemark la plus grande admiration pour le beau pays de France, pour son commerce, son industrie, ses arts et ses sciences.

Nous vous tendons fraternellement et de grand cœur notre main, en formant le vœu que la noble cause dont s'est chargé le groupe français de l'Arbitrage soit menée à bonne fin.

Nous admirons le travail considérable qu'a exécuté l'infatigable et ingénieux président du groupe français de l'Arbitrage, le baron d'Estournelles de Constant, et les résultats déjà obtenus par le traité d'arbitrage conclu entre la France et l'Angleterre le 14 octobre 1903.

Nous formons des vœux pour que les nobles efforts auxquels participent les hommes les plus éminents et les plus distingués de la France, soient couronnés de succès, pour le plus grand bien de l'humanité.

C'est avec le plus grand intérêt que nous avons eu connaissance du travail remarquable que vient de faire en ce moment précisément M. Delcassé, ministre des affaires étrangères de

France, en vue d'accommoder le menaçant conflit anglo-russe.

Il est de notre conviction absolue que, par ce fait, M. Delcassé a rendu un service qu'on ne saura jamais trop apprécier, non seulement à son propre pays, mais aussi au monde tout entier. Il a, au plus juste titre, droit à notre reconnaissance.

Je lève mon verre à la prospérité et à la victoire de l'œuvre de l'arbitrage. (*Applaudissements répétés.*)

Discours de M. Prebensen, président de l'Oldelsthing et de la délégation norvégienne :

Monsieur le président,
Mesdames,
Messieurs,

Au nom des membres du parlement norvégien, de notre Storthing, j'ai l'honneur d'exprimer nos remerciements les plus sincères pour la sympathie que dans cette occasion la nation française a témoignée envers notre patrie.

Nous sommes profondément touchés de l'accueil affectueux qui nous est fait en France, et nous espérons et croyons que les relations entre la France et la Norvège vont s'élargir par ces réunions si cordiales et par ces belles fêtes.

Depuis des siècles, nos deux pays, la France et la Norvège, entretiennent des relations sur le terrain des intérêts matériels, particulièrement sur celui du commerce ; ces rapports ont été constamment en augmentant : ils nous ont toujours causé la plus grande satisfaction.

Mais ce qui nous attache plus fortement à la belle et bonne France, c'est le grand rôle qu'elle a de tout temps joué dans la vie intellectuelle du monde.

Ce que nous admirons en vous par-dessus tout, ce qui, à nos yeux, fait de vous la nation aimée par excellence, c'est cette noblesse de sentiment qui vous fait si accueillants à l'égard des nations moins favorisées par la nature, et qui fait partager au monde le bénéfice de votre génie national.

Ce que nous admirons plus encore, si cela est possible, c'est ce travail incessant dont vous donnez l'exemple à toutes les nations que vous considérez comme des sœurs, le travail pour la liberté, pour la justice, pour la civilisation.

Le travail pour la civilisation, c'est à lui, messieurs, que tous les peuples ont le devoir de prendre part ; mais comment serait-ce possible de vouer toutes ses facultés à ce travail, tant que l'on est forcé de consacrer une grande partie de ses moyens intellectuels et économiques à se mettre en état de défendre son pays et ses foyers, s'ils sont attaqués ?

Grâce, pourtant, aux hommes qui se sont coalisés pour obtenir que les discordes entre les nations soient aplanies sans cris de guerre, pour obtenir que la violence soit subordonnée à la justice, nous avons désormais l'espoir de voir arriver des temps où l'on ne connaîtra plus ni la guerre ni ses rudesses, des temps où l'homme pourra consacrer toutes ses énergies aux occupations de la paix. Dans cette voie aussi nous voyons la France à la tête des nations.

Nous éprouvons une joie indicible à nous voir au milieu de tant de Français voués à cette idée élevée de l'arbitrage international. Tout en m'associant de cœur aux bons vœux de mes deux prédécesseurs qui ont parlé au nom de la Suède et au nom du Danemark, je crois que je ne peux mieux exprimer les sentiments de mes compatriotes et les miens qu'en levant mon verre en l'honneur du groupe parlementaire français de l'Arbitrage international et de son infatigable président M. le baron d'Estournelles de Constant. (*Vifs et chaleureux applaudissements.*)

M. d'Estournelles de Constant donna alors la parole à M. Frédéric Passy, qui, malgré son grand âge, prononça un chaleureux et vibrant discours qui provoqua un nouvel élan d'enthousiasme.

Après avoir sommairement rappelé les services des parlementaires scandinaves, l'illustre vieillard insista sur ce fait essentiel que les députés et sénateurs des parlements du Nord, délégués officiellement par leurs assemblées respectives, représentaient officiellement leurs gouvernements et leurs nations.

Il parla ensuite de la matinée mémorable du 30 octobre 1888, où quelques députés français et anglais et un sénateur, Jules Simon, convoqués par Randal Cremer et lui-même, avaient jeté les premiers fondements de l'Union interparlementaire, aujourd'hui si puissante.

Constatant alors le développement de cette union, les progrès de l'arbitrage et les visites échangées par les chefs d'État, il a montré quel sujet de satisfaction et d'espérance nous pouvions enregistrer.

« L'arbitrage fait désormais partie du régime

régulier des nations civilisées, » a déclaré le baron de Plener, président de la conférence interparlementaire de Vienne. « L'obligation de l'arbitrage sera, messieurs, le couronnement de vos efforts, » ajouta le baron de Kœrber, dans la même occasion. — Eh bien, conclut M. Frédéric Passy, en commentant ces paroles, nous sommes les véritables conservateurs, parce qu'il n'y a point de vie sans progrès et que nous n'avons qu'à continuer à travailler en paix pour la paix.

Le passé nous permet de regarder l'avenir avec confiance. Je salue les progrès du passé, et je bois à l'avance aux progrès de l'avenir. Cet avenir sera ce que vous voudrez qu'il soit, à la condition que vous ayez une inébranlable espérance et une inébranlable énergie.

Les applaudissements couvrent les dernières paroles de M. Frédéric Passy; ils expriment de si puissants sentiments qu'ils semblent la confirmation solennelle de l'espérance de l'orateur.

Discours de M. le comte Frijs, sénateur, président de la délégation danoise :

Messieurs et chers collègues,

Hier, lorsque nous étions réunis dans ce beau et vieux château de Versailles, une pensée m'est venue. Que dirait le fondateur de ce monument, que penseraient les gens qui ont vécu ici, s'ils pouvaient nous voir et nous entendre? Eh bien, messieurs, je crois qu'ils n'y comprendraient pas grand'chose, qu'ils nous regarderaient tout bonnement comme des fous bons à enfermer. Eh bien, ne croyez pas pour cela qu'ils n'ont pas, eux aussi, leur mérite, qu'ils n'ont pas, eux aussi, leur part dans ce que nous faisons aujourd'hui. Non, pour qu'une idée comme celle que nous défendons soit réalisable, il a fallu un long travail graduel pendant des siècles. Ne dénigrons donc pas le passé.

Quand je tourne mes yeux vers ce passé, il est une idée qui m'est chère. Dans le temps où le nom scandinave n'évoquait que des sentiments hostiles en France, j'aime à croire que tout ce que nous avons porté ici n'a pas été que des malheurs; j'aime à croire que l'esprit de liberté et d'indépendance qui a toujours existé chez les Scandinaves a porté ses fruits ici aussi. J'aime à croire que la fusion de notre sang avec celui de France et d'Angleterre n'a pas été absolument étrangère à ce que ces deux grandes nations ont fait chacune de sa manière pour le bien de l'humanité et pour la civilisation. (*Applaudissements.*)

Mais il ne s'agit pas de tourner ses pensées uniquement vers le passé, il s'agit de comprendre son temps, de travailler dans les idées de son temps, sans crainte, sans frayeur de ce que seront les idées de nos enfants, qui, tout naturellement, seront plus avancées que les nôtres.

Dans ce beau pays de France, où chaque pas évoque un souvenir historique, où chaque jour qui passe fait éclore une idée tendant au bien de l'humanité, je lève mon verre, je bois au passé, à tout ce que nos devanciers ont fait pour la civilisation; je lève mon verre et je bois à tout ce que l'avenir réserve à nos enfants à faire. (*Applaudissements prolongés.*)

Discours de M. le baron Bonde, député, président de la délégation suédoise :

Monsieur le président du conseil,
Messieurs,

Dans cette charmante journée d'hier, quand nous étions assemblés, nous les combattants pour la paix, dans la magnifique galerie des Batailles, on nous a rappelé l'inscription qui brille en lettres d'or sur les murailles du beau château de Versailles : « A toutes les gloires de la France. » Ces quelques mots contiennent beaucoup de l'histoire de la France glorieuse, mais il faut y voir de même un sens prophétique. Les gloires cependant auxquelles on aspire de nos jours sont bien différentes de celles de vos ancêtres; ce ne sont que des gloires pacifiques, c'est la gloire de la pacification universelle du monde, but encore peut-être lointain, mais le jour où il sera atteint, c'est alors qu'à juste titre tout le monde pourra s'unir à vous, dans cette strophe mémorable que nous venons d'entendre tout à l'heure : *Le jour de gloire est arrivé.* Sans cesser de travailler pour ce qui doit être l'idéal, le groupe parlementaire de l'Arbitrage, cependant, s'arrête à une première station, cherchant à établir une justice internationale, comme nous l'avons pour établir l'ordre et la sécurité à l'intérieur des pays.

Il y a tout juste une année, dans cette même salle, l'illustre M. Berthelot, dont nous regrettons l'absence, mais dont nous venons d'applaudir les pensées élevées et les expressions sympathiques, a prononcé les paroles suivantes :

« Nous aurons aussi le concours de ces petits peuples de l'Europe, foyers d'une civilisation si intense et si souvent refuge des opprimés, la Suède, le Danemark, trop fréquemment victimes, à cause de leur faiblesse, de la brutalité de leurs grands voisins; ils s'empresseront de se placer sous l'égide de la nouvelle ligue. »

Oui, c'est avec empressement que nous nous sommes rendus à votre appel, flattés d'être les premiers après la fière nation britannique; nous voyons dans cet appel une reconnaissance du droit d'exister des petits peuples, qui ont, eux aussi, leur tâche dans ce monde, car, dans le grand concert des nations, la petite flûte est peut-être aussi nécessaire que la grosse caisse.

L'autre jour, quand nous avons été reçus par le vénérable président de la Chambre des députés, il nous a déclaré que le rêve de sa jeunesse, c'était des Etats-Unis de l'Europe, et, a-t-il ajouté, pourquoi pas du monde entier? Rêvons avec lui, mais, pour y arriver, il faut d'abord établir une alliance universelle contre les ennemis occultes et visibles de la civilisation et du progrès et contre les préjugés et la barbarie encore, hélas! trop dominante. Ce mot d'alliance, cependant, a un retentissement guerrier; en l'entendant, on pense sans faute aux monstres maritimes et aux baïonnettes, le but ordinaire des alliances étant simplement d'augmenter par ces moyens le poids dans une ou dans l'autre balance. Vous direz peut-être que c'est par jalousie que les petites nations se méfient des alliances, puisque personne ne vient leur en offrir; mais n'a-t-on pas souvent vu qu'une alliance contractée dans un but pacifique, bien contre sa volonté, a entraîné une nation à une guerre désastreuse? Pour nous qui travaillons pour la paix, il est bien à espérer que le temps des alliances guerrières soit fini et qu'elles soient succédées par des traités d'arbitrage ou des traités ayant pour seul but la collaboration pour la conservation de la paix, pour le progrès et pour la civilisation.

Nous voyons aujourd'hui des représentants de cinq parlements réunis dans cette salle, vos illustres hôtes de l'année dernière ayant tenu à venir contempler le développement de l'œuvre alors commencée. Une réunion telle que celle-ci doit bien être une sûre garantie de la sincérité de nos sentiments. Nous espérons tous le succès du travail entamé pour une entente universelle, à la tête duquel marche la France, sous la devise de la République, pour faire valoir les mots de liberté, d'égalité et de fraternité dans les relations des peuples; oui, c'est sous cette bannière que nous allons remporter la victoire; voilà pourquoi, dans ce moment solennel, je lève mon verre pour la devise de la République : Liberté, Égalité et Fraternité. (*Applaudissements et bravos prolongés.*)

Après ces discours, M. d'Estournelles de Constant donne d'abord lecture des télégrammes qu'il a reçus au cours du banquet :

Gœteborg.

Alliance française et Association française-scandinave de Gothembourg suivent avec admiration et vœux sincères votre grande œuvre de ces jours.

VISING.

Upsal.

Nos vœux vont à votre œuvre sincère et féconde qui veut étendre la sphère du droit international et contribue à approfondir les sentiments sacrés de solidarité entre les peuples.

LE CHANCELIER, LE RECTEUR ET LES PROFESSEURS
DE L'UNIVERSITÉ D'UPSAL.

Christiania.

L'assemblée des étudiants de Norvège envoie ses compliments les plus chaleureux et ses vœux pour que la réunion porte tous ses fruits.

Copenhague.

Les présidents des chambres de la diète danoise vous envoient leurs meilleurs vœux, y joignent l'espoir d'un avenir prospère de votre œuvre.

HANSEN, TRIER.

En regrettant vivement de ne pouvoir assis-

ter au banquet, je vous prie d'être auprès de
vos collègues du groupe parlementaire français
de l'Arbitrage international, l'interprète de mes
vœux les plus chaleureux pour la prospérité de
l'œuvre de paix entreprise sous les auspices de
la France; mes compatiotes y voient un gage
précieux pour l'avenir.

LAGERHEIM,
Ministre des affaires étrangères.

Christiania.

Madame Horst est priée de remettre les félicitations du groupe norvégien de l'Alliance universelle des femmes pour la paix par l'éducation.

RANDI BLEHR, ANNA FOSSUM, etc.

Le président exprime aux convives les sincères regrets
de MM. Jaurès et Paul Deschanel, qui devaient prendre la
parole au banquet comme ils l'ont fait à celui de l'an dernier,
mais qui sont tous deux retenus chez eux par la maladie.

Il commente ensuite, avec bonheur, la présence de MM. les
ministres de la guerre, de la marine et des colonies, « dont
la présence vaut bien trois éloquents discours ».

Il propose enfin, aux acclamations de l'assistance, d'envoyer au roi de Danemark et au roi de Suède et de Norvège
ce télégramme :

Les membres du Sénat et de la Chambre des
députés de France, réunis ce soir au banquet
de l'Arbitrage pour y recevoir leurs collègues
des parlements de Danemark, de Suède et de
Norvège, auxquels se sont joints plusieurs représentants du parlement anglais, en commé-
moration des fêtes de l'an dernier, tiennent à

0

vous exprimer leur gratitude et celle de leurs hôtes pour la part que Votre Majesté a prise à l'organisation d'une justice internationale, et leurs vœux pour que cette organisation se développe conformément à l'intérêt de la civilisation et aux aspirations de l'humanité.

Le ministre de Suède et de Norvège annonce alors qu'il a reçu de son souverain l'agréable mission de remettre à M. d'Estournelles de Constant le grand cordon de l'Étoile polaire.

M. d'Estournelles remercie, au nom du groupe de l'Arbitrage : « Jadis, dit-il, on décorait après les batailles ; aujourd'hui on décore pour les batailles évitées ; c'est un grand progrès dont l'honneur revient à mes collègues du groupe de l'Arbitrage : c'est le groupe qui est décoré. »

MARDI 29 NOVEMBRE

Le matin du mardi 29 novembre, nos hôtes visitèrent les ateliers d'A. Rodin et de Toché, puis tous se retrouvèrent, à midi, à l'Hôtel de ville, où le Conseil municipal de Paris avait organisé en leur honneur un banquet de toute beauté.

Les salons, la salle des fêtes où l'on avait dressé la table du déjeuner, étaient décorés avec un luxe et un goût véritablement incomparables. On ne saurait décrire l'imposant spectacle qu'offrait l'immense salle du banquet.

A la table d'honneur, M. Georges Desplas, président du Conseil municipal de Paris, avait à sa droite Mme Akerman, M. Fallières, président du Sénat, Mme de Selves, S. E. le comte de Reventlow, ministre du Danemark; M. Prebensen, président de l'Odelsthing, président de la délégation norvégienne; Mme Beauquier; M. Landrin, président du Conseil général de la Seine; Mme Bergesen; M. le comte Frijs, président de la délégation du parlement danois; Mme Erikson; M. Paris, secrétaire du Conseil municipal de Paris; Mme Elowson.

A la gauche de M. de Selves, préfet de la Seine, se trouvaient Mme Fallières, S. E. M. Akerman, envoyé extraordinaire, ministre de Suède et de Norvège; Mme Prebensen; M. Lépine, préfet de police; Mme la comtesse Frijs; M. le docteur H. Cavalli, président de la délégation du parlement suédois; Mme Landrin; M. Poiry, vice-président du Conseil municipal de Paris; Mlle Melin; M. d'Estournelles de Constant, sénateur, président du groupe parlementaire français de l'Arbitrage international; M. Autrand; M. Colly, vice-président du Conseil municipal de Paris; Mme Hey; M. J. Brunchorst, membre de la délégation du parlement norvégien; Mme Bellan; M. Poirrier, vice-président du Sénat.

Assistaient également au déjeuner : les conseillers municipaux de Paris et les conseillers généraux de la Seine ; les sénateurs et députés de la Seine ; les présidents d'honneur et les membres du bureau du groupe parlementaire de l'Arbitrage international; les délégués des parlements danois, norvégien et suédois, et un certain nombre de personnalités scandinaves présentes à Paris; le chef de cabinet de M. le président du conseil, ministre de l'intérieur et des cultes; le chef du cabinet du président du Sénat et le chef du cabinet du président de la Chambre des députés; les secrétaires généraux, directeurs et chefs de service des deux préfectures; le président du Syndicat de la presse étrangère; le président de l'Association syndicale de la presse étrangère; les représentants des journaux scandinaves; les directeurs des journaux de Paris; le président de la presse municipale, etc.

Toast de M. Desplas, président du Conseil municipal :

Messieurs,

Je porte la santé de Sa Majesté le roi de Danemark et de la famille royale; je porte la santé de Sa Majesté le roi de Suède et de Norvège, de Sa Majesté la reine, et de la famille royale. (*Applaudissements prolongés.*)

Après ce toast, la musique de la garde républicaine a fait entendre les hymnes nationaux des trois pays scandinaves, que les convives ont écoutés debout.

Toast de M. le comte de Reventlow, ministre de Danemark :

Monsieur le président,

Mon collègue de Suède et de Norvège, les délégués des parlements scandinaves, ici présents, et moi-même, nous sommes également émus, également reconnaissants, du toast que vous venez de porter.

Nous sachant réunis dans cette incomparable capitale, Leurs Majestés dirigent leurs pensées, tout d'abord, vers le chef de l'État, vers M. Émile Loubet, pour lequel, je puis bien le dire, le monde entier professe une sympathie aussi réelle que respectueuse.

Vous me permettrez, monsieur le président, d'avoir l'insigne honneur de porter un toast au président de la République. (*Applaudissements prolongés.*)

Après ce toast, la musique de la garde républicaine a fait entendre la *Marseillaise*, également écoutée debout.

Discours de M. Desplas, président du conseil municipal :

Mesdames, Messieurs,

Au nom de la population de Paris, je suis heureux de vous souhaiter dans sa maison commune une cordiale bienvenue.

Je remercie le groupe parlementaire français de l'Arbitrage international et son éminent président, M. d'Estournelles de Constant, d'avoir procuré à notre hôtel de ville l'insigne honneur de recevoir les délégués des trois parlements de Norvège, de Suède, du Danemark.

Je saisis avec bonheur l'occasion ainsi offerte de lui dire avec quelle attention profonde et quelles ardentes espérances les élus de Paris suivent l'œuvre de pacification entreprise, œuvre qui, tout en sauvegardant la dignité et l'indépendance de chaque peuple, constitue le plus réel des progrès et répond aux vœux de l'humanité tout entière. (*Applaudissements.*)

Je salue les délégués du parlement de Norvège.

Voici que depuis plusieurs années, messieurs, votre pays procède à la conquête paisible de la France. En 1897, Paris acclamait votre grand explorateur le docteur Nansen, au récit merveilleux de son voyage « aux glaces immuables ». Vos littérateurs, vos auteurs dramatiques, vos artistes, ont définitivement acquis chez nous droit de cité. Ibsen et Bjœrnson ont emporté de haute lutte nos scènes théâtrales, et les applaudissements de la population parisienne ont donné à leurs œuvres puissantes des lettres de grande naturalisation. (*Applaudissements et bravos.*)

Il n'est pas de concert digne de ce nom si votre grand musicien Grieg n'a sa large place dans le programme.

Vos poètes nous ont dit la beauté de votre pays, la magnificence de ses sites, la splendeur de vos soleils de minuit; ils nous ont dit aussi la fierté de caractère de votre race et son farouche amour de la liberté. (*Nouveaux et vifs applaudissements.*)

Je salue les délégués du parlement de Suède.

Messieurs, vous devez vous sentir tout à fait chez vous, parmi nous, puisqu'on vous appelle les Parisiens du Nord.

Paris vous connaît et vous aime. Il n'a pas oublié que le roi Oscar est le premier souverain qui ait visité l'Exposition universelle; il se souvient qu'à la même date vos chanteurs émérites d'Upsal ont émerveillé la capitale, et que naguère encore l'hôtel de ville avait le plaisir de recevoir l'illustre professeur Lundell et les délégués de l'Association franco-scandinave, les étudiants et les étudiantes de cette glorieuse université d'Upsal où se trouve une bibliothèque française qui prête plus de mille volumes par an. Dans quelques jours, nous aurons l'honneur de recevoir, pour la seconde fois, le célèbre explorateur Nordenskiold, au retour de son admirable voyage au pôle sud. (*Très bien! Très bien!*)

Je salue les délégués du parlement de Danemark.

Messieurs, aucun peuple n'a plus réussi que vous dans toutes les branches de l'activité sociale. Aucun peuple n'a su mieux mettre en valeur son patrimoine intellectuel et les ressources de son sol.

Si Paris savoure vos beurres et admire vos porcelaines, il sait aussi que les Danois sont les premiers marins du monde; il lit votre grand critique Brandès et prend le deuil avec toute la science à la mort déplorable de votre illustre médecin Finsen, auteur du traitement de différentes maladies par les différentes sortes de lumière.

Vous êtes les conciliateurs et les arbitres par excellence, et, à ce titre, vous aviez droit, dans cette fête de la paix, à une place de premier rang. (*Vive approbation. — Très bien! Très bien!*)

Messieurs, votre visite ajoute un lien de plus, et non le moins solide, à l'inaltérable amitié qui unit la France aux peuples scandinaves. Les archives de la Ville en garderont jalousement le souvenir.

Permettez-moi de lever mon verre à la prospérité toujou s croissante des peuples que vous représentez, de les unir dans une même et affectueuse étreinte et, pour le mieux faire, de boire aux dames norvégiennes, aux dames suédoises, aux dames danoises qui, en accompagnant les délégations parlementaires à Paris, nous ont révélé plus complètement encore la grâce, le charme et la beauté de vos trois pays. (*Acclamations.*)

Discours de M. de Selves, préfet de la Seine :

Mesdames, Messieurs,

Notre joie est grande de vous recevoir, et, en vous, de saluer les éminents représentants des trois parlements que notre cœur place au premier rang de ceux qui aiment la France.

Représentants d'un peuple jeune et fort, artiste et poète, d'une intelligence et d'une sensibilité vierge de tout scepticisme, vous apportez à la vieille terre de France la précieuse expression de votre concours pour l'œuvre de civilisation et de progrès qu'elle s'efforce de faire prévaloir dans les rapports des nations. (*Très bien ! Très bien !*)

Nous vous en remercions, et ce n'est pas sans une émotion à la fois douce et réconfortante que nous enregistrons, dans cet hôtel de ville, qui garde pieusement les chers souvenirs de notre histoire parisienne, les invocations au respect du droit et les paroles de concorde qu'y font entendre tour à tour les délégués des peuples du Midi et les représentants des nations du Nord. (*Applaudissements.*)

Cet hymne à la Justice et à la Paix, qui, mieux que vous, amis du Nord, serait fait pour le chanter?

Votre vie et votre tempérament vous y prédisposent, vous qui vivez (ainsi que l'a écrit un charmant écrivain qui connaît et aime vos contrées) « dans ce pays de clarté, aux nuances délicates, qui vient baigner les objets dans une transparence douce, sans accuser les reliefs, sans durcir les ombres ; lumière chaude des jours d'été qui s'épanouit en l'apothéose lente des couchers de soleil avant de s'adoucir en un crépuscule violet flottant sur la nuit ; — et lumière des jours d'hiver scintillante, pailletante, sous laquelle les glaces luisent et les givres s'argentent dans une symphonie de blancheur. » (*Vifs applaudissements et bravos.*)

Je me suis laissé conter que, dans vos pays, les hymnes à la nature sont de véritables chants nationaux, pénétrés par ce sentiment très fort qui vous attache à votre lieu physique comme un amoureux dévotement épris de la personne aimée.

Permettez-moi donc, messieurs, et vous particulièrement, mesdames, de finir en vous saluant par quelques rythmes de l'un d'entre eux.

Vieux Nord, Nord toujours vert, Nord aux montagnes hautes,
Tranquille Nord, riche en joie, riche en beauté,
Je te salue, pays, le plus ami au monde.

(*Applaudissements prolongés.*)

Discours de M. Lépine, préfet de police :

Messieurs,

Ce n'est pas la première visite que vous nous faites, ce n'est pas la première fois que les hommes du Nord passent les mers pour aborder cette antique grève ; il y a des précédents, et j'hésiterais à rappeler le plus ancien de tous dans une réunion comme celle-ci dont la cordialité pénètre nos cœurs, si des leçons de l'histoire nous ne devions retirer un salutaire enseignement.

Oui, messieurs, à quatre pas d'ici une plaque commémorative des incursions des Normands nous rappelle que la Cité vous connaît, que Lutèce vous a déjà vus, non pas comme aujourd'hui le rameau d'olivier à la main, messagers de concorde et de paix, apôtres convaincus de la fraternité des peuples, mais en conquérants donnant l'assaut à la berge où s'élève aujourd'hui ma maison.

Autre temps, autres mœurs ! L'accueil que vous reçûtes alors fut bien différent de celui d'aujourd'hui : je vous étonnerais beaucoup si je vous disais qu'il fut empreint de la même cordialité. (*Rires.*)

Et sans doute le bon vieux temps a sa poésie ; la guerre elle-même, l'horrible guerre, a parfois voilé ses horreurs d'une glorieuse auréole, mais les temps héroïques sont passés, et je salue avec vous, grâce à vous, l'aube d'une ère plus humaine, plus prospère, aussi glorieuse !

Paris vous a reçus jadis avec des piques ; ce

sont les bras qu'il ouvre aujourd'hui pour vous recevoir en frères. (*Applaudissements.*)

Mesdames, c'est un rôle de conciliation que vous remplissez dans la demeure conjugale; vous êtes les anges gardiens de la paix du foyer; mais là ne se borne pas votre mission : filles, femmes, mères, vous détestez la guerre, *bella matribus detestata,* et vous n'avez qu'à suivre votre généreuse nature pour, comme autrefois les Sabines, vous jeter entre les combattants. (*Très bien ! Très bien!*)

Voilà pourquoi, messieurs, vous n'êtes pas venus seuls, pourquoi vous avez amené du renfort, et pourquoi je salue dans la radieuse présence de ces dames un gage du succès de votre œuvre.

Mesdames, je lève mon verre en l'honneur de votre collaboration. (*Applaudissements répétés et bravos.*)

Discours de M. Oppen, député norvégien :

Monsieur le président, Messieurs les conseillers municipaux, Mesdames, Messieurs,

Permettez-moi, au nom des délégués de la Norvège, de vous adresser tous nos remerciements de vos bonnes paroles, empreintes de tant d'éloquence. C'est avec une reconnaissance sincère que nous nous voyons accueillis avec tant de cordialité, avec cette hospitalité splendide et fastueuse qui, seule, appartient à ce beau Paris.

L'aimable invitation à déjeuner dans ce magnifique hôtel de ville nous indique, monsieur le président, qu'elle vous tient au cœur, cette grande idée de la fraternité des nations, sous le drapeau de laquelle nous sommes réunis. L'histoire du peuple français nous a souvent appris qu'il faut lutter longtemps pour mener au but les réformes de la civilisation ; mais, à la longue, messieurs, il n'y a pas de résistance qui ne disparaisse devant la toute-puissance d'une grande pensée.

Nous avons lu, hier soir, le célèbre mot de Michelet : « Au vingtième siècle, la France déclarera la paix au monde. » Vous pouvez, à juste titre, messieurs, être fiers que la nation française possède à présent des hommes qui sachent travailler avec tant d'intelligence et tant d'énergie vers ce but élevé. La France doit se féliciter des résultats déjà obtenus sur ce terrain ; il est évident, pour tout le monde, que l'influence morale et politique de la France, en dirigeant cette grande œuvre, assurera de nouveaux bienfaits à l'humanité. Il sera réservé à ce rapprochement entre les nations de préparer la prochaine étape dans le développement du monde : je veux dire le règne du bon sens international.

Monsieur le président, c'est un événement historique pour nous autres, hommes du Nord, d'être reçus chez vous comme vous le faites. Ce séjour à Paris nous a ouvert des horizons nouveaux. Nous emporterons tous, dans notre pays, un souvenir très vif de l'accueil si gracieux que vous avez eu la bonté de nous réserver.

Au nom des délégués de la Norvège, j'ai l'honneur de porter un toast à la municipalité de la ville de Paris! (*Applaudissements répétés.*)

Discours de M. le docteur Carl Nystrom, sénateur de Suède :

Monsieur le président, Messieurs les membres de la municipalité,

Les bonnes paroles qu'a prononcées M. le président nous ont profondément touchés. Après tout, c'est quelque chose que de s'entendre adresser de telles paroles et de recevoir un tel message de la part de la ville de Paris.

A vos soins, messieurs, est confiée l'administration de ce Paris si admiré et si admirable, le gouvernement de ce vaisseau qui *fluctuat nec mergitur*. Quelles charges et quelle responsabilité, mais aussi quel succès! Il y a quelque temps, un de vous, en parlant de l'arbitrage, a dit quelques mots de ceux qui s'occupent « modestement » des affaires municipales. J'ai été un peu du métier à Stockholm, et certes beaucoup plus « modestement », et je sais à quoi m'en tenir, je vous assure.

Mais les affaires de Paris! Cela doit avoir une très grande ressemblance avec les affaires d'État. En tout cas, nous qui jouissons à chaque instant du résultat de vos efforts, nous avons le droit et le devoir de répéter partout la vieille phrase latine : « L'œuvre fait la louange du maître; *Opus laudat artificem.* »

Je fais des vœux pour qu'une entente cordiale

intervienne aussi entre les municipalités. Il es
vrai que nous sommes des petits, mais souve-
nez-vous bien, messieurs, qu'il n'y a pas cause
si grande, ni individu si petit, que l'une n'ait
quelque chose à gagner des sympathies hon-
nêtes de l'autre.

De nos jours on ne peut pas parler en public
sans aborder la question de l'arbitrage.

C'était, en effet, une heureuse idée, celle-là,
d'appeler à une coopération parlementaire d'a-
bord les Anglais, et puis nous autres Scandinaves.

Il y a un fait qui doit étonner tout le monde
qui réfléchit sur le dernier développement de
la coopération; voici ce que c'est :

Les souverains se visitent et se consultent.

Quant à la science, on prétend qu'elle n'a pas
de patrie. Si cela était vrai autrefois, c'est mille
fois plus vrai aujourd'hui. L'œuvre des savants
n'est pas limitée à leur pays. Cette œuvre appartient à tout le monde; les congrès internationaux se multiplient, les découvertes s'entre-
croisent, il y a partout des liaisons personnelles,
même nos confrères exotiques y prennent part;
et à cette coopération la science doit ses triomphes modernes.

De même avec l'art : les artistes et les amis
de l'art accourent aux grandes expositions
internationales, et l'art n'appartient plus à telle
ou telle nation, mais au monde.

De même le commerce, l'industrie et tant
d'autres formes du travail humain.

Dans ce mouvement presque fébrile, les parlements, c'est-à-dire les corporations les plus importantes, sont retardataires, au moins quant à la coopération personnelle.

C'est à la France, c'est à vous, messieurs, que revient l'honneur d'avoir abordé ce problème si suprême; et nous pouvons nous féliciter d'avoir été parmi les premiers appelés à prendre part à ce mouvement qui doit inaugurer pour le monde un avenir tout autre que le passé, que les âges sinistres d'aliénation, d'hostilité et de guerre. Nous avons confiance en ces idées, et chacun, quelque obscur qu'il soit, peut avoir sa part dans l'œuvre. Dans le spectre solaire les rayons invisibles sont les plus puissants. Pourquoi refuser à l'humanité le droit d'espérer?

Et ce qui est bien certain, c'est que ces idées auront l'approbation cordiale de toutes les femmes, des mères, des épouses, des sœurs. Et vous pensez bien que si les femmes, à l'unanimité, s'unissent à nous, la victoire est gagnée d'avance.

C'est vrai, il y a bien des gens qui hésitent, qui s'opposent, qui trouvent des obstacles. Eh bien, tant pis pour eux et non pas pour nous. Tant pis pour eux. Un peu d'opposition ne nuit en rien. Si la vapeur ne trouve pas résistance, point de résultat, rien que de la fumée et du bruit; mais, comprimée, elle devient une force productive. La résistance de ces scrupules ne retardera pas la marche triomphale de l'arbitrage, de la fraternisation.

Nous sommes persuadés que la paix une fois

installée, suprême, sera ce qu'un de vos sénateurs, récemment élu, M.. d'Estournelles, a si bien appelé « la paix féconde d'où naîtra bientôt, comme un fruit mûr et déjà tardif, l'union européenne ».

Alors reviendront encore une fois sur la terre les *Saturnia regna* dont parle le poète.

Otez seulement aux petites nations une dernière hésitation ; elles ont peur d'être dénationalisées. Chaque nation, même après la grande fusion, doit avoir sa fonction et le droit de vivre sa vie.

Nous — la délégation des deux chambres du parlement suédois — sommes venus ici avec de très bonnes intentions, entre autres l'intention d'étudier ; — ça va mal tourner... Comment peut-on étudier quand on a commencé par admirer, continué de même, et fini de même ? Mais peut-être vaut-il mieux ainsi : de cette manière nous soutenons les traditions d'amitié et d'entente cordiale qui depuis des siècles unissent la France et la Suède, dès l'époque reculée, quand l'Université de Paris a donné un domicile à nos étudiants suédois, jusqu'aux temps modernes, quand nos savants, nos artistes, et du reste toutes les classes de voyageurs suédois ont trouvé ici une popularité qui leur a été de la plus haute valeur.

Quant à notre visite, ce sont toujours les Normands qui assiègent Paris comme au neuvième siècle, et toujours avec les mêmes intentions de rapporter du butin, des richesses. Ces Normands, ces Vikings, ces intéressants pirates, c'est probablement leur qualité de pillards qui leur a attiré l'attention spéciale de M. le préfet de police. Ils n'ont pas réussi, mais maintenant nous ne retournerons pas les mains vides, nous rapporterons, pour garder et communiquer à nos compatriotes, les souvenirs de ces jours de Paris.

Puissions-nous encore remporter avec nous l'espoir de vous revoir un jour en Suède et vous prouver à cette occasion que notre reconnaissance, notre gratitude et notre enthousiasme seront alors aussi vivants qu'aujourd'hui !

Nous rapporterons nos bons souvenirs et aussi nos fermes résolutions de faire de notre mieux pour la promotion de l'idée de l'arbitrage, c'est-à-dire pour le triomphe de la paix et de l'entente cordiale internationale.

Je bois à la ville de Paris et à sa municipalité ! (*Vifs applaudissements.*)

Discours de M. Borghjerg, député de Danemark :

Mesdames, Messieurs,

Qu'il me soit permis, au nom de mes collègues et en mon propre nom, d'exprimer au Conseil municipal de Paris et à son président toute la gratitude dont débordent nos cœurs pour l'accueil grandiose qu'ils nous ont réservé dans cet illustre hôtel de ville, sorti si beau des mains de l'artiste qui l'a créé, et qui est si riche de grands souvenirs.

Dès notre plus tendre jeunesse nous avons appris à connaître Paris comme la ville de la lumière, de la beauté, des plaisirs, des sciences et des arts. L'histoire nous a fait aimer les habitants de Paris et toute la population française, qui en tout temps a été l'héroïque propagatrice des grandes idées de civilisation, de liberté, de justice, en un mot, de toute idée se rattachant de loin ou de près à une cause généreuse et belle. Nous aimons et nous admirons la France comme le foyer, la patrie des idées; nous aimons et nous admirons les Français — la femme française — comme un peuple de héros prêts à tous les sacrifices, même celui de la vie, pour la défense de la bonne cause.

Aussi, ce fut avec une joie bien vive que nous apprîmes, il y a quelque temps, qu'un grand nombre des membres du parlement français, appartenant à tous les partis, avaient conçu la grande idée de faire de la France le centre d'action pour la grande cause de la paix. Nous avons constaté aussi, avec une joie non moins vive, les premiers résultats, qui ne sont certainement pas sans importance, de cette noble initiative. De même que les voies ferrées, les lignes de bateaux, les fils télégraphiques et téléphoniques, rapprochent les uns des autres et relient les différents pays, en abrégeant avec les années et dans les proportions dictées par le progrès, les distances qui les séparent, de même il commence à se former un réseau de traités d'arbitrage, s'étendant dans toute l'Europe et voire même jusqu'aux États de l'Amérique. Tout le monde sait la grande part qu'a prise dans ces sortes de travaux publics internationaux le groupe français de l'Arbitrage international. C'est avec la plus vive sympathie que les pays scandinaves le suivent, et ils y prennent part dans toute la mesure du possible. Le Danemark a conclu tout récemment un traité d'arbitrage avec la Hollande, en vertu duquel tous les différends qui surviendraient entre ces deux pays, et qu'il serait impossible de régler par voie diplomatique, seront soumis à la décision du tribunal de la Haye, et remarquez, messieurs, qu'il est question ici de tous les litiges, sans exception aucune.

La paix, voilà le but de tous les cœurs grands et nobles, de tous les esprits sains et généreux. Mais la paix est aussi une condition essentielle de vie et de progrès pour tous les petits Etats. Notre espoir à nous, d'un avenir heureux et florissant pour notre petit pays, s'accroît avec le développement q   prend en Europe l'idée et l'amour de la paix. Or, quand la France voudra la paix, quand un nombre toujours croissant de Français apporteront toute leur volonté, leur courage et leur héroïsme à la cause de la paix, et que pour cette cause ils fassent même le sacrifice de leur vie dans la vraie signification du terme, et celui de tous leurs travaux et de tous leurs efforts, — car, messieurs, il faut du courage pour combattre la guerre, et en bien des circonstances il a fallu non seulement du courage, mais de l'héroïsme, — alors, dis-je, quand la vieille et héroïque France portera toute sa vaillance, tout son héroïsme sur la cause de la paix : en un mot, quand la France voudra la paix, qui osera vouloir la guerre ? (*Très bien !*)

Quand la France portera au-dessus du drapeau ensanglanté de la gloire guerrière la bannière lumineuse de la paix, tous les peuples la béniront, et les petites nations le plus sincèrement de toutes.

Il y a une trentaine d'années, un des rois scandinaves, Charles XV, put dire : « La guerre entre les pays scandinaves est chose impossible. » Nos hôtes français en reconnaissent la vérité et la confirment en invitant à une assemblée commune les parlements scandinaves. Nous les en remercions, comme a remercié le président du conseil danois, lors de la réunion qui eut lieu à Copenhague au soir de la veille de notre départ en communauté pour la France. Nous les remercions de cet éclatant témoignage européen de l'union des trois nations scandinaves. La guerre est impossible entre les pays du Nord. Et pourtant ces mêmes pays se sont fait la guerre pendant des siècles et des siècles.

Quand pourrons-nous déclarer l'impossibilité de la guerre entre tous les pays de l'Europe, des pays civilisés, du monde entier ? Ma réponse, messieurs, la voici : « Quand nous le voudrons, quand nous le voudrons sérieusement, pour tout de bon ! » Je crois pouvoir affirmer déjà maintenant qu'aux yeux de tout homme de cœur de nos jours, la guerre est théoriquement impossible. Nous ne saurons plus nous enthousiasmer pour la guerre, et voilà pourquoi nous ne saurons plus la faire. Seule, la pensée d'une guerre européenne nous remplit d'effroi, nous frappe de terreur. Il nous semble que les épouvantables massacres qui, ces temps-ci, se renouvellent sans cesse en extrême Orient, produiront un effet en faveur de la paix mille fois supérieur à celui de tous les discours pacifistes. Pouvons-nous nous bercer de l'espoir que cette guerre sera la dernière de l'histoire ? Les progrès mêmes de la tactique et de la technique de la guerre la rendent de plus en plus effroyable et finiront par la rendre impossible entre les êtres doués de sentiment et d'intelligence.

Voilà trente ans qu'aucune guerre n'a eu lieu entre les nations civilisées de l'Europe. Comme il est peu logique alors que les nations souffrent sous le poids des armements, qui atténuent les opérations pacifiques et épuisent les moyens qui pourraient assurer le succès de réformes sociales urgentes !

Y a-t-il une pensée plus logique, une conception plus nette, que celle de soumettre à la décision d'un tribunal les litiges et différends internationaux, comme on l'a fait pendant des siècles et des siècles pour les causes survenues entre les différents individus dans chaque État ?

Depuis bientôt une cinquantaine d'années, les ouvriers, la grande majorité des populations se sont organisées en associations de plus en plus fortes, tant nationales qu'internationales. Ils apprennent à se connaître en bons amis, en frères.

Les savants de toutes les nations se sont réunis d'une façon analogue en associations et assemblées internationales, et maintenant les représentants des peuples se réunissent aussi, entrent en relation directe les uns avec les autres, créent et renouvellent les liens d'amitié et de concorde; nous comprenons que nous sommes tous des hommes et que nous sommes frères.

Permettez-moi de vous citer une petite fable scandinave. Bjornstjierne-Bjornson, le grand poète de la Norvège, raconte qu'un chasseur alla un jour, de grand matin, dans les montagnes pour chasser l'ours. Dans le brouillard du matin, il vit tout à coup apparaître une ombre aux formes indécises; il crut à la présence d'un ours et s'apprêta à tirer... Mais... un sentiment indéfinissable s'empara de lui et arrêta son doigt sur la détente. Il fit quelques pas en avant et vit que l'ombre prenait de plus en plus des formes humaines. Il s'en approcha davantage, le brouillard se dissipa sous l'action du soleil levant, et... il reconnut son frère.

Messieurs, le brouillard de la guerre a commencé à se dissiper, le soleil de la paix a lancé ses premiers rayons. Toutes les nations civilisées de l'Europe et du monde entier ont reconnu les traits de famille qui leur sont communs; elles ont reconnu que les particularités nationales ne rendent l'existence que plus riche — aussi bien que l'humanité se compose heureusement de deux sexes, l'homme et la femme. Nous comprenons que le patriotisme et l'internationalisme ne s'excluent point l'un et l'autre, mais qu'au contraire ils se complètent et dépendent l'un de l'autre.

Nous espérons, et nous sommes même convaincus que les nations européennes produiront de plus en plus, comme la France l'a fait jusqu'ici, des hommes héroïques qui auront le courage de « déclarer la guerre à la guerre », des hommes qui n'appuieront pas tout de suite sur la détente, sans même avoir vu de près les traits réels de l'ennemi supposé, des hommes qui sauront garder leur sang-froid et les bons sentiments de leur cœur, et qui tâcheront de dissiper le brouillard des malentendus, même si les passions battent leur plein.

Nous espérons qu'à la prochaine conférence de paix convoquée par le président Roosevelt, les grandes nations européennes enverront parmi leurs représentants des hommes aussi illustres que les représentants de la Haye ; j'ai nommé MM. d'Estournelles de Constant et Léon Bourgeois.

Messieurs, encore une fois merci ! Merci à la ville de Paris, à sa municipalité, à ses habitants, à ses institutions, à tous enfin, pour le bienveillant et cordial accueil qui nous a été fait ! Même en brumaire, Paris est beau comme une reine de fées. Nous regrettons évidemment que le bon vent qui nous a portés vers le Midi ait amené aussi un souffle inattendu du froid de nos contrées du Nord. Mais sachez, messieurs, que le froid de nos pays fait que les habitants s'y rapprochent, et ce rapprochement augmente la chaleur des cœurs. C'est avec le plus chaleureux enthousiasme de nos cœurs que nous saluons la ville de Paris, que nous saluons la

France, qui, forte et fière, marche à la tête des nations vers la terre promise de la Paix, de la Liberté et de la Justice. (*Applaudissements.*)

Discours de M. Horst, président du groupe norvégien de l'Union interparlementaire :

Monsieur le président du conseil municipal, Mesdames, Messieurs,

On m'a prié de dire quelques paroles en ma qualité de président du groupe norvégien de l'Union interparlementaire. Ce m'est un devoir agréable, car l'idée qui nous rassemble ici forme la base même de l'Union interparlementaire, j'ai nommé l'idée de réunir toutes les nations civilisées du monde dans une entente fraternelle.

Notre peuple norvégien a embrassé avec enthousiasme ces idées de fraternité internationale et de paix universelle. Cela provient du tempérament et des mœurs du peuple et de sa constitution politique.

Et, en effet, quand j'ai à parler des liens qui existent entre la France et la Norvège, je dois toujours souligner ce fait que la constitution norvégienne de 1814 est basée sur la première constitution de la grande Révolution française ; elle est basée sur les principes révolutionnaires de liberté, d'égalité et de fraternité.

Sous cette constitution, notre peuple a parcouru un développement heureux ; sous cette constitution, il est devenu un peuple républicain et démocratique sous des formes monarchiques.

En me trouvant ici au milieu du peuple français qui a versé son sang pour la liberté; dans cette capitale qui a fait tant de sacrifices pour l'émancipation humaine; dans cet édifice où est le cœur battant de cette remarquable ville, j'éprouve les sentiments les plus vifs de la plus proche affinité, j'éprouve aussi une gratitude profonde.

L'ardeur qui, jadis, poussait les Vikings norvégiens vers les beaux et riches pays du Midi enflamme aujourd'hui notre peuple pour la grande idée de la conciliation internationale dont dépend à un si haut degré le bonheur et le progrès de notre patrie; car, pour prendre un exemple, le pavillon pacifique de notre flotte marchande se montre aujourd'hui en première ligne sur toutes les mers du monde, et le tonnage de cette flotte ne cède le pas qu'à celui des plus grandes nations maritimes.

C'est la nécessité alors — peut-on dire — qui procrée les idées de la fraternité internationale, mais c'est une nécessité qui provient de la civilisation grandissante, c'est cette nécessité qui apprendra à toutes les nations civilisées à maintenir la paix universelle.

Le parlement norvégien, le Storthing, en conséquence, a participé avec énergie à ce travail pour la paix et pour l'arbitrage. Aussi Alfred Nobel, ce grand ami de la paix, a-t-il confié à notre Storthing la mission importante de distribuer le prix de la paix fondé par lui.

J'ai mentionné la nécessité que nous impose la civilisation grandissante avec ses relations internationales de plus en plus compliquées. Pour les petites nations, la paix est une condition essentielle, afin qu'elles puissent faire leur travail et concourir ainsi au progrès universel.

Mais toutes les nations civilisées vivent sous la loi de cette nécessité, et, quand les petites nations exigent la paix du monde, ce n'est pas seulement pour leur propre cause, c'est pour la grande œuvre de la civilisation. Rappelez-vous les problèmes sociaux qui sont à résoudre. Cette œuvre doit être une œuvre de paix, et elle aura besoin de la paix.

Aujourd'hui, je me trouve devant les représentants de la capitale de la France, devant tant d'autres représentants du peuple français, qui a montré le plus grand intérêt pour la paix ; car l'émancipation humaine est la base de la paix du monde, et j'en appellerai avec insistance à tous nos frères français : « Écoutez nos voix, ne quittez pas cette route, non seulement pour conserver à vous-même les biens suprêmes d'un développement tranquille, mais aussi pour le progrès universel ! »

Nous vous avons glorifiés d'avoir fait jaillir la flamme de la liberté sur l'Europe. Vous allez encore mériter la reconnaissance d'avoir allumé le feu sacré de la paix sur les foyers d'une humanité civilisée.

Avec ses sentiments j'exprime mes vœux les plus vifs pour le bonheur de la France.

Heureux soit le peuple français dans son travail et dans sa vie pacifique ! (*Applaudissements.*)

Après le déjeuner, un concert a été donné par la musique de la garde républicaine et les chœurs si remarquables de la société « l'Euterpe ».

Les délégués laissèrent l'Hôtel de ville en fête pour se rendre au Sénat, où, comme à la Chambre, M. le secrétaire général de la questure les attendait afin de les guider jusqu'aux galeries réservées.

Après avoir assisté à une partie de la séance, ils gagnèrent le Théâtre-Français.

Les hôtes de M. Jules Claretie passèrent rapidement par les foyers des artistes et s'arrêtèrent au grand foyer, où était servi le lunch. C'est là qu'eut lieu la présentation des sociétaires et des pensionnaires de la maison.

Discours de M. J. Claretie :

Après les discours éloquents qui vous ont salué durant votre séjour à Paris, je ne veux vous faire entendre que quelques paroles; mais je suis heureux de vous souhaiter la bienvenue au nom de la Comédie française, et cela devant la statue de l'historien de Charles XII. Je crois bien que de tous les instruments de pacification et d'entente entre les peuples, le plus certain, celui qui unifie le mieux les âmes et fait palpiter les cœurs, c'est le théâtre. Et mon ami M. le baron d'Estournelles de Constant, qui si vaillamment poursuit sa campagne en faveur de l'arbitrage, a tenu à ce que notre théâtre eût l'honneur d'une visite qui restera pour nous un de nos chers souvenirs.

L'éminent critique danois que je salue parmi vous et qui a consacré à notre littérature française les plus durables pages de ses admirables et universels ouvrages, M. Georges Brandès, se faisait applaudir hier à la Sorbonne en disant combien et avec quelle passion vous étudiez et goûtez notre littérature française. Mais nous suivons aussi, avec une attention ardente, toutes les manifestations de ce génie scandinave que représentent aujourd'hui les hautes personnalités du Danemark, de la Suède et de la Norvège que la Comédie française a la bonne fortune de compter parmi ses hôtes.

Depuis que le bon Andersen, un des enchanteurs de notre enfance, écrivait avec un touchant enthousiasme : « Béni soit Dieu, je puis mourir : j'ai enfin vu Mlle Rachel ! » — le Théâtre-Français a toujours trouvé parmi vous des spectateurs fidèles lorsque vous venez à Paris, des admirateurs chaleureux lorsque quelqu'un de nos artistes va chercher chez vous, ému comme un débutant, votre jugement et vos bravos. Et personnellement je ne puis oublier que lorsque l'incendie nous chassa de cette glorieuse maison que vous retrouvez maintenant telle qu'elle fut toujours, S. M. le roi de Suède et de Norvège voulut expressément, lors de sa visite officielle à Paris, aller revoir à l'Odéon, dans le passager asile où elle s'abritait, cette Comédie française qu'il tint ensuite à revoir encore ici même. Le souverain n'avait pour nous consoler dans notre exil que sa présence : il nous apporta cette preuve charmante d'une bienveillance que nous n'oublierons jamais. (*Très bien!*)

Et oublierons-nous ce que nous devons à vos pays scandinaves? Il y a quelques années, dans notre foyer, j'avais l'honneur de saluer, lors du centenaire de l'Institut de France, votre compatriote illustre, Nordenskjold. J'aurais voulu exprimer aujourd'hui, à Henrik Ibsen, à Bjornson, une admiration que Georges Brandès a formulée d'une façon définitive. Je me contenterai de porter la santé du vieillard qui, à Christiania, peut et doit encore donner au monde des œuvres nouvelles, après *Borkman*, après *Nora*, après *la Dame de la mer*, — de Henrik Ibsen qui fut, comme Solness, le constructeur, si je puis dire, d'une rénovation littéraire.

Nous vous lisons, nous vous aimons, — un de vos écrivains célèbres, M. Jonas Lie, n'habite-t-il point toujours Paris? — et Strindberg comme les nouveaux venus nous semblent des nôtres, et vous ne vous contentez plus d'élever des statues à Holberg, le Molière danois; toute une littérature dramatique venue du Nord rayonne sur le monde comme une de vos nuits d'été où le soleil ne se couche pas. Et de cette nuit du Nord je ne compterai pas les étoiles; je veux dire seulement que votre présence nous rappelle tout un monde de souvenirs, d'impressions profondes et d'admirations littéraires. Mais je ne puis oublier que vous représentez surtout des idées de paix et d'union entre les hommes, et j'aperçois parmi vous le président de la commission de ce prix Nobel qui est comme un programme d'émulation, de fraternité, de pensée et d'art entre les nations.

La Scandinavie, dont vous êtes les fils élus, a cette gloire de pouvoir décerner un prix international à qui console l'humanité par quelque découverte utile, à qui fait aimer, poète ou dramaturge, la paix, cette paix que nous rendent plus chère les massacres hideux de la guerre! Et encore une fois le théâtre est un de vos collaborateurs, et vous saviez en venant ici que vous veniez vers l'asile de ce qui rapproche le plus sûrement les hommes : les larmes que l'émotion fait couler et le rire qui essuie ces larmes.

Aussi bien, messieurs, suis-je heureux de vous souhaiter la bienvenue au nom de la Comédie française, qui est un coin de France dont nous sommes fiers. Tout à l'heure un de nos comédiens vous saluera au nom de ses camarades. Je vous apporte, à vous qui faites des lois, le salut de ceux qui font les mœurs, — et, représentants de l'arbitrage entre les nations, je vous prie de vous croire un moment chez vous dans cette maison où l'on travaillait encore tout à l'heure, où l'on travaillera ce soir, et qui, pour la première fois peut-être, interrompt des répétitions pour avoir la joie de vous accueillir. Oui, au contraire des étrangers qui ne veulent voir d'ordinaire dans Paris que le Paris qui s'amuse, vous avez étudié, entrevu, en peu de jours, le Paris qui travaille, — et le vrai Paris, vous pourrez le redire, n'est pas le Paris qui dépense, vous l'avez vu, c'est le Paris qui pense!

A Upsala, en écoutant les amis, les disciples et les auditeurs de notre cher Gaston Paris, j'ai pu me croire, un jour, chez nous. Je vous répète que ce logis est le vôtre. Il y eut même une heure, en pluviôse an XI, où le général Thuring, un Suédois, général au service de la République française, fit représenter un drame historique traduit par lui du suédois, *Siri Brahé ou les Curieuses*, dont l'auteur était Gustave III de Suède. Mais ce temps est loin! Maison nationale, la Comédie française ne peut suffire à l'ardente poussée de la nouvelle génération dramatique française; seulement cette génération même, tout en gardant avec raison les qualités de sa race, a l'admiration et la compréhension du génie scandinave, — elle comprend tout, du reste, depuis Shakspeare jusqu'à Tolstoï, — et c'est en songeant à elle, c'est au nom de la fraternité des lettres que je vous donne, mesdames et messieurs, le salut cordial de la maison de Molière.

Notre but, en réalité, est le même.

Vous rêvez avec raison l'arbitrage et la paix. Nous souhaitons, nous, la diffusion des idées des poètes, l'accolade et le libre échange des chefs-d'œuvre! (*Applaudissements.*)

Sonnet lu par M. Jules Truffier, sociétaire :

Pour saluer messieurs les parlementaires scandinaves.

Vos fjords aux claires eaux et vos forêts profondes
Ont un écho chanteur qui fait vibrer le nom
De Molière, esprit clair égayant l'horizon
Sur nos vignes en fleur et sur nos moissons blondes.

C'est ainsi qu'une Elite aux âmes vagabondes,
— Tels des mages du Nord, — malgré l'âpre saison,
A voulu, visitant Molière en sa Maison,
Goûter son allégresse et ses beautés fécondes.

Donc (ce n'est plus Hamlet qui le dit, c'est l'acteur) :
« Soyez les bienvenus, messieurs, dans Elseneur, »
— Dans l'Elseneur où règne une muse idéale !

Nous vous remercions de mêler, aujourd'hui,
Par une radieuse aurore boréale,
Aux rayons de Molière un soleil de minuit.

(Applaudissements.)

Réponse de M. le colonel Rambusch, sénateur danois :

Messieurs,

Au nom de mes collègues du parlement danois, j'ai l'honneur de vous adresser quelques paroles, en invoquant votre indulgence pour ma fâcheuse manière de prononcer votre belle langue.

C'est avec une émotion toute particulière qu'un de nous autres Danois entre pour la première fois au Théâtre-Français. Bien que dix-huit années se soient écoulées depuis le moment où j'ai éprouvé cette émotion, je me la rappelle encore comme d'hier, et en revenant ici je la ressens de nouveau forte et puissante.

Par quelles voies mystérieuses s'est-elle produite ?

Messieurs, malgré la grande distance qui sépare notre pays de la France, et bien que notre langue, que nous chérissons pour sa souplesse, son adaptation aux exigences du rythme, n'ait guère de ressemblance avec la belle langue française, celle-ci compte parmi nous beaucoup d'admirateurs ardents, beaucoup de partisans zélés; nous l'aimons d'un bon cœur, cette langue, si différente de la nôtre, parce qu'elle est sonore et gracieuse, parce qu'elle possède une telle finesse de distinction, parce qu'elle sait inspirer aux grands acteurs et actrices qui la parlent d'une façon si admirable, nous avons chez nous le bonheur d'en connaître déjà plusieurs, car ils sont venus nous rendre visite, ils ont fait retentir des scènes danoises leurs voix mélodieuses, électrisant ainsi les auditeurs et faisant — quoique par voie indirecte — une propagande effective en faveur de la section danoise de la Société de l'alliance française.

Mais ce n'est pas seulement leur langue que nous avons admirée; ils nous ont donné la preuve d'un art dramatique exquis et délicat; tantôt ils nous ont montré des effets considérables produits par le plus petit geste, par la plus faible modulation de la voix, et tantôt ils ont déchaîné les passions les plus violentes, développé l'empire des moyens les plus forts, sans jamais dépasser les limites classiques du beau. Ils ont réussi à nous convaincre que la Comédie française a la suprématie sur toutes les scènes du monde. Aujourd'hui, nous avons pu vérifier que ces idées sublimes de votre première scène ne sont pas exagérées : elles sont plutôt surpassées.

Messieurs, agréez nos remerciements chaleu-

reux, en cette heure mémorable, unique, que
nous n'oublierons jamais, et permettez-moi d'appeler à l'aide mes collègues, pour acclamer le
théâtre à notre façon :

« Leve Théâtre-Français ! »

*Tous les délégués poussent ensemble cette exclamation,
au milieu des applaudissements.*

Compliment impromptu de M. le baron Bonde, président
de la délégation suédoise :

Dans cette belle salle où vous nous recevez,
Entouré du passé dont les murs sont ornés,
En beau marbre parlant, je me sens fort ému,
A la vue de ces traits, qui nous sont bien con-
Voilà de ce côté le profil de Voltaire,   [nus.
Et de l'autre le fin sourire de Molière,
Ces grandes âmes, la gloire du théâtre français.
C'est trop long de citer, superflu de nommer
Tout ce beau panthéon, qui défile et qui passe ;
Des hommes de génie, des femmes pleines de
                                              [grâce,
Écrivains et auteurs du théâtre français,
Admirés, adorés par le monde tout entier.
A Paris, qui d'Athènes a reçu l'héritage
Et a su conserver ce qu'elle eut en partage,
Quelle série de triomphes de Molière à Capus,
Des *Femmes savantes*, de Scapin plein de ruse,
De l'*Avare*, Mascarille, jusqu'à *Notre Jeunesse*,
Poétique et remplie d'enviable souplesse.
Au Théâtre-Français, qui remplit l'univers
De chefs-d'œuvre, en masse, nous sommes
                                         [venus faire

Une courte visite, en rendant notre hommage
Au génie de la France, car le groupe d'arbitrage,
Combattant pour la paix, emploie toutes les
[armes
Pour nous bien dominer, recourant même aux
[charmes.
C'est chose très facile, car les bons Scandinaves
Se laissent entraîner, ne sentent pas d'entraves.
Au nom des délégués, monsieur Jules Claretie,
Je m'adresse à vous et de tout cœur, je vous prie,
Agréez de nous tous la vive gratitude
Pour votre aimable accueil; sa large plénitude
Est une œuvre de paix, un anneau de la chaîne,
Un bon souvenir de la reine de la Seine.

Le soir, au Grand Hôtel, le comité républicain du commerce
et de l'industrie offrit aux délégations un dîner solennel,
sous la présidence de M. Trouillot, ministre du commerce.

Le président avait à sa droite Mme la comtesse Frijs, à sa
gauche Mme la baronne d'Estournelles de Constant.

Aux membres du parlement et du corps diplomatique
qui prirent part au banquet s'étaient jointes un grand nombre
de notabilités du monde industriel et commercial. Après
les toasts aux souverains portés par le ministre, le baron
Bonde but à la santé du chef de l'État, et ce toast fut suivi
de la *Marseillaise*, que les délégués chantèrent en chœur.
Aux remerciements que lui adressa l'éminent délégué suédois,
M. Mascuraud répondit :

Monsieur le ministre, Messieurs,

Le comité républicain du commerce et de
l'industrie remercie vivement MM. les mem-

bres des parlements de Danemark, de Suède et de Norvège, d'avoir bien voulu répondre si nombreux à son invitation.

C'est en son nom et, j'ose le dire, au nom de tous les industriels et commerçants de France représentés dans le comité par les présidents des principales chambres de commerce, par les présidents des principales chambres syndicales et par de nombreux chefs d'importantes industries, que je vous souhaite, messieurs, une bienvenue cordiale.

Je remercie aussi M. le ministre du commerce, qui a bien voulu présider cette fête commerciale, et M. le sénateur d'Estournelles de Constant, qui nous a fait le grand honneur de croire que son œuvre serait incomplète s'il ne vous avait dit qui nous étions et s'il ne vous avait menés au milieu de nous.

En venant en France, messieurs, vous avez été accueillis et reçus comme vous étiez dignes de l'être par vos collègues du parlement français, par les ministres de la République, par les plus grandes associations.

Nous sommes heureux de vous recevoir à notre tour, nous voyons en vous des amis de la paix pour le travail et par le travail.

Vous êtes particulièrement, messieurs, les représentants des intérêts agricoles dans les pays scandinaves. Nous sommes plus spécialement les représentants de l'industrie et du commerce dans notre pays de France. Mais, pour divergents que paraissent être les intérêts que nous défendons et les points de vue aux-

quels nous nous plaçons les uns et les autres,
il n'apparaît pas moins que nos efforts sont solidaires, et pour être utiles doivent être unis. Ce
n'est pas d'aujourd'hui qu'on a fait remarquer
quelle étroite union existe entre la terre et
l'atelier.

Vos efforts, vos travaux dans vos terres lointaines, nous sont une source de précieux renseignements, de même que nos lois et nos recherches ne sont pas inutiles. Il n'est pas
toujours vrai, comme l'écrivait un jour votre
grand compatriote M. Henrik Ibsen à l'éminent
critique, notre hôte d'aujourd'hui, M. Georges
Brandès, que la culture scandinave ne marche
pas toujours de front avec les grands peuples
civilisés et que ceux-ci prennent une avance
sans que vous vous en aperceviez. Il n'est
pas permis aujourd'hui à ceux qui ont le juste
souci du progrès social d'ignorer ce qui se
fait, ce qui se dit et ce qui se prépare dans les
milieux scandinaves.

Un autre amour commun nous rapproche :
celui de la paix entre les peuples. Les protago-
nistes, j'ose même dire les apôtres de ce mouvement, savent quel accueil ont trouvé leurs
idées dans le comité républicain du commerce
et de l'industrie. On vous a dit, lors de votre
arrivée à nos frontières, que vous venez à Paris dans « la Mecque de la paix ». Pouvait-on
mieux dire, et n'en serez-vous pas convaincus,
quand vous aurez vu ce que sont nos manufac-
tures et nos magasins, nos marchés et nos ports ?
Dans cette ruche industrieuse, les abeilles ont

besoin de la paix. C'est à son abri que le travail devient utile et fécond et que peuvent se produire, avec le maximum de rapidité, puisqu'elles ont le maximum de sécurité, les réformes et les améliorations qui sont le but commun de tous les hommes de bonne volonté.

Messieurs, je lève mon verre en l'honneur des représentants des parlements de Danemark, de Suède et de Norvège.

J'ajoute à ce toast celui qui est au cœur de tout Français épris d'idéal et de beauté. Je porte respectueusement la santé des intrépides voyageuses qui n'ont pas hésité à traverser les mers pour donner plus de poids à la manifestation des délégués de l'Europe septentrionale.

Messieurs, aux nobles filles des pays scandinaves, aux gracieuses mandataires de la Norvège, de la Suède et du Danemark. (*Vifs applaudissements.*)

Après le dîner, tandis que les invités de M. Mascuraud et du comité prenaient le café dans les salons du Zodiaque, la salle des Fêtes était transformée en théâtre. Sur ces tréteaux improvisés, Mmes Suzanne Desprès, Carmen de Raisy, Dermon, MM. Lugné Poe, Saillard et Schutz jouèrent le deuxième acte de *Maison de poupée*. Ensuite Mmes C. Lormont, M. Roch, du Ménil, de Raisy, Pouzols Saint-Phar, MM. Vinès, Bruneau, Bachmann, Bourgeois, se firent chaleureusement applaudir.

MERCREDI 30 NOVEMBRE

Le mercredi 30 novembre, conduits par un train spécial de la compagnie du Nord, nos hôtes ont visité le musée Condé et le parc de Chantilly.

MM. Gaillard, député, et Noël, président du conseil général de l'Oise, les saluèrent à leur descente de wagon.

Au château, l'Institut avait délégué, pour recevoir ses invités, M. Mézières, de l'Académie française, président du conseil des conservateurs du musée, qui était entouré par MM. Léopold Delisle, Gruyer et Macon, conservateurs; Gabriel Monod, Roquain, de Boislisle, Worms, de l'Institut.

Après les présentations, quand tous furent réunis dans la grande galerie, M. Mézières prit la parole :

Discours de M. Mézières, de l'Académie française :

Mesdames, Messieurs,

Nous avons l'honneur de vous souhaiter la bienvenue dans ce château des princes de Condé que la générosité du duc d'Aumale a légué à l'Institut de France.

Nous avons d'autant plus de motifs de vous y recevoir avec joie que nous trouvons dans nos archives bien des traces des liens qui ont existé entre Chantilly et les pays scandinaves.

Vous êtes saturés de discours politiques. Vous me permettrez donc de vous entretenir de tout autre chose : des souvenirs qui nous sont communs et qui nous rapprochent.

Il ne faudrait pas aller bien loin dans notre riche bibliothèque pour trouver un livre magnifique et rarissime, le *Psautier* de la reine danoise Ingeburg, femme de Philippe-Auguste.

Sur les marges du calendrier, cette princesse du Nord a fait inscrire la mention d'une grande victoire française : la bataille de Bouvines, afin de montrer le double attachement pour le pays d'où elle venait et pour celui dont elle était devenue la reine.

Plus tard, nous conservons précieusement dans nos annales le souvenir de la visite que fit à Chantilly, il y a juste cent trente-six ans, le 28 novembre 1768, le roi Christian VII de Danemark. La somptueuse demeure des Condé lui offrit une magnifique hospitalité : l'opéra, la chasse et, ce qui lui fut plus sensible encore, la représentation du *Bourgeois gentilhomme* par la troupe de la Comédie française.

Le roi, grand admirateur de Molière, parle de la pièce avec autant de grâce que de pénétration.

En 1771, c'est le roi de Suède Gustave III qui va visiter Chantilly et qui y retourne treize ans après pour rechercher les souvenirs et les agréments de sa première visite. Dans l'intervalle, il envoyait de Stockholm au prince de Condé un muséum minéralogique que nous conservons précieusement dans nos galeries.

Voilà des souvenirs historiques qui doivent nous être, aux uns et aux autres, également chers.

Si vous me permettez d'entrer un instant dans des considérations d'un ordre plus général, vos nations et la nôtre se rencontrent et se complètent par leurs affinités comme par leurs contrastes.

Votre grand critique M. Brandès, dont je salue ici la présence, parlait dernièrement avec un charme exquis de ce que les races du Nord devaient, dans leur littérature, au génie clair de la France. Nous aussi, nous vous devons quelque chose et nous éprouvons une grande joie à le dire. Vos écrivains, vos penseurs, ont fait preuve d'une concentration, d'une puissance de pensée qui n'a pas été sans agir à son tour sur notre philosophie et sur notre littérature.

Pour vous bien juger, il faut toujours en revenir à la conception puissante du plus grand poète des temps modernes. Vous êtes bien les fils d'Hamlet le Danois, auquel Shakspeare a donné, avec toutes les grâces et toutes les élégances de l'esprit, la vision pénétrante de l'au-delà, l'observation aiguë de ce qu'il y a de plus caché et de plus douloureux dans l'âme humaine.

Vous et nous, mesdames et messieurs, en apprenant de plus en plus à nous connaître, nous apprenons à nous aimer. Cette journée comptera, je l'espère, dans nos souvenirs communs. Elle est un anneau de plus de la chaîne qui se noue de plus en plus et qui rattache les peuples du Nord, que vous représentez, à notre chère patrie. (*Applaudissements.*)

Réponse de M. Trygger, sénateur, vice-recteur de l'Université d'Upsal :

Messieurs,

Désigné pour prendre la parole au nom des délégués des trois parlements du Nord, l'agréable tâche m'incombe de vous dire et notre gratitude et les sentiments de vénération profonde que nous inspirent vos illustres compagnies.

Vous représentez, messieurs, une longue tradition, dont les peuples ne se sont désaccoutumés de suivre les progrès. Dès le moyen âge, les disciples accourent en foule de tous les coins de l'Europe à l'Université de Paris; les Scandinaves n'étaient pas les moins nombreux parmi ces étrangers studieux, empressés à bénéficier de votre enseignement, des lumières de votre littérature, du chaud rayonnement de votre civilisation déjà puissante et harmonieuse.

Bien avant que ses armes eussent assuré à la France la prépondérance parmi les États européens, sa culture avait accompli à travers le monde une course triomphale.

Chaque siècle qui s'écoule ensuite est témoin de victoires nouvelles remportées par le génie français et profitables au développement général de l'humanité.

Votre grande Révolution a donné naissance aux idées essentielles dont s'inspire aujourd'hui encore l'esprit public universel; nous en sommes tous les héritiers. En Europe, la plupart des nations apprirent de vous à respecter

la dignité de la personne humaine enfin proté-
gée contre l'oppression, les préjugés, les injus-
tices. Votre torche révolutionnaire, si ardente
tout d'abord en son œuvre destructrice, s'im-
mobilisa pour éclairer la marche de l'homme
privé, du citoyen, vers une existence plus largement humaine.

De nos jours encore, nous éprouvons les
effets de cette énergie civilisatrice qui est en
vous ; dépassant les limites du statut personnel, sa bienfaisante action tend à réorganiser
les relations des sociétés entre elles.

Une loi d'épouvante domine la vie des États,
perpétue la guerre, l'oppression, l'injuste victoire de la force sur le droit, les craintes des
faibles éternellement menacés dans leur indépendance.

Or, voici que la noble France se lève, met au
service des idées de paix ses admirables ressources, ses trésors d'intelligence, son influence
séculaire, définit ce programme : assurer aux
États les garanties dont s'étaye la sécurité des
individus ; lancer ce mot d'ordre qui bientôt
ralliera toutes les puissances civilisées : solu-
tionner sur le terrain du droit les rivalités, les
conflits, les procès obscurs dont se compliquent
de plus en plus les rapports des nations.

La France généreuse saura — cette conviction nous est chère — faire triompher cette
idée que la guerre non commandée par la défense d'intérêts vitaux est un crime.

Par là elle accomplira une seconde grande
révolution non moins considérable que la pre-

mière dans l'histoire du monde; l'acclamation de l'opinion universelle, mieux éclairée, inaugurera une ère nouvelle que notre espérance impatiente se plaît à définir : une ère de magnifique expansion de la civilisation pacifique et de progrès inouïs de l'humanité.

Si votre patrie, messieurs, est en mesure de s'imposer et de mener à bien une aussi vaste et belle entreprise, elle doit cet avantage à cet esprit de vérité que vos pères vous ont légué avec le goût de la recherche et l'amour de la science et qui n'a point cessé d'habiter ce temple de la pensée française, l'Institut.

C'est cette pensée, messieurs, qui guide vers vous nos gratitudes. C'est dans ces sentiments que mes collègues et moi nous entendons rendre hommage à vos personnes respectées, à l'Institut de France tout entier, à la pensée française conciliatrice et pacificatrice. (*Applaudissements.*)

Les délégués visitèrent ensuite le musée Condé et purent admirer ses précieuses reliques en quelques heures, grâce à l'heureuse direction des conservateurs.

Au retour à Paris, à l'hôtel de la chambre de commerce, M. Derode, président, entouré de MM. Hugot et Lesieur, vice-présidents, des membres de la chambre et du tribunal de commerce, des représentants du ministre et des présidents des grands groupes syndicaux parisiens, reçut les délégations.

Discours de M. Derode, président de la chambre de commerce de Paris :

Messieurs,

Il y a quinze jours, les échos de cette salle retentissaient des applaudissements qui saluaient la présence parmi nous de nos confrères des chambres de commerce italiennes. Aujourd'hui, messieurs les délégués des parlements scandinaves, de l'autre extrémité de l'Europe, vous venez apporter à la France des paroles de paix, d'amitié, et vous voulez bien, à votre tour, honorer de votre visite les représentants du commerce parisien.

Soyez, messieurs, doublement les bienvenus parmi nous, car tous nos compatriotes nous envieront le privilège de vous exprimer personnellement les sentiments dont tous les Français sont animés à votre égard, et, d'autre part, nous sommes heureux de saluer en vous, si vous nous permettez de vous donner ce titre, d'illustres collègues. Par cette imposante manifestation en faveur de la concorde internationale, vous vous êtes constitués les meilleurs auxiliaires et les puissants collaborateurs de nos modestes travaux.

Ce sont, messieurs, des faits bien nouveaux et bien significatifs que ces échanges de visites auxquelles leur simultanéité même donne tant d'importance. Il semble qu'enfin nous prenions conscience de tous les avantages que nous offre le progrès des communications et des résultats moraux que l'humanité doit en retirer. La

France, qui confond à la fois dans son unité la Provence, sœur de l'Italie, et la Normandie, dont le nom même rappelle les liens historiques qui la rattachèrent à la Scandinavie, ne semble-t-elle pas destinée à être le centre naturel de ces heureux rapprochements des nations européennes? C'est avec une joie particulière, messieurs, que, peu de temps après l'Angleterre et l'Italie, elle vous voit, vous qui tenez une si haute place dans l'estime de l'Europe et dans nos sympathies traditionnelles, apporter aux généreux efforts des amis de la paix, l'appui moral si puissant des trois parlements que représente votre délégation.

Mesdames, la cause de la paix est particulièrement la vôtre; elle est celle des foyers, auxquels vous tenez une place si respectée; votre présence non seulement rehausse cette réunion d'un éclat et d'un charme que nous vous remercions d'avoir daigné lui apporter, mais elle lui donne en même temps toute sa signification.

Nos chers compatriotes les honorables membres du groupe de l'Arbitrage ont droit aujourd'hui à nos félicitations et à nos remerciements. Messieurs, depuis quelques mois, vous enregistrez, pour ainsi dire chaque jour, un nouveau bulletin de victoire; et ce n'est certes pas nous aventurer sur le terrain de la politique internationale que d'applaudir de tout cœur à cette manifestation universelle des idées de paix si favorable au commerce du monde entier.

Messieurs, serait-il téméraire de notre part

de souhaiter que le commerce bénéficie aussi de ces ententes internationales à un autre point de vue? Ne pouvons-nous pas espérer de voir peu à peu disparaître, avec les barrières naturelles que la science supprime chaque jour, les barrières artificielles qui s'opposent à la liberté des échanges?

C'est du moins un but idéal et lointain que nous pouvons proposer à nos efforts communs. (*Applaudissements.*)

Réponse de M. Hey, sénateur danois :

Monsieur le président, Messieurs,

La visite des délégués des parlements scandinaves à Paris est une chaîne non interrompue de fêtes qui, du matin au soir, nous font sentir la force puissante et étrange de l'œuvre qui nous a réunis, qui, de jour en jour, resserre plus étroitement nos nations dans une seule et unique pensée d'amour pour l'arbitrage et ses bienfaits.

Nous avons aujourd'hui l'honneur d'être reçus par la chambre de commerce de Paris; plusieurs d'entre vous, mes chers collègues, se demandent peut-être quels rapports il peut bien y avoir entre le commerce et cette haute et sublime idée qui nous a amenés en France. Eh bien! je vous dirai qu'il existe entre ces deux choses les rapports les plus intimes, les plus sacrés, car c'est le commerce qui a conçu le premier cette sublime idée, et j'ose dire que l'arbitrage est né du commerce.

Le commerce, qui, de toutes les branches de l'activité humaine, est la plus pratique et la plus internationale, a, depuis les temps les plus reculés, connu, accepté l'arbitrage.

Le commerce exige par sa nature une solution prompte et claire, et voilà, messieurs, pourquoi le commerce a eu de bonne heure recours à l'arbitrage pour trancher les différends.

Comme l'histoire du commerce est aussi l'histoire du monde, les bonnes coutumes du commerce ont également pénétré dans la vie journalière des peuples, et de là dans les différents pays.

Nous espérons, messieurs, que l'arbitrage qui a grandi grandira encore et s'imposera définitivement dans les rapports entre tous les États du monde.

Et le commerce français, qui fait flotter sur toutes les mers du monde le glorieux drapeau tricolore, saura, comme toujours, être le premier à nous apporter le message de la paix et de la conciliation, et continuer ainsi sa noble tâche civilisatrice.

Messieurs, les représentants des trois nations qui ont toujours avec plaisir été en rapports commerciaux avec la France sont venus aujourd'hui pour vous dire qu'ils ont une foi profonde en la mission civilisatrice et pacifique du commerce français.

Recevez donc, messieurs, au nom de mes collègues, l'hommage des vœux les plus sincères que nous formons pour la prospérité de la France, pour son commerce et pour la chambre de commerce de Paris. (*Applaudisse-ments.*)

Après le discours de M. Hey, la chambre de commerce applaudit également une allocution de M. Ihlen, président du *Norges Oplysningskontor*.

Avant de suivre M. le président et les membres de la chambre de commerce dans la salle des fêtes où était servi le goûter, M. d'Estournelles de Constant remercia en quelques mots les représentants du commerce parisien et donna lecture des télégrammes qu'il avait reçus de LL. MM. les rois de Danemark, de Suède et de Norvège, en réponse à l'adresse du 28 novembre.

A M. le sénateur d'Estournelles de Constant, président du groupe parlementaire français de l'Arbitrage international.

Copenhague, 29 novembre.

En vous remerciant vivement pour votre télégramme d'aujourd'hui, je vous prie d'exprimer aux membres du Sénat et de la Chambre des députés ma sincère gratitude de l'accueil chaleureux qu'ont trouvé à Paris les membres du Rigsdag danois.

Ma sympathie est tout acquise au progrès des idées de paix et d'arbitrage international, et je forme les vœux les plus cordiaux pour la réussite de votre réunion interparlementaire, pour le bien de l'humanité entière.

CHRISTIAN.

Stockholm, 29 novembre.

Je vous prie d'exprimer à vos collègues et de recevoir vous-même l'expression de ma sincère gratitude pour le télégramme d'hier. Puissent les vœux du groupe de l'Arbitrage se réaliser !

OSCAR.

M. Derode porta, au moment du lunch, un toast en l'honneur de ses aimables hôtes. M. le sénateur Mélin lui répondit par une improvisation charmante.

Le soir, l'Automobile-Club offrit un gala aux délégués.

M. le baron de Zuylen, président du cercle, M. le marquis de Dion et M. Dumontpallier avaient organisé une représentation théâtrale, qui dans l'élégante salle de spectacle du club obtint un réel succès.

L'élite de la société parisienne, réunie dans les salons de l'hôtel de la place de la Concorde, fêta les représentants des trois pays scandinaves.

Après le théâtre, dans la salle des concerts, quelques allocutions nouvelles furent applaudies avec le même enthousiasme qu'au premier jour.

Toast de M. de Zuylen :

Si vous êtes des missionnaires de la paix, dit-il, et si vous êtes venus en France pour chercher à rapprocher les peuples, l'Automobile-Club de France poursuit un but comparable, puisque, en travaillant au développement et à la prospérité de l'industrie automobile, il cherche à diminuer les distances.

Allocution de M. le colonel Heftye, ancien ministre norvégien de la guerre :

Au nom de la délégation de Norvège, j'ai

l'honneur de vous remercier de tout cœur de votre belle réception, dans ce magnifique palais qui est, pour ainsi dire, le berceau de cette industrie si importante et si française. Nous savons, monsieur le président, que c'est grâce aux efforts toujours ardents de votre club que l'automobilisme s'est si merveilleusement développé depuis quelque temps, et nous savons que c'est surtout grâce à votre club que la France marche toujours à la tête du monde entier pour améliorer, pour agrandir, pour perfectionner l'industrie des petits moteurs et des automobiles.

Mais, monsieur le président, vous ne nous avez pas invités seulement pour nous montrer l'excellence de votre industrie.

Vous avez surtout tenu à être aimable.

Et, comme Français, vous n'avez pu ne pas l'être.

Vous avez préparé pour nos dames et pour nous-mêmes une soirée charmante, dont le souvenir restera toujours bien vivant dans nos esprits.

Nous vous présentons donc, monsieur le président et messieurs les membres de l'Automobile-Club de France, nos hommages bien affectionnés, et nous vous prions de recevoir nos remerciements les plus sincères du bon et chaleureux accueil que nous avons trouvé chez vous, et je prie mes compatriotes et les autres invités du Club de se joindre à moi dans un toast pour l'Automobile-Club de France. (*Applaudissements.*)

Après ce discours, l'assistance applaudit encore une allocution de M. le baron Trolle, sénateur suédois.

Enfin, M. d'Estournelles de Constant, en fixant le programme du lendemain, de concert avec les membres du cercle, dont le concours était indispensable, déduit l'enseignement de cette soirée : « C'est le mariage de l'automobile et de l'arbitrage, » dit-il en riant ; et, de fait, c'était bien la science et la paix unies en cette mémorable solennité.

JEUDI 1er DÉCEMBRE

Le jeudi 1er décembre, après une matinée employée à des visites individuelles dans des établissements commerciaux, les délégués, sur une vingtaine d'automobiles, accomplirent à travers Paris et le bois de Boulogne une vertigineuse randonnée; ils parcoururent successivement les ateliers de Dion-Bouton, Panhar-Levassor, Mors, les salles du journal *le Matin*, et ne s'arrêtèrent qu'à la fin de la journée, au Musée social, où les reçurent d'abord MM. Paul Cauwès, professeur à la faculté de droit de Paris, Millerand, député, et les membres de l'Association nationale française pour la protection légale des travailleurs.

Allocution de M. Cauwès, professeur d'économie politique à la faculté de droit de Paris, président de l'Association nationale :

Je vous remercie, messieurs les représentants des parlements du Nord, d'avoir bien voulu répondre à l'invitation de notre association, et je vous souhaite en son nom la plus cordiale bienvenue. Vous vous êtes unis dans une même pensée, pour venir faire en France une manifestation pacifique d'une haute significaton morale; et vous, mesdames, qui vous y êtes jointes, puisqu'elle répond à vos sentiments les plus chers, nous vous prions aussi d'agréer nos vœux et notre vive gratitude pour avoir consenti à donner à cette réunion un peu austère le charme de votre présence.

Pourquoi ne vous dirais-je pas, mesdames et

messieurs, bien qu'elle vous ait été maintes fois exprimée déjà, la sympathie si vive qui nous porte vers vos patries, sympathie qui n'a pas pour unique cause les liens traditionnels d'amitié entre nos peuples, mais qui a pour aliment son commun attachement aux institutions démocratiques, une même recherche du progrès et de la justice dans les relations sociales, une même aspiration aussi vers le règlement amiable des conflits internationaux.

Nous vous recevons ici, au Musée social, dans une maison où tant d'œuvres de solidarité sociale — la nôtre en particulier — obtiennent une si généreuse hospitalité; aussi tenons-nous devant vous à affirmer envers la direction du Musée social notre dette de reconnaissance.

C'est ici que notre Association française a pris naissance; c'est ici également qu'ont été jetées les bases de l'Association internationale pour la protection légale des travailleurs, qu'en ont été rédigés les statuts. C'était en 1900, au cours de l'un des nombreux congrès internationaux tenus à l'occasion de l'Exposition universelle, de l'un de ceux qui ont fait œuvre durable. Dès lors, ou bientôt après, se constituèrent, à titre de sections de l'Association internationale, des associations sœurs de la nôtre, en Allemagne, en Suisse, en Belgique, en Autriche, en Hongrie, dans les Pays-Bas, en Italie. Et, depuis 1901, l'Association internationale, formée du groupement de toutes ces sections, a tenu d'importantes assises à Bâle, à Cologne, et de nouveau à Bâle. Les gouvernements ne sont pas restés indifférents au mouvement d'idées suscité par l'association : douze gouvernements s'y sont fait représenter par des délégués officiels qui ont pris part aux travaux des assemblées de l'association, qu'on pourrait bien appeler le parlement intellectuel du travail.

Comme vous le voyez, notre œuvre est double, nationale et internationale. Nationale : chaque section poursuit en son pays, par des enquêtes, des discussions, des appels à l'opinion ou aux pouvoirs publics, le progrès de la législation ouvrière et l'application sérieuse et loyale des dispositions protectrices en faveur des ouvriers. Internationale : l'Association générale, dont le siège social est à Bâle, est un centre d'information et un foyer d'action. Son organe scientifique est l'Office international du travail, qui publie un bulletin qui est, pour la législation ouvrière et le mouvement des idées dans le monde du travail, une source d'une incomparable richesse.

C'est M. Millerand qui vous parlera de ce qu'est l'Association internationale comme foyer d'action : le but est d'examiner et de discuter les questions de la législation protectrice sur lesquelles il convient de provoquer un mouvement d'opinion général dans les pays civilisés, sur lesquelles aussi une entente est le plus nécessaire ou le plus facilement réalisable, et de préparer les bases de conventions diplomatiques, de traités de travail.

Il y a quelque temps encore, cela eût paru une utopie; mais, cette année même, un dernier traité de travail a été signé entre deux pays, la France et l'Italie, et, grâce aux efforts de l'Association internationale, aux démarches de son bureau auprès du gouvernement de la Confédération helvétique, grâce à l'initiative de ce gouvernement auprès des autres puissances, il est à peu près certain que l'année 1905 verra se réunir à Berne une conférence internationale, à laquelle seront représentés la plupart des pays d'Europe, en vue de mettre fin par un accord diplomatique à l'emploi du plus meurtrier des poisons industriels, le phosphore blanc, et à un mode de travail qui a les conséquences physiques et morales les plus déplorables, le travail de nuit des femmes.

Notre ferme espoir est que les pays du Nord ne resteront pas à l'écart de la prochaine conférence de Berne ; car déjà les gouvernements de deux d'entre eux ont envoyé des délégués aux assemblées de l'Association internationale : à Cologne, en 1902, M. le professeur Fahlbeck était délégué officiel de la Suède ; à Cologne aussi, et cette année encore à Bâle, le gouvernement norvégien était représenté par le sympathique directeur de l'Office social, M. Dahl. Notre rêve serait de voir vos trois pays, non seulement participer à la future assemblée de Berne, mais de les voir entrer dans notre famille par la création d'une ou de plusieurs sections collaborant avec nous d'une façon permanente aux progrès de la législation sociale.

Partisans zélés de l'arbitrage international, vous voulez prévenir les maux que déchaîne la guerre, sauver les vies humaines qui, par milliers, sont fauchées sur les champs de bataille. N'y aurait-il pas quelque inconséquence à ne rien faire pour les victimes du travail industriel? Il y a des modes de travail qui ruinent la santé ou qui tuent, sans que l'on puisse dire que ces existences humaines soient toutes sacrifiées à des nécessités fatales du progrès industriel; beaucoup de maux peuvent être supprimés ou, du moins, atténués, soit par la vigilance des lois, soit par une bienfaisante entente entre les nations. Les victimes du travail sont-elles moins dignes de pitié que celles des conflits à main armée? Connaissant vos sentiments d'humanité, nous savons bien quelle réponse vous faites à cette question.

Actuellement, notre Association internationale étend son action, par les sections nationales qui y sont affiliées, sur la plus grande partie du continent européen, de l'Atlantique aux confins de la Russie, du littoral de la Méditerranée à la mer du Nord et à la Baltique. Cette action s'arrête là, aux frontières de vos patries. Puissent-elles être reportées par votre adhésion jusqu'au cap Nord! Elle couvrirait alors presque toute l'Europe civilisée; car d'actives négociations nous permettent de considérer comme très prochaine la constitution de nouvelles sections en Grande-Bretagne et en Espagne.

J'ai tenu un langage qui, je l'espère, aura été à vos cœurs, mais je ne suis qu'un homme d'études, et je m'empresse de céder la parole à un homme d'action, à un parlementaire dont la forte et persuasive éloquence saura mieux plaider notre cause auprès d'autres parlementaires.

Mais, avant de me rasseoir, je vous renouvelle tous les vœux de prospérité et de bonheur que nous formons pour vos personnes, pour les parlements dont vous faites partie, les populations des peuples du Nord, et les souverains qui président à leurs destinées, LL. MM. Christian IX, roi de Danemark, et Oscar II, roi de Suède et de Norvège.

Après M. Paul Cauwès, M. Millerand a pris la parole et exposé quels avaient été, depuis sa fondation en 1900, l'histoire de la société et les résultats obtenus par l'Association internationale. Il a énuméré les différentes réunions tenues à Paris, à Bâle, à Cologne, et, après avoir insisté sur l'importance du résultat auquel l'Association internationale était arrivée en obtenant du Conseil fédéral de la Suisse la convocation à Berne, en 1905, d'une conférence internationale du travail, il a terminé en ces termes :

La section qui a aujourd'hui l'honneur de vous recevoir n'est qu'un rejeton du tronc vigoureux qui a poussé ses rameaux en Italie, en Suisse, en Belgique, en Hollande, en Allemagne, en Autriche, en Hongrie. Je suis assuré d'exprimer, avec la pensée de notre section nationale, celle de l'Association internationale tout entière en formant le vœu de pouvoir saluer bientôt la création d'une section scandinave. Ce serait une grande joie pour tous les amis du progrès pacifique si votre visite en France avait pour résultat direct et tangible la création d'une section nationale au nord de l'Europe et, grâce à son influence, l'adhésion de votre gouvernement à la p.. chaine conférence internationale du travail.

Je livre, sans y insister, cette espérance aux hommes de pensée et d'action qui m'écoutent, qui sauront, j'en ai la confiance, la faire aboutir. Les idées ne valent que par les œuvres où elles se concrètent. Il est bien de prêcher la paix et la justice entre les hommes. Il est mieux de commencer à les réaliser en faisant de l'entente des peuples l'instrument efficace de relèvement et d'affranchissement pour les moins heureux de nos frères.

Réponse de M. Ernst Beckman, député suédois :

Je suis très heureux, monsieur le président, d'être chargé par mes collègues de la délégation suédoise de me faire l'interprète, auprès de vous et de votre association, de notre profonde reconnaissance.

Pendant notre séjour à Paris, on nous a gracieusement offert bien des fêtes. Nous avons joui de l'hospitalité de M. le président de la République, du ministre des affaires étrangères, de la Ville de Paris, du groupe parlementaire de l'Arbitrage international. Nous avons été reçus par les présidents du conseil, du Sénat et de la Chambre des députés, par la vénérable Sorbonne et par tant d'autres. Par votre réception, la belle chaîne des fêtes s'est fermée. Votre fête est d'un caractère différent, d'une plus grande simplicité, moins éblouissante, si vous le voulez. Mais c'est une fête qui aurait bien manqué, fête unique, où a retenti, dans ce centre de l'altruisme et du mutualisme, l'éloquence magistrale de M. Millerand.

Nous avons commencé, messieurs, cette semaine de fêtes en donnant la main au premier magistrat de la France. Nous la terminons en serrant — par votre intermédiaire — la main de l'ouvrier de la France.

Après avoir mis en parallèle l'œuvre de la paix et l'œuvre sociale qui, toutes les deux, surgissent au-dessus des partis, ne connaissent ni caste religieuse ni clan social, M. Beckman a terminé par ces mots :

Vous travaillez ici sans distinction de parti pour l'affranchissement des classes ouvrières, pour le *progrès de la démocratie*. Il est donc bien que nous autres, venus en France sous le drapeau de la paix et de l'arbitrage, soyons venus ici pour vous saluer. La démocratie n'est-elle pas le sol fertile où prennent racine et poussent les deux « arbres tuteurs » des nations : l'arbre de la liberté et l'arbre de la paix?

M. Millerand nous a rappelé qu'il faut agir, plutôt que parler. Il a bien fait. Cela ne se dit jamais trop souvent. Cependant, c'est justement son noble discours qui me fait remarquer que les paroles sont les semailles des idées vivifiantes, qui se traduiront en action. Regardez un peu les inscriptions qui ornent les murs de cette salle. Elles sont simples : rien que les noms des associations ouvrières et des sociétés de mutualité, qui trouvent ici un centre commun. Mais elles parlent éloquemment à nos consciences du principe de l'altruisme, traduit en action. Permettez-moi d'exprimer par des paroles moins — comment dirai-je? — sévères, ce qu'ils nous disent, tous ces noms. Je le ferai en citant deux beaux vers d'un de vos poètes, vers qui m'ont profondément influencé et qui énoncent une loi fondamentale de l'économie sociale :

> Aimer, aimer, c'est être utile aux autres;
> Aimer, aimer, c'est être utile à soi...

Je vous présente donc nos remerciements les plus sincères, à vous, monsieur le président, à M. le directeur du Musée social, à M. Millerand, à tous ceux qui consacrent leur vie à la réforme et à la paix sociales. Les diplomates ont établi la cour internationale permanente à la Haye. Votre œuvre, à vous, c'est d'établir, pour tous les pays, la cour permanente de la conscience sociale. (*Très bien!*)

La deuxième partie de la cérémonie fut la réception des délégations par le conseil de direction du Musée social : MM. J. Siegfried, président; Cheysson, Picot, Gigot, Audiffred, Tisserand, Gruner, membres du comité; Mabilleau, directeur.

Allocution de M. Mabilleau :

Le musée où nous vous recevons est une institution essentiellement internationale, puisqu'on y recueille tous les documents concernant la situation des travailleurs dans le monde entier et les moyens de l'améliorer. Nous possédons en tous pays, et notamment en Danemark et en Norvège, des correspondants qui nous tiennent au courant de tout ce qui intéresse la vie économique et sociale. Sachant que plusieurs d'entre vous ont formé le projet de créer dans leur pays des institutions analogues à notre Musée social, nous mettons à leur disposition les éléments de cette fondation, qui rapprochera encore us les peuples. (*Très bien!*)

Un certain nombre de délégués visitèrent le Musée, la bibliothèque spéciale, exclusivement consacrée aux sciences sociales, les archives, dont les dossiers sont ceux de toutes les questions économiques discutées.

A LA DÉLÉGATION DE SUÈDE ET DE NORVÈGE

La dernière fête fut celle qu'offrirent Mme et M. Akerman, ministre de Suède et de Norvège à Paris.

Les représentants du président de la République, les ministres, les membres du corps diplomatique, du parlement, les hauts fonctionnaires, se retrouvèrent encore une fois pour saluer les délégations scandinaves. Au cours de la réception, M. Akerman annonça que le roi Oscar avait nommé M. Loubet, président de la République française, grand-croix du Lion norvégien, l'ordre le plus élevé de Norvège.

Hélas! cette fête devait être parmi les dernières que donna le regretté M. Akerman. Qu'il nous soit permis de rendre à sa mémoire un juste hommage. M. Akerman ne s'est pas borné à désirer la paix et à l'aimer, il l'a servie. Il a contribué de toutes ses forces au succès des manifestations franco-scandinaves; il a su concilier son dévouement et sa réserve de diplomate à son attachement profond pour le progrès et pour l'arbitrage. Son nom ne sera pas oublié.

VENDREDI 2 DÉCEMBRE

Le vendredi 2 décembre, les délégations quittèrent Paris.
Avant leur départ, les membres du groupe de l'Arbitrage
voulurent leur adresser des paroles d'adieu.

Discours de M. d'Estournelles de Constant :

Mesdames, Messieurs, Mes chers collègues, Mes chers amis,

Nous allons nous séparer.

Nous avons pris l'habitude de vivre ensemble, et cela déjà est un résultat, une démonstration en faveur de notre œuvre de rapprochement international.

Vous avez été accueillis, sans distinction de
pays ni de partis, par la France entière.

Avec le chef de l'Etat, les deux présidents et
les vice-présidents du parlement, le président
du conseil et les membres du gouvernement,
le président et les membres du conseil muni-
pal de Paris, les représentants élus de toute
notre activité nationale se sont unis pour vous
fêter. A notre banquet de l'Arbitrage sont venus
s'asseoir à côté de nous : commerçants, agriculteurs, industriels, financiers, savants, artistes,
hommes de pensée, d'action, de travail. Le passé
même s'est ranimé pour vous sourire dans le
solennel palais de Versailles, tandis que nous
avons fêté le présent dans nos foyers et préparé

l'avenir dans nos entretiens. Vos souverains nous ont multiplié les marques de leur sympathie ; aucune consécration n'a manqué à notre manifestation ; et la diplomatie, à la différence de l'an dernier, n'a pas jugé indigne d'elle de s'y associer.

La fête donnée en votre honneur par M. le ministre des affaires étrangères n'a pas été moins brillante que le magnifique banquet de l'hôtel de ville, moins cordiale que le dîner du comité républicain du commerce et de l'industrie et que la réception de la chambre de commerce de Paris, ou celle du Théâtre-Français.

Vous n'oublierez pas l'imposante réception au musée Condé à Chantilly, non plus que celle de vos ministres de Danemark, de Suède et de Norvège ; enfin, vous avez goûté le charme d'une soirée toute parisienne en apparence, à l'Automobile-Club, soirée instructive cependant, puisqu'elle vous donnait la mesure du progrès de notre industrie. Vous avez visité des journaux, des usines, nos boulevards les plus fréquentés, nos rues les plus belles et les plus humbles. Vous aurez bien été les hôtes de tout Paris, comme vous serez demain les hôtes de nos provinces.

Cet hommage qui vient de vous être rendu s'adressait à vos personnes, et particulièrement aux dames qui vous ont accompagnés : la grâce d'une femme est internationale, comme la lumière, la musique, le parfum, comme le sourire d'un enfant ; il n'existe pas de chauvinisme qu'elle ne désarme ou n'adoucisse.

Cet hommage s'adressait aussi à vos trois pays que nous aimons, et dont rien ne nous sépare, hélas! que la distance.

Mais, plus encore qu'à vos personnes et à vos pays, cet hommage s'adressait au principe que vous êtes venus consacrer sur l'invitation du groupe de l'Arbitrage. Nul ne peut s'y tromper : l'objet de votre visite a été compris par tout le monde; chacun s'est rendu compte que cette visite était non pas une promenade ou un acte de banale courtoisie, mais un progrès, une étape nouvelle dans l'organisation méthodique de la paix que nous poursuivons.

Une seule manifestation a manqué : c'est une manifestation populaire. Personne ne me l'a demandée, tant chacun sent les précautions qui s'imposent à nous dans notre marche novatrice, déjà en elle-même assez scabreuse; mais je n'ai pas cessé d'y penser : le peuple est tellement avec nous, si profondément convaincu, si enthousiaste, en un mot, pour cette grande cause de la paix, inséparable de celle du travail, que mon devoir étroit, élémentaire, si nous étions libres d'agir à notre guise, aurait été de lui donner la première place, la plus belle fête dans notre organisation; mais nous ne sommes pas libres d'agir à notre guise; représentants du peuple, nous devons agir *dans son intérêt véritable et durable,* plus que pour sa satisfaction d'un jour; et voilà pourquoi, après mûre réflexion, sous mon entière responsabilité, et en raison même de cette responsabilité, je me suis décidé à ne pas suggérer le projet d'une fête qui eût été bien belle, mais trop éclatante, en l'honneur du peuple : j'ai pensé qu'il était imprudent, à l'heure actuelle, d'appeler le peuple à participer en masse à cette fête, la sienne pourtant par excellence. Car ses accents, plus impatients et plus forts que les nôtres, auraient couvert nos voix discrètes, et nous aurions peut-être ainsi fourni, à son détriment, des arguments à nos adversaires qui nous accusent, selon l'occasion, d'être des rêveurs ou des révolutionnaires, et qui ne demandent qu'à souligner nos erreurs et à en tirer parti.

Mais, pour bien montrer cependant que le peuple était le principal auxiliaire de notre œuvre, nous avons combiné notre programme de façon que le dernier mot en fût inscrit à la glorification et à la protection du travail.

La fête de l'automobile était le prélude de cette dernière manifestation. Dans l'intérêt de la diffusion pratique de nos idées, il était important de bien établir l'étroite solidarité existant entre l'industrie de la locomotion et l'arbitrage international, entre le travail, la science et la paix.

Cela fait, la réception organisée par l'Association nationale pour la protection légale des travailleurs a été notre dernière manifestation.

Au cours de cette réception, on vous a dit des choses excellentes; nous ne pouvons réaliser aucune entente internationale à nous seuls : on a donc fait un appel pressant à votre coopération. On vous a dit aussi : « Il est bien de prêcher la paix, mais il est mieux de commencer à la réaliser. »

C'est une parole que nous connaissons de longue date.

Avec fierté nous pouvons répondre que votre voyage et celui des parlementaires anglais qui l'a précédé l'an dernier sont précisément un commencement de cette réalisation qu'on nous réclame. Nous ne poursuivons pas autre chose. Nous ne prêchons pas, nous agissons, et, sans notre action, combien d'efforts individuels et nationaux resteraient de vaines tentatives !

Nous ne prêchons pas la paix ni la justice; nous ne sommes pas, comme nous appelle dédaigneusement un homme d'esprit, des *pacifiques en chambre,* nous rapprochons les hommes, et, ce qui est mieux, les représentants élus par les peuples. Nous les rapprochons, non pas pour qu'ils se complaisent dans des banquets et de creuses manifestations oratoires, mais pour qu'ils se connaissent en personne et découvrent ce qu'ils ignoraient : *la profonde solidarité humaine qui les unit.*

Quand donc comprendra-t-on cela ?

Ces rapprochements que nous poursuivons sont indispensables pour changer les mœurs, pour dominer les préjugés, les résistances, les routines de chaque pays.

Grâce à ces rapprochements, ce n'est pas seulement la protection des travailleurs, c'est l'organisation internationale tout entière qui deviendra à bref délai un fait accompli.

Cette organisation, cette œuvre d'union, de salut, voilà notre but; et votre voyage aura eu ce résultat, aux conséquences incalculables, de nous en rapprocher d'abord et de le révéler en outre à tous ceux qui observent notre mouvement avec attention.

Or, tout est là; notre accord existe; il apparaît, il s'imposera rapidement. On nous objectera que cet accord de principe n'est pas tout, qu'il faut s'entendre aussi dans l'exécution. Sans doute, mais cela viendra, comme le reste, et le plus difficile est fait.

On nous objectera encore que chacun de nos pays, que la France surtout est divisée.

A cela vous répondrez que vous avez vu cette France divisée, complètement d'accord sur bien des points, notamment pour vous recevoir et pour vous comprendre.

Et cela encore sera pour vous peut-être un enseignement. Les peuples libres sont nécessairement divisés. Affranchis des servitudes qui les domestiquent ou les oppriment, ils discutent ardemment les conditions les meilleures de leur existence; ils les cherchent dans un continuel travail d'élaboration.

Les esprits malveillants prennent ce travail contrarié, ingrat, pour une lutte stérile, alors au contraire qu'il est la préparation douloureuse et nécessaire de tout progrès. Ne nous laissons pas démoraliser par ces prophètes de malheur; nos divisions disparaîtront toujours en face d'un noble but ou d'un grand danger.

Toutes les branches d'un arbre s'éloignent du tronc et semblent irrémédiablement séparées ou hostiles, vivant les unes aux dépens des autres, exposées les unes au soleil du Midi, les autres au froid et à l'ombre; toutes cependant travaillent silencieusement au même but : elles font vivre l'arbre; elles nourrissent son activité; elles l'aident à s'élever chaque année un peu plus fort, un peu plus haut vers l'infini du ciel, et, si la tempête tout à coup se déchaîne, elles se réunissent et ne forment plus entre elles qu'un seul faisceau. (*Applaudissements.*)

De même vos trois peuples et le nôtre se développent ensemble dans une solidarité supérieure, pour la défense d'une vérité commune, pour la justice, pour le travail, pour la liberté. Toujours sous la menace des orages, des retours de la barbarie sous toutes ses formes, nos peuples, loin d'être divisés, sont associés, sans le savoir, à la même œuvre.

Aujourd'hui, grâce à vous, grâce à nous, grâce aux adhésions qui nous viennent de tous les parlements du monde, ils découvriront l'importance vitale de cette association; ils comprendront qu'elle ne peut être féconde et même possible que dans la paix.

Ils vous sauront gré d'avoir rendu cette paix susceptible enfin d'organisation, et par conséquent de durée, en vous mettant en marche à votre tour pour échanger avec vos collègues étrangers un solennel serment qui nous liera devant les peuples, et plus encore dans nos consciences. (*Applaudissements prolongés.*)

Allocution de M. Jules Cahen, membre du conseil de direction du comité républicain du commerce et de l'industrie.

Mesdames, Messieurs,

Au nom du comité républicain du commerce et de l'industrie, j'ai le devoir de vous apporter les vœux de mes collègues et les compliments des dames françaises qui ont eu le plaisir de vous recevoir en quelques heures qu'ils se sont efforcés de vous rendre aussi agréables que possible.

Nous avons été heureux d'associer notre action à celle du groupe parlementaire de l'Arbitrage international, présidé avec tant de dévouement, de cœur et d'énergie, par l'honorable sénateur M. d'Estournelles de Constant.

Pour la réalisation de cette œuvre de paix et de concorde, notre concours le plus sincère et le plus sympathique lui est entièrement acquis.

Nous l'avons prouvé déjà en recevant les délégations des commerçants et industriels anglais et italiens, mais aussi en faveur des ouvriers venus d'Angleterre.

En effet, la cause de l'arbitrage a toujours fait partie de notre programme économique, et les syndicats professionnels en ont étendu l'application dès le lendemain du vote de la loi de 1884, due à l'heureuse initiative de l'homme d'État éminent, le regretté Waldeck-Rousseau, qui était président du groupe parlementaire de l'Arbitrage international.

Grâce à l'arbitrage, de nombreux différends entre justiciables ont pu être évités; les tribu-

naux de commerce obtiennent environ cin-
quante pour cent de conciliations.

Pour les litiges entre patrons et ouvriers, la
juridiction des conseils de prud'hommes inter-
vient dans une aussi large proportion.

C'est ainsi que l'on maintient intacts les rapports entre employeurs et employés, tout en
évitant des frais de justice souvent onéreux.

Commerçants et industriels, nous suppor-
tons les plus lourdes charges, nous contribuons
dans une mesure importante aux dépenses toujours grandissantes qui doivent assurer le bud-
get national.

L'argent est, dit-on, le nerf de la guerre; ne
pourrait-il pas être plutôt le nerf de la paix?

Ne pensez-vous pas avec nous que ces charges pourraient, d'un commun accord, être con-
sidérablement réduites et que, dans tous les
pays qui s'inspirent de sentiments de solidarité
et d'humanité, une part plus large pourrait être
réservée aux œuvres d'assistance, à la création
des caisses de retraite, afin de permettre aux
faibles et aux humbles d'avoir dans leur vieillesse un peu plus de bien-être?

Vous, messieurs les parlementaires scandinaves, qui avez pu apprécier nos efforts, ren-
trés dans vos foyers, dites bien à tous les travailleurs de vos pays, dites aux commerçants, aux
industriels, aux agriculteurs, quel accueil chaleureux et cordial ils recevront chez nous. Dites
aussi à vos compatriotes que, comme eux, nous
voulons la paix, nécessaire à la sécurité du travail, indispensable à la prospérité des peuples.

Nous désirons les voir bientôt en France; qu'ils profitent de la prochaine exposition de Liège, où l'on compte sur leur importante participation.

Engagez-les à se joindre à nous, à collaborer aux travaux des congrès internationaux, pour la protection des marques de fabrique, de la propriété industrielle, pour régler les questions relatives au travail dans un sens libéral et pratique.

Mesdames, messieurs, soyez les interprètes de nos sentiments; nous comptons sur votre concours, et en vous remerciant de votre aimable visite, au nom du comité républicain du commerce et de l'industrie, nous ne vous disons pas adieu, mais au revoir ! (*Applaudissements.*)

Réponse de M. Holger Rœrdam :

Mesdames, Messieurs,

Nous voici réunis pour la dernière fois! Ce n'est pas sans émotion qu'au nom de tous mes compatriotes je dois vous exprimer tout ce que nous ressentons de vive et de sincère gratitude envers vous pour la grandiose et la généreuse hospitalité, certainement sans exemple, dont nous avons été l'objet durant notre séjour à Paris. Je ne connais que très imparfaitement votre belle langue, mais, quand même je la posséderais à fond, je crois que les paroles pouvant interpréter nos sentiments tels qu'ils sont, me manqueraient. Nous sommes encore, pour ainsi dire, en extase en nous rappelant tout ce que l'on a déroulé devant nos yeux.

Je crois pouvoir affirmer, et tous mes compatriotes avec moi, qu'au cours de ces jours de fêtes, de nombreuses amitiés se sont créées et d'autres sont devenues plus étroites, amitiés qui seront de la plus haute importance non seulement pour ceux qui les ont contractées, mais aussi et surtout pour les peuples dont nous sommes les représentants.

Qu'il est pénible de se séparer! Nous espérons néanmoins que cette séparation n'aura qu'un temps et que dans un avenir prochain nous aurons l'occasion de nous revoir. Dans nos pauvres et froids pays du Nord, il nous sera impossible d'user de réciprocité, quant au cadre des réceptions, à l'égard de nos amis les Français, maîtres d'un pays qui est grand et riche; mais nous avons l'espoir de pouvoir vous souhaiter avec d'autant plus d'âme et de vérité la bienvenue en nos pays.

Je lève mon verre en l'honneur de celui qui a conçu l'heureuse idée de ces rendez-vous interparlementaires, et en l'honneur de la nation qu'il représente.

Vive le groupe de l'Arbitrage !

Vive le sénateur d'Estournelles !

Vive la France !

D'autre part, les présidents des délégations adressèrent au président du groupe de l'Arbitrage la lettre suivante :

Monsieur le président,

Sur le point de nous séparer et de quitter cette belle ville de Paris, où vous nous avez pré-

paré une réception qui a dépassé tout ce que
nous avions osé espérer, nous éprouvons le besoin de vous exprimer, en notre nom et au nom
de nos collègues des parlements danois, norvégien et suédois, la profonde gratitude dont
nous sommes pénétrés pour le charmant accueil
que vous nous avez réservé et pour toutes les
manifestations si sympathiques et si belles que
vous et vos collègues avez organisées en notre
honneur.

Ces jours passés ensemble dans l'admirable
décor de Paris, ces fêtes somptueuses, témoignage que l'on professe chez vous de l'amitié
et de la sympathie pour nos pays et nos peuples, resteront autant de souvenirs inoubliables dans le cœur de tous ceux qui avec nous
ont pris part à ce voyage.

Nous sentons avec regret la complète insuffi-
sance des mots pour vous exprimer tout ce que
chacun de nous a éprouvé d'émotions profondes
et ineffaçables devant les preuves touchantes de
franche et cordiale amitié qui nous ont été pro-
diguées de toutes parts.

Notre unique consolation est dans l'espoir
que nos trois pays trouveront un jour l'occasion de vous montrer à leur tour, à vous et à
vos collègues du groupe de l'Arbitrage, qu'ils
n'oublient pas l'accueil fait à Paris à leurs représentants.

Dans cet espoir, nous vous prions, monsieur
le président, de recevoir, pour vous et vos collègues du groupe de l'Arbitrage et pour tous
ceux qui ont bien voulu nous recevoir, avec

l'expression de notre vive reconnaissance, l'assurance de nos sentiments de très haute considération.

Signé : Dr H. CAVALLI, Baron BONDE, Comte FRIJS, PREBENSEN.

Les mêmes signataires écrivirent aussi aux présidents du conseil municipal et du conseil général, au préfet de la Seine, au préfet de police, au président de l'Automobile-Club, à M. Mascuraud.

Enfin, à neuf heures du soir, les délégués s'embarquèrent, dans le train-lit spécial gracieusement mis à leur disposition par la Compagnie P.-L.-M., pour la France méridionale, la Narbonnaise et la Provence.

LES DÉLÉGATIONS DANS LES DÉPARTEMENTS

SAMEDI 3 DÉCEMBRE

Avant de prendre congé définitivement des délégués scandinaves, le groupe de l'Arbitrage voulut leur faire connaître non seulement Paris, mais la France ou tout au moins une partie de la France. Après Versailles et Chantilly, une excursion plus étendue fut organisée par ses soins dans le Midi.

Visite à Nîmes.

Le train spécial de la Compagnie de Paris à Lyon et à la Méditerranée, dirigé par M. l'inspecteur principal Ruelle, conducteur habituel des chefs d'État, s'arrêta d'abord à Avignon, puis à Nîmes, le samedi 3 décembre, à 9 heures du matin.

La délégation était attendue sur le quai de la gare par le docteur Crouzet, maire, entouré de ses adjoints, d'une partie du conseil municipal et de plusieurs personnalités de la ville, notamment MM. Bertrand, président du tribunal de commerce ; Gignoux, président de l'Université populaire ; Benoît-Germain, inspecteur des écoles industrielles ; Fabre, conservateur des eaux et forêts ; docteur Reboul ; Marnéjols, conseiller général ; les membres de la section nîmoise des jeunesses laïques, de la loge maçonnique, des syndicats d'initiative, de la Ligue des droits de l'homme, du comité républicain du commerce et de l'industrie, etc.

Le comité nîmois de l'Association de la paix par le droit, à qui l'on doit tout particulièrement cette intéressante visite, était également représenté par la plupart de ses membres : MM. Prud'homeaux, Fabre, Laune, Mme Reboul,

M. Ruyssen, professeur de faculté à Aix, président actuel de l'Association.

Le maire de Nîmes, saluant les délégués au nom de la ville, exprime la joie de ses concitoyens à recevoir cette flatteuse visite, joie assombrie un peu, toutefois, par le regret de sa courte durée et l'absence du soleil, charme principal du Midi. Le maire ajoute que l'on s'efforcera de remplacer la chaleur du soleil qui se cache par celle de la sympathie qui se manifestera, au contraire, avec toute la vivacité légendaire de la région méridionale.

Le baron Bonde, président de la délégation suédoise, répond au maire de Nîmes au nom des délégués.

Il l'assure du grand plaisir éprouvé par eux tous à visiter la belle cité historique. Ils sont, eux, fervents pionniers pacifiques, des hommes de l'avenir, mais ils n'en estiment pas moins la beauté du passé et savent lui rendre hommage lorsqu'elle se manifeste avec autant d'éclat qu'à Nîmes. Il ajoute, à propos du soleil manquant à la fête, qu'en se trouvant avec des Français on n'en remarque jamais l'absence.

Ces paroles cordiales échangées, les parlementaires scandinaves, escortés par les personnalités et les délégations qui les ont reçus, se mettent en route pour la visite des monuments romains de la ville.

Malgré le mauvais temps, une foule assez grande fait la haie, à la sortie de la gare et sur l'avenue Feuchères.

Un premier arrêt a d'abord lieu sur l'Esplanade, devant la fontaine Pradier. On arrive ensuite aux Arènes, dont M. Maruéjols, membre de la commission d'archéologie, explique en quelques mots les particularités les plus intéressantes.

. Après la Maison Carrée, les visiteurs parcourent le jardin de la Fontaine, les ruines du temple de Diane, et se réunissent enfin dans la salle du banquet, au café des Fleurs.

Les convives trouvent chacun leur place marquée par un rameau d'olivier qui est, à la fois, un souvenir de la région et un symbole de la mission pacifique des visiteurs. Ils trouvent également joints à chaque couver tquelques vues photographiques des monuments, un exemplaire du Guide édité par le Syndicat d'initiative, et une récente brochure de M. Ballet, professeur au lycée, sur les excursions dans les Cévennes.

. La salle est ornée, avec beaucoup de goût, de plantes vertes et de branches d'olivier, auxquelles sont accrochés des drapeaux aux couleurs des quatre nations représentées autour des tables : Danemark, Suède, Norvège et France.

Indépendamment des personnalités déjà signalées, on remarque au banquet : le préfet du Gard ; M. Gaussorgues, conseiller général ; Sully-Thomas, conseiller d'arrondissement ; Teissèdre, président du conseil des prudhommes ; Toureille, directeur des octrois ; Beauregard, secrétaire général du bloc démocratique, etc.

Toast du préfet :

Le préfet associe le département à la réception que la ville a été si heureuse de faire à ses éminents visiteurs.

Il salue, en la personne des parlementaires scandinaves, les représentants de trois grandes nations, non seulement amies de la France, mais encore depuis longtemps particulièrement sympathiques aux Français. Il termine en levant sa coupe en l'honneur des souverains de Danemark, de Suède et de Norvège.

Toast du maire :

La nécessité qui s'imposait d'utiliser tous les

instants pour vous montrer les antiques monuments de notre cité ne nous a pas permis de
vous accueillir avec l'éclat et la solennité que
comportait une visite dont nous nous sentons
si honorés. Si les manifestations extérieures
ont, pour cela, perdu de leur ampleur, nos sentiments ont conservé toute leur énergie, et nos
cœurs de Français et de Méridionaux débordent de joie en saluant ici les représentants des
peuples actifs et généreux de la Scandinavie.

Fils de la vieille Gaule latine, nous sommes
heureux de tendre la main aux enfants des pays
septentrionaux, et de communier avec eux dans
les grandes idées de fraternité humaine que
l'esprit de race ou de nationalité ne devrait jamais altérer.

Nous vous aimons encore pour vos savants,
pour vos penseurs, pour vos poètes, qu'ils s'appellent Nobel et joignent au culte de la science
celui de la paix et de la bonté, qu'ils se nom-
ment Bjoernson et professent le plus ardent
amour pour la vérité, ou bien encore qu'ils aient
nom Ibsen ou Holger Drachmann, et rêvent,
dans leurs écrits, d'un monde socialement meilleur. J'ai gardé pour la fin celui qui nous fait
l'honneur d'être des nôtres, le grand critique
Brandès.

Vous êtes venus chez nous pour une œuvre
de solidarité et de fraternité internationales,
dans ce beau pays de France qui a inscrit dans
ses annales les deux plus belles pages de l'histoire de l'humanité, la Déclaration des droits de
l'homme et l'abolition de l'esclavage, et plus

particulièrement dans cette cité qui fut naguère le siège du congrès de la paix par le droit.

Vous ne pouviez trouver que des cœurs enthousiastes pour vous accueillir. Avec vous, nous voulons travailler à la paix du monde, à l'extinction des guerres fratricides. Le souvenir de vos vieilles légendes doit vous porter un peu au symbolisme. Si la durée de votre séjour l'avait permis, nous vous aurions montré sur nos collines, encore chargés de leurs fruits, les rameaux pacifiques de l'arbre de Minerve. Vous avez pu du moins les voir ici dans cette salle, et sur la table de ce banquet. Puisse ce feuillage argenté, qui ne manque pas d'éloquence, vous persuader que les hommes de ce pays ont tous ancré dans le fond du cœur l'amour des autres hommes. Celui qui a le grand honneur de vous saluer et de lever à cette heure son verre au nom de la ville de Nîmes, vous souhaite un heureux voyage et vous propose de boire à la prospérité des trois États de la Scandinavie et à la fraternité des peuples. (*Applaudissements.*)

Réponse de M. Centerwall, député suédois :

Mesdames et Messieurs,

Mes collègues m'ont honoré de la tâche agréable de vous exprimer notre profonde reconnaissance de l'accueil si chaleureux que vous avez bien voulu faire à nous tous. Jamais de ma vie je n'ai souhaité plus vivement que dans ce moment de pouvoir parler un peu mieux le français, de savoir manier à mon gré votre langue si belle, mais aussi si rebelle aux mains non expérimentées, aux voix peu harmonieuses. Ainsi il faut que je me borne à vous dire tout simplement combien nous sommes touchés de ce que nous avons vu, de ce que nous avons entendu aujourd'hui.

Il va sans dire que, pour nous autres Septentrionaux, pas mal engourdis des neiges polaires, il est un plaisir exquis, sans pareil, de venir au midi, de voir les ceps, les chênes-lièges, les oliviers, symbole de notre mission, ces beaux arbres dont nous portons tous ici des rameaux, enrubannés des couleurs triomphantes de la grande République française. Mais cela compte encore pour très peu en comparaison du plaisir d'avoir fait la connaissance des Méridionaux, si gais, si pleins de vie et de soleil. Et enfin le plaisir de marcher sur le sol classique de l'ancienne colonie Augusta Nemausensis, d'avoir vu ces monuments beaux, ah! si beaux! conservés dès les jours de l'antiquité avec tant de piété, tant d'intelligence; d'avoir visité votre ville splendide, qui s'est signalée encore de nos jours par les grands hommes à qui elle a donné naissance. Dans le haut Nord nous connaissons très bien Gaston Boissier, archéologue de premier ordre, nous admirons Alphonse Daudet, qui, quoiqu'il ait raillé un peu le Midi, l'a aimé comme aucun autre. Nous avons tout lu de la belle terre de Provence; nous avons suivi le charme du Provençal des Provençaux, du grand poète Frédéric Mistral, qui a fait d'une *lengo mespresado*, comme il dit lui-même avec une certaine exagération, une langue connue et honorée dans tout le monde civilisé et à qui — nous l'espérons — sera décerné un de ces jours notre prix Nobel[1].

Nous avons senti que nous sommes les bienvenus dans le Midi. Tout le temps, dès que nous en avons franchi les frontières, nous avons entendu chanter dans le bourdonnement du train, dans les fils électriques, dans le murmure des arbres : *Benvengu sias touto la bando.*

Peut-être il aurait valu mieux venir dans une autre saison, dans celle dont chante le poète de *Mirèio* :

> Alor, en terro de Prouvènço,
> I'a mai que mai divertissènço !
> Lou bon muscat de Baumo e lou Ferigoulet
> Alor se chourlo à la gargato ;
> Alor se canto e l'on se trato ;
> Alor se vèi e drole e chato
> Au son dou tambourin fourma si vertoulet.

Ah ! comme il serait beau de voir la farandole se dérouler sur les gradins de vos grandioses arènes !

Mais cela sera pour une autre fois. En attendant, nous levons nos verres et buvons à la santé de nos hôtes si aimables, à la prospérité de la ville renommée de Nîmes.

S'èi de pas que lo fau, de pas emplissès-la!

Missionnaires de la paix, nous lui souhaitons

---

1. Comme on sait, ce vœu a été exaucé.

le succès et la richesse, le bonheur et la paix.
(*Applaudissements.*)

Discours du colonel Rambusch, sénateur danois :

Permettez-moi de faire une tentative — bien qu'imparfaite — de donner voix aux sentiments d'admiration et de gratitude qui ont inspiré mes collègues du Danemark et moi à cette occasion.

Dès notre enfance, nous avons admiré dans nos rêves la belle Provence, à cause de la fertilité de son sol, de sa vieille culture, de son soleil brillant et, avant tout, à cause de la vivacité, l'intelligence et les qualités poétiques de sa population. Aujourd'hui le rêve a été réalisé, nous avons pu admirer votre charmante ville de Nîmes, vos merveilles antiques du haut desquelles — pour citer un peu modifié le grand Napoléon — presque vingt siècles nous regardent, et nous nous sommes trouvés accablés par le charme de votre accueil si bienveillant et amical.

Et si M. le maire a prononcé qu'à son regret le soleil brillant du Midi ne s'est pas mis à sa disposition, je vous engage à ne pas le plaindre; j'y vois la politesse la plus exquise, car, comme vous avez arboré le pavillon danois pour faire honneur à notre pays, le ciel, en mettant la couleur grise, a voulu se donner de la ressemblance avec le sombre ciel de Danemark, tout en nous rappelant que, comme le ciel est en réalité le même partout, ainsi sont les idées

s blimes d'humanité et de fraternité qui ont
a ourd'hui réuni les délégués de pays éloignés
l'u de l'autre.

Messieurs, agréez l'assurance de notre gratitude la plus vive et sincère pour cette mémorable journée que nous n'oublierons jamais.
(*Applaudissements.*)

Après les discours, les délégués remontèrent en wagon,
en route pour Nice, où les attendaient de nouvelles manifestations.

Visite à Nice.

A six heures du soir, le même jour, malheureusement
par un mauvais temps, le train arrivait en gare de Nice, où
se trouvaient réunis MM. le premier adjoint, en fonctions
de maire, M. Randon ; le préfet des Alpes-Marritimes, de
Joly ; J. Serraire et Tatin, adjoints ; Dérot, chef de cabinet
du maire ; Magny, chef de cabinet du préfet ; le général
Türr et le bureau de la Société pour l'arbitrage ; MM. Visquis, consul de Suède et de Norvège ; le baron de Guldencrowne, consul de Danemark ; le colonel et Mme Tudèrus ;
M. Bermont-Fournier, président du comité républicain du
commerce et de l'industrie, entouré de MM. Exibard, Mi-
gho, Audibert, Durandy, vice-présidents ; M. le consul
Hey, sénateur, membre du comité de la délégation danoise ;
M. Pierre Jaudou, attaché par le groupe parlementaire de
l'Arbitrage aux délégations, qui avaient précédé les visiteurs.

Les voyageurs, qu'accompagnait le capitaine Hepp, attaché
aux délégations, par le ministre de la guerre, à la demande
du groupe de l'Arbitrage, répondirent avec enthousiasme
aux acclamations des Niçois.

A 8 heures, les délégués scandinaves ainsi que toutes les
personnalités dont nous avons déjà donné les noms se retrouvaient dans la salle des fêtes du Grand Hôtel, au banquet offert par la municipalité.

On remarquait en outre, parmi les convives, le général

Barbé, gouverneur de Nice; le général Faure, adjoin du gouverneur; M. Henry, secrétaire général de la préfec re; MM. Isnard, Gassin, adjoints au maire; Pierre Gautier Ialvano, Sioly, Garnier, Bonfiglio, Arlettaz, Castelli, B unin, Roubion, Revel, Curti, Maria, Padovani, Félix Féraud, Clerissy, Rebagliatti, Laroze, docteur Frémon, Abassit, Magnan, Audiberti, Passeron, Masseglia, conseillers municipaux; Boissière, commissaire central; M. Lieutard, directeur du *Petit Marseillais*, les représentants des quotidiens de Nice, etc.

Les sapeurs municipaux en grande tenue faisaient le service d'honneur.

La table, la salle entière, étaient décorées de fleurs, la première richesse du pays.

Discours de M. Randon, premier adjoint, en fonctions de maire :

Mesdames, Messieurs,

Il m'est infiniment agréable d'avoir l'honneur de vous exprimer les sentiments de gratitude de l'administration municipale, pour l'heureuse pensée que vous avez eue de choisir notre ville pour terminer votre voyage en France.

Nice est fière de vous recevoir, mesdames et messieurs; mais un regret déjà a troublé sa joie de vous posséder : celui de songer que vous ne ferez que passer ici, et que vous allez repartir, à peine arrivés !

Nous aurions un grand plaisir, mesdames et messieurs, à vous garder parmi nous, pour vous montrer ce pays qu'affectionnent profondément un grand nombre de vos compatriotes, et surtout les membres des familles royales du Danemark, de Suède et de Norvège; nous aurions voulu vous faire apprécier l'hospitalité de cette

terre où naissent et prospèrent les oliviers,
symbole de la paix, — de cette paix dont vous
vous êtes faits les apôtres, pour laquelle vous
avez entrepris ce pèlerinage.

Les marques de sympathie qui vous ont été
données, l'accueil que vous avez reçu dans
notre pays, vous prouvent que vous n'avez pas
prêché dans le désert.

L'œuvre à laquelle nous travaillons tous, dans
le but de la répandre, est une œuvre civilisatrice et humanitaire, qui sera un jour acceptée
par le monde entier; il faut que les peuples
finissent par se serrer la main et se comprendre, et que, dans un sentiment d'universelle
concorde, ils travaillent à détruire le fléau de
la guerre.

Je fais des vœux ardents pour que ce jour
arrive le plus tôt possible.

Mesdames,

Nous vous sommes reconnaissants d'avoir
bien voulu apporter à cette réunion le charme
de votre présence.

Je suis heureux de lever mon verre à votre
santé.

Messieurs,

Je vous remercie d'avoir accepté notre invitation.

Je bois au triomphe des idées de paix, d'u-
nion et de concorde que vous préconisez.

Je lève mon verre en l'honneur du Danemark,
de la Suède, de la Norvège et des amis de la

France et de leurs représentants. (*Applaudissements.* »

Toast de M. de Joly, préfet des Alpes-Maritimes :

Le préfet de la République vous souhaite une
cordiale bienvenue.

Tous, ici, seront fiers de vous avoir vus,
admirant ce coin délicieux de la France, et vous
en emporterez un doux souvenir de lumière et
de beauté. Mais ce que vous garderez surtout,
durable j'en suis sûr, c'est le souvenir de notre
amitié sincère qui vous accueillit dans une
communauté fraternelle d'idées qui nous sont
chères.

Je lève mon verre à S. M. le roi Christian,
à S. M. le roi Oscar, que les peuples scandinaves vénèrent, et je demande à tous les Français ici présents de lever leur verre en leur
honneur. (*Applaudissements.*)

Réponse de M. Konow, ancien président du Storthing de
Norvège et délégué à la conférence de la Haye :

Monsieur le président,
Mesdames,
Messieurs,

J'ai l'honneur, au nom des représentants de
la Norvège ici présents, de témoigner à vous
et à vos collègues distingués nos remerciements sincères pour l'accueil sympathique que
nous avons reçu ici et les paroles aimables que
vous venez de nous adresser.

Soyez sûrs, messieurs, que ce beau jour se

joindra dans notre mémoire, d'une manière ineffaçable, à la suite des jours heureux que nous avons passés dans la belle France, grâce à l'hospitalité grandiose de vos compatriotes.

Le peuple norvégien suit avec la plus vive sympathie l'important mouvement dont quelques-unes des grandes puissances, pendant les dernières années, ont pris la direction. Liée depuis une vingtaine d'années à la grande propagande en faveur de la paix par la justice et par l'arbitrage, notre petite nation s'associe au mouvement maintenant en train de réaliser les idées de politique pratique et active, avec la gratitude respectueuse et avec la modestie que nous commande notre position peu importante et réservée vis-à-vis de la politique internationale; mais j'ose ajouter aussi, avec une conscience sincère, que les idées universelles de l'humanité ne peuvent former un privilège pour les grandes nations du monde, mais qu'elles appartiennent et appartiendront toujours à tous, — aux plus petits aussi, en vertu du droit éternel de la liberté et de la personnalité. (*Vifs applaudissements.*)

Voilà le but de notre voyage; voilà notre mission!

Ces jours de fête seront finis bientôt. Mais il reste dans nos cœurs et nos âmes une impression profonde de tout cela que nous venons de trouver dans cet heureux pays.

Nous avons incliné nos têtes devant la majesté d'un peuple grand et puissant, qui a régné sur le monde, qui régnera encore.

Mais vous avez montré aussi que vous possédez le pouvoir de faire ouvrir les voies nouvelles de la démocratie, dont le but est la justice, la morale, la conviction, la paix et le progrès.

Nous avons aussi, pendant notre séjour dans votre ville magnifique, eu l'occasion heureuse de contempler vos grandes institutions, qui ont, pendant des siècles, créé un riche développement dans la philosophie, les sciences, les beaux-arts, le commerce et l'histoire.

Et nous avons eu l'occasion heureuse de contempler et d'admirer les beaux paysages de votre patrie si abondante et si charmante.

Et aujourd'hui, tout ce qui nous a enchantés « culmine » ici au bord de la Méditerranée, le rêve de notre jeunesse, la patrie chérie de la beauté, de l'amour, de la poésie et du romantique. (*Applaudissements.*)

Voilà pourquoi ce jour est un des plus heureux jours de notre vie.

Je lève mon verre et bois à votre santé, monsieur le président, au bonheur de votre belle patrie et à la prospérité de la charmante ville de Nice. (*Applaudissements.*)

M. Bjerre, député danois, prononce ensuite une allocution applaudie, dont malheureusement nous n'avons pu recueillir le texte; puis vient le tour de M. Beckman :

Monsieur le maire, Mesdames, Messieurs,

La délégation suédoise est profondément touchée de l'accueil si aimable dont nous a honorés la ville des roses et des oliviers.

Nous venons de traverser tout votre pays du

nord au sud. Partout on nous a reçus à bras ouverts et à cœurs ouverts. Cette hospitalité splendide et chaleureuse est en elle-même bien digne que le souvenir en soit précieusement gardé. Mais au-dessus de la splendeur, des fêtes brille un signe des temps qui les rend doublement inoubliables. Pour la première fois dans l'histoire des peuples, des délégués *officiels* de parlements étrangers ont fait visite à un autre parlement. Encore c'est sous l'étendard de l'arbitrage et de la paix que nous avons été les hôtes du noble parlement français, et ainsi du peuple français. C'est sous le même règne de l'arbitrage que vous nous témoignez une amabilité qu'on a déjà comparée à un rayon du soleil du Midi.

Vous ne pouvez pas, messieurs, avoir une idée du rôle que joue cette sympathie de la nation française pour nous autres représentants des petites nations, dévouées à la cause de la paix. Nous nous armons d'un nouveau courage et d'une conviction inébranlable, qu'avec de tels alliés la guerre sans trêve contre la guerre remportera une victoire complète et triomphante. Idéaliste obstiné, s'écrie-t-on, rêveur, idéologue! Mais je vous demande, messieurs, y a-t-il quelqu'un parmi vous qui s'arrête devant cette banalité qu'on jette toujours à la tête de ceux qui veulent quelque chose dans ce monde-ci? Non, messieurs, le rêveur, l'idéologue est bien souvent le plus pratique des patriotes, des législateurs, des hommes d'État. (*Applaudissements.*)

J'en citerai en exemples deux grands noms de votre ville : Giuseppe Garibaldi n'est-il pas un fils de *Nizza la bella*, ce rêveur qui a versé son sang pour la liberté et l'unité de l'Italie ? A Nice, n'est-ce pas, repose ce qu'il y a de mortel de Gambetta, dont l'éloquence vibrante vient de nous parler par la bouche de mon collègue norvégien ; Gambetta, qui a lutté avec l'enthousiasme de l'idéologue pour la liberté, le bonheur, la grandeur de la France...

Nice, ville des roses, symboles de la jeunesse, qui porte l'avenir dans ses mains, ville des oliviers, symboles — comme vous, monsieur le maire, l'avez si bien exprimé — de la victoire des idées pacifiques, Nice est la station la plus méridionale de notre chemin, la porte avancée de cette France si chère à nous tous. Vous me permettez donc, j'en suis bien convaincu, d'étendre les remerciements voués à votre ville, et de les adresser à toute votre belle et généreuse patrie. Nous venons d'un pays jeté à la cime du globe. A ce moment, la terre y dort sous la glace et les neiges. Nous l'aimons, ce pays, du même amour dévoué dont vous aimez votre pays de soleil. Jusqu'à ses côtes éloignées nous emporterons les beaux souvenirs que nous devons à la France. Les jours de fête sont passés, les jours du travail sont proches. Tous les témoignages de votre amitié nous seront une impulsion puissante à travailler avec courage et persévérance pour la cause sacrée de l'arbitrage et de la paix. La France marchera à la tête. Vive la France ! (*Vifs applaudissements.*)

Le théâtre de l'Opéra, le Casino municipal et la Jetée-Promenade avaient organisé des soirées spéciales pour les délégués, qui se rendirent à ces invitations particulières.

***

Le dimanche matin 4 décembre, sur la promenade des Anglais, les membres des délégations purent enfin connaître la douceur du ciel provençal et le soleil classique de la côte d'Azur.

A midi, le comité de Nice de la Société française de la paix par l'arbitrage reçut, dans la salle des fêtes du Casino municipal, les délégués scandinaves.

Toutes les hautes personnalités de Nice se retrouvaient autour d'une table fleurie.

M. le général Türr présidait, ayant à ses côtés M. de Joly, préfet des Alpes-Maritimes; M. Randon, adjoint, faisant fonctions de maire; le général Barbé et le général Faure; les présidents des délégations parlementaires; M. de Visquis, consul de Suède et Norvège; le baron de Guldencrowne, consul de Danemark; M. et Mme Japhé, MM. Gardat, trésorier; Casimir, secrétaire du comité.

MM. le comte Gurowski, Jellineck et d'Harnoucourt, président et membres du comité, s'étaient excusés, pour raison de maladie.

Discours du général Türr, président d'honneur de la société :

Mesdames, Messieurs,

Vous avez eu une heureuse idée, après la belle réception qui vous a été faite à Paris et en France, de venir à Nice, où la municipalité et la population vous ont fait l'accueil que vous méritez et vous ont offert ce que Paris ne pouvait vous offrir : un bain de soleil. Je désire vous remémorer autre chose de Nice : c'est qu'il y aura bientôt cent ans, est né ici Joseph Garibaldi. Certes, si Garibaldi avait vécu au temps de Jésus, il eût été un de ses apôtres, car nul plus que lui ne fut épris d'humanité. Toujours il était prêt à soutenir les causes justes et la liberté des peuples, tant en Europe qu'en Amérique, et c'est pourquoi on l'a appelé le héros des deux mondes.

Mais son œuvre qui mérite le plus notre admiration, c'est lorsque, en 1860, il partit de Gênes pour Marsala avec ses *Mille*, et qu'en dix mois, de victoire en victoire, il arriva jusqu'à Naples et au delà, réunissant ainsi les deux royaumes de Sicile et de Naples au reste de l'Italie.

Un soir, à Naples, en octobre 1860, avant de remettre à Victor-Emmanuel ses pouvoirs de dictateur sur les deux Siciles qu'il venait de libérer, Garibaldi me dit :

« Mon cher ami, voilà une œuvre qui n'est pas encore achevée. Dieu sait ce qu'il coulera encore de sang avant que l'Italie soit unie.

— C'est possible, lui répondis-je, mais vous n'en avez pas moins lieu d'être fier des grands résultats que vous avez obtenus en six mois. Seulement, on pourrait prévenir ces horribles effusions de sang. Si les souverains et les peuples des États européens venaient à s'entendre, à réaliser le rêve qui a hanté les esprits de Henri IV et de la reine Élisabeth d'Angleterre, et que Sully a si admirablement décrit !... Qui sait ! le noble roi de France aurait peut-être fait aboutir sa sublime idée, — dont la réalisation nous aurait épargné des torrents, des mers de sang, — s'il n'avait pas été assassiné par un ignoble instrument des fanatiques! Eh bien, il faut réaliser ce rêve, faute de quoi nous assisterons encore à des massacres épouvantables, qui décimeront cette malheureuse Europe. Mon général, vous avez accompli de superbes faits d'armes. C'est à vous d'élever la voix en faveur de la paix. Vous avez entraîné un peuple à courir aux armes, vous devez inviter les peuples et les souverains à les déposer. »

Le lendemain, Garibaldi me remit l'*Appel* que je lui avais demandé. Nous l'expédiâmes aux puissances, nous le propageâmes de notre mieux dans la presse entière.

Je ne vous lirai pas ce superbe appel aux souverains, mais je le ferai réimprimer pour vous l'envoyer[1].

Le manifeste de Garibaldi fut alors une voix dans le désert. Mais, depuis cette époque, les sociétés de la paix — et Garibaldi s'honorait d'être des nôtres — se sont multipliées; elles n'ont pu encore convaincre ni les souverains ni l'opinion publique. Le résultat en a été quatre guerres rien qu'en Europe. D'abord, la guerre austro-prussienne contre le Danemark en 1863, qui a engendré la guerre prusso-italienne contre l'Autriche en 1866, laquelle, à son tour, a engendré la guerre prusso-allemande contre la France en 1870, puis la guerre russo-turque.

Enfin, le czar a publié son fameux manifeste appelant les souverains et les États à une réu-

---

1. Voir aux annexes, page 272.

nion qui a déjà constitué un grand pas dans la voie du progrès, mais qui n'a pas entièrement abouti et donné tous les fruits qu'en attendaient les amis de la paix. L'Angleterre, qui a proposé l'arbitrage accepté par le congrès de la Haye, a été la première à faire une guerre.

En Chine, des atrocités ayant été commises contre les Européens, il en est résulté une réunion de troupes de toutes les nations européennes et aussi de l'Amérique et du Japon, le tout sous les ordres du maréchal Waldersee, lequel fut assez heureux pour conclure une paix. Malheureusement, deux des signataires de cette paix se font maintenant une guerre atroce sur un territoire qui n'appartient ni à l'un ni à l'autre.

Ce qui nous console, c'est que votre arrivée en France coïncide avec l'idée de faire un second congrès de la Haye. Espérons que les malheurs qui ont frappé le monde entier depuis quelques années, inspireront ceux qui vont siéger dans ce congrès, et qu'ils nous donneront enfin un tribunal international capable de protéger la paix du monde.

Vos pays, messieurs les parlementaires, ont été des premiers à donner l'exemple de l'union pour l'arbitrage. Voyant que vous êtes accompagnés de dames, je comprends que c'est elles qui vous ont bien inspiré, car partout où les dames se mettent, la justice et la bonté triomphent plus sûrement. Aussi, je lève mon premier verre en l'honneur des dames, et pour vous, messieurs les parlementaires, je souhaite que votre désir, qui est le nôtre, soit vite réalisé et que nos nations puissent se développer sous la protection de l'arbitrage et de la paix. (*Applaudissements prolongés.*)

Discours de M. Holger Rœrdam, député danois :

Permettez-moi, au nom de tous mes compatriotes, d'exprimer nos meilleurs sentiments de reconnaissance pour le charmant accueil qu'on nous a fait ici, dans la ville de Nice. Depuis le moment où nous avons mis le pied sur la terre de France, les fêtes se sont succédé, toutes plus belles et plus splendides les unes que les autres. Nous emporterons, en rentrant chez nous, le souvenir ineffaçable de tout ce que nous avons vu et entendu en France, et le fait surtout que le président de la République, M. Loubet lui-même, a tenu à nous faire la première réception officielle en France, et qu'alors il nous a exprimé sa plus grande sympathie pour la cause de la paix et de l'arbitrage, restera à tout jamais gravé dans notre mémoire. « Que vos efforts soient couronnés de succès, » nous a-t-il dit. Et M. le président de la République ne fut pas le seul à émettre ce vœu. Tous les grands hommes de la France, tous ceux qui y ont la plus haute influence et les plus grands mérites, les présidents du Sénat, de la Chambre des députés, du conseil, de la chambre du commerce, M. le ministre des affaires étrangères, tous enfin nous ont exprimé leur vive sympathie et nous ont félicités de nos efforts tendant à mener à bonne fin la cause de la paix et de l'arbitrage.

Voilà ce qui a donné une nouvelle impulsion à notre courage, voilà ce qui nous permet de croire que nos efforts n'ont pas été inutiles, et voilà pourquoi nous nous sentons plus forts, plus puissants et plus sûrs du succès pour le temps à venir.

Je vous invite, mesdames et messieurs, à lever votre verre, et avec moi à boire à la prospérité de la Société française pour l'arbitrage.

Discours de M. le baron Bonde, président de la délégation suédoise :

Monsieur le président,
Mesdames et Messieurs,

Depuis notre arrivée en France, nous avons abusé de votre patience en tenant tant de discours, et je veux vous dispenser d'en entendre encore en ce moment, car nos simples lumières ne valent certainement pas l'astre brillant de la côte d'Azur, et, pour sûr, nous brûlons tous d'impatience de jouir du beau soleil qui se montre aujourd'hui en notre honneur dans toute sa magnificence. Néanmoins, monsieur le président, je tiens à ajouter quelques paroles à celles que mon collègue du Danemark vient de prononcer. L'accueil que nous ont fait hier les autorités de la ville et du département nous a vivement touchés et nous montre combien de sympathies et d'intérêt notre cause commune a su y éveiller. Nice se prête bien à des manifestations pacifiques, attachée comme elle l'est à la mémoire de deux des plus grands hommes du siècle dernier : Gambetta et Garibaldi, ces deux nobles libérateurs de deux illustres nations, devenant par là le trait d'union entre la France et l'Italie, ces deux nations sœurs, qui, ayant oublié les discordes des temps passés, se sont unies dans une entente sincère et cordiale, dont il nous a été permis, il y a quelques jours, de contempler les heureux résultats pendant la visite qu'ont faite un grand nombre de commerçants et d'industriels italiens dans votre admirable capitale. Nice se prête bien à des manifestations pacifiques, car que peut-on voir de plus paisible que cette mer calme et rayonnante à la clarté du soleil dont l'éternel horizon fait rêver à la paix éternelle ?

Je viens de dire que Nice peut être considérée comme le trait d'union entre deux grandes et nobles nations; mais vous aussi, mon général, vous êtes bien un trait d'union entre les nations ; votre illustre histoire en est la preuve, votre nom est inscrit en lettres d'or sur maintes pages des annales du siècle dernier. Partout où il a été question de combattre pour la liberté, on vous a trouvé, mon général, au premier rang. Vous venez de nous rappeler les temps glorieux de Garibaldi ; c'est à ses côtés que vous, mon général, un de ses héros des Mille, avez rendu la liberté à l'Italie. Vous continuez toujours à travailler à la libération des peuples, mais votre lutte se fait maintenant contre des ennemis peut-être plus dangereux encore : contre les préjugés et la barbarie. Nous savons bien que, dans les temps passés, vous, l'ami intime de deux souverains, de Napoléon et de Victor-Emmanuel, avez contribué à établir les bons rapports entre souverains et peuples. Vous êtes venu ici à Nice pour échanger le glaive contre le rameau d'olivier de ces parages; vous, l'ancien guerrier, vous êtes de nos jours un combattant pour la paix. En vous voyant présider à cette table et entendant vos chaleureuses paroles, l'on ne dirait certainement pas, mon général, que votre nom appartienne à l'histoire depuis plus d'un demi-siècle; votre verte jeunesse nous fait espérer de pouvoir vous compter encore pendant de longues années dans nos rangs comme compagnon d'armes dans la guerre pour l'humanité et pour la civilisation. Je suis sûr d'exprimer un désir non seulement des Scandinaves, mais aussi de tous ceux qui assistent à cette charmante fête, en levant mon verre en l'honneur de notre vaillant président. Je bois à la santé et au bonheur du général Türr. (*Vifs applaudissements.*)

Après avoir prononcé ces paroles, M. le baron Bonde donne lecture d'un télégramme de M. d'Estournelles de Constant faisant des vœux, au nom du groupe de l'Arbitrage, pour le succès du voyage des délégués.

Puis M. Horst, membre du comité Nobel norvégien, prononce une allocution chaleureusement accueillie, dont le texte nous fait défaut, et on se dirige vers la gare pour prendre le train à destination de Monaco.

Déjà la visite parlementaire avait donné lieu à bien des manifestations de sympathie, mais on peut dire qu'elles augmentaient, au lieu de s'affaiblir, en se répétant.

Visite à Monaco.

A la gare, le même train spécial généreusement placé à la disposition des délégués par la Compagnie P.-L.-M. pendant tout leur voyage les attendait; mais, d'autre part, tous les *chauffeurs* de Nice, par une attention spontanée, avaient mis leurs voitures à la disposition de ceux qui préféraient faire le chemin par la Petite Corniche. Et Dieu sait si les chauffeurs de Nice sont nombreux!

La concentration eut lieu à la gare de Monaco, où le gouverneur général de la principauté salua ses hôtes.

Le gouverneur avait à ses côtés M. le comte Henri de Maleville, secrétaire général; M. Eugène de Millo, consul de Suède et Norvège à Monaco; M. l'abbé Pichot, vice-président de l'Institut international de la paix; M. Edmond Izard, secrétaire général; M. le docteur Colignon, médecin en chef de l'Hôpital.

Après les présentations, le gouverneur général a souhaité, au nom de S. A. S. le prince, la bienvenue aux délégués scandinaves.

Le cortège s'est ensuite formé. Un service d'ordre avait été organisé devant la gare de Monaco. Les parlementaires ont pris place dans les landaus et se sont rendus directement au palais, qu'ils ont visité sous la conduite du gouverneur.

Après s'être inscrits sur le registre de S. A. S. le prince de Monaco, absent de la principauté, ils ont visité Monte-Carlo, puis ils ont attendu au casino l'heure du dîner.

Le banquet eut lieu dans la salle des fêtes de l'hôtel de Paris.

A côté du gouverneur, après les chefs des délégations, avaient pris place M. Walter, député; les hauts fonctionnaires de la principauté; le comte de Maleville, secrétaire général; le baron de Rolland, président du tribunal supérieur; M. Gustave Saige et M. de Montcault, conseillers d'État; M. le docteur Richard, directeur du Musée océanographique; M. l'abbé Pichot, vice-président de l'Institut de la paix.

M. le comte Gastaldi, maire de Monaco, et M. le colonel Bellando de Castro, aide de camp de S. A. S. le prince, qui avaient été invités, s'étaient fait excuser pour raison de santé.

Au milieu du repas, S. E. le gouverneur donna lecture de ce télégramme du prince de Monaco :

J'exprime aux parlementaires qui honorent la principauté de leur visite, mes sentiments les plus cordiaux. Je suis avec eux de tout mon cœur dans l'œuvre civilisatrice qu'ils servent en propageant les idées généreuses nées du progrès scientifique. Je participe, avec la sincérité de ma conscience, aux efforts qu'ils font pour enlever à l'esprit guerrier son rôle dans le règlement des affaires entre les peuples.

Discours de S. E. M. Olivier Ritt, gouverneur de Monaco :

Mesdames, Messieurs,

Son Altesse Sérénissime le prince, empêché de venir en personne présider cette réunion, a daigné me déléguer pour vous souhaiter la bienvenue sur ce point particulièrement favorisé de la côte d'Azur; honneur insigne dont je sens tout le prix, mais dont le péril est grand, en présence des hôtes éminents qui ont pris place à la table de notre souverain.

Parmi les conquêtes de la civilisation dont notre temps est justement fier, il en est peu d'aussi intéressantes, d'un effet à la fois aussi étendu et aussi puissant, que les progrès de la circulation humaine, de la propagation de la pensée sous toutes ses formes.

Les chemins de fer, les navires à vapeur, les automobiles, les applications de l'électricité, le télégraphe, le téléphone, les échanges de science et de sentiment par l'intermédiaire de la presse, auront été, en dépit des rivalités commerciales et des troubles cruels, mais passagers, des relations internationales, les meilleurs auxiliaires de l'acheminement vers l'ère idéale de l'association confraternelle de l'humanité.

A ces moyens de communication, vous êtes venus, messieurs, en ajouter un autre, d'une nature plus intime, d'une portée plus pénétrante. Vous vous êtes constitués en groupes, pour vous rendre dans les différents pays, afin d'en apprécier par vous-mêmes les ressources, le régime et les aspirations; et vous y avez apporté, en échange, l'exemple saisissant de ce que l'on est, de ce que l'on pense, de ce que l'on ressent dans votre patrie.

Avec l'accueil empressé, bien dû à des visiteurs tels que vous qui représentez, au point de vue social et parlementaire, une élite glorieuse, vous avez trouvé ici des natures ouvertes et souriantes, et ces rapides envolées de l'esprit que crée l'habitude d'un chaud soleil et d'un ciel radieux; et vous nous avez initiés à votre rêverie plus douce, à ces caractères dont l'élévation, la droiture et la fermeté trempée au climat plus âpre du Nord, rappellent, dans le domaine de l'âme, ce que sont, parmi les productions de la terre, les fiers sapins de vos belles régions.

Mais c'est un but autrement large, autrement noble, que vous poursuivez. Vous êtes de la pléiade des apôtres de l'arbitrage universel ; vous êtes de ceux qui ont la ferme confiance d'amener chacun à comprendre que les guerres ne sont plus de notre temps ; qu'elles n'ont jamais causé que d'épouvantables désastres ; et qu'avec les inventions d'armes les plus perfectionnées, elles conduisent les peuples, non plus à des triomphes de stratégie, où s'étalaient du moins de brillantes qualités, mais à de véritables boucheries, n'ayant de nom dans aucune langue.

Gouverneur général d'un État qui a eu, au moyen âge, son renom dans les combats et dont l'alliance maritime a été recherchée même par Charles-Quint, mais que les vicissitudes de la politique ont mutilé tristement et rendu pacifique par essence, je n'ai pas à porter un jugement sur le drame qui ensanglante l'extrême Orient. Mais n'est-il pas permis, au nom de l'humanité, d'exprimer l'espoir qu'un jour viendra où deux vaillantes nations, faites pour se comprendre et s'estimer mutuellement, et qui pourraient arriver au plus haut degré de prospérité en se donnant loyalement la main, cesseront de poursuivre une lutte d'extermination, qui sème les ruines, éternise les haines, atrophie le cœur et trouble la raison ?

On ne saurait trop le répéter, honneur à ceux qui, sans se laisser décourager par le scepticisme des foules encore imbues des idées fausses du passé, prennent l'initiative d'une propagande pacifique universelle. Dans sa philosophie, profondément attaché à tous les progrès de la science et à la solution élevée des graves problèmes sociaux, notre auguste prince a fondé un institut de la paix, où se sont fait inscrire avec empressement de vaillants défenseurs de la belle cause de la fraternité humaine, appartenant à quinze nations différentes : Allemagne, Autriche-Hongrie, Belgique, Danemark, Etats-Unis de l'Amérique du Nord, France, Grande-Bretagne, Italie, Japon, Pays-Bas, Roumanie, Russie, Suède et Norvège, Suisse.

Au nom de Son Altesse Sérénissime, je souhaite à votre grande œuvre tout le succès qu'elle mérite, succès dont il est impossible de douter d'ailleurs, car vous êtes accompagnés des fées les plus autorisées de la persuasion et des véritables anges de la charité !

Minorité encore aujourd'hui, puissiez-vous être bientôt légion, et que la reconnaissance générale inscrive vos noms en lettres d'or sur les plis de votre drapeau pacifiquement victorieux !

Je vous propose de lever ensemble vos verres à la santé de LL. MM. les rois de Danemark, de Suède et de Norvège, à la continuation de la prospérité de leur règne !

Et, puisque plusieurs de vos collègues du parlement français sont venus avec vous, portons également la santé du président de la République ! (*Vifs applaudissements.*)

Réponse de M. Brunchorst, député norvégien :

Notre mission officielle a pris fin à la frontière française, et par conséquent aucun de nous ne peut plus parler au nom des trois délégations parlementaires. Je suis certain cependant de parler au nom de toutes ces dames et de tous ces messieurs des trois pays scandinaves, en levant mon verre pour porter un toast à S. A. S. le prince de Monaço.

Nous le remercions pour la réception hospitalière qu'il nous a fait préparer dans le délicieux Éden qu'est son pays.

Nous le remercions plus encore pour les services importants qu'il a rendus à la cause de la paix et de l'arbitrage.

Nous le remercions aussi pour les services éminents qu'il a rendus à la science de l'anthropologie et de l'océanographie, services qui ont pour toujours inscrit le nom de Son Altesse sur une place prédominante des annales de la science, annales qui deviennent de plus en plus internationales et qui tendent de plus en plus à unir les peuples du monde dans leurs efforts communs pour les progrès de l'humanité.

Je bois à la santé de S. A. S. le prince de Monaco. (*Applaudissements répétés.*)

Le baron Bonde donne ensuite lecture du télégramme de remerciement adressé au prince au nom de tous les délégués.

Enfin M. l'abbé Pichot, vice-président de l'Institut de la paix de Monaco, prend la parole :

Messieurs,

Le seul titre que je puisse invoquer pour prendre la parole devant vous est celui de vice-président de l'Institut international de la paix. Plusieurs d'entre vous font partie de ce groupe pacifiste et scientifique. C'est à eux que je tends la main d'abord et que j'adresse un cordial salut au nom de l'Institut.

Vous, messieurs, vous êtes les parlementaires, vous êtes une émanation, une expression vivante et formelle de la volonté des peuples. Vous êtes, de plus, dans la circonstance, des apôtres de la paix, des missionnaires pacifistes. Vous avez organisé, à la suite de vos collègues d'Angleterre, la deuxième croisade pacifique destinée à délivrer non seulement l'Orient, mais l'Occident et l'Orient, du fléau de la guerre qui menace d'ensevelir toute notre civilisation et tous nos progrès dans un vaste tombeau. Grâces vous en soient rendues !

Or, l'Institut international de la paix a été fondé par S. A. S. le prince de Monaco, ainsi que je le disais récemment de l'autre côté de l'Océan, dans le but de publier des documents scientifiques, des statistiques précises concernant la paix et la guerre, de préparer scientifiquement, d'organiser scientifiquement la paix. Il est déjà et sera plus encore dans l'avenir un arsenal de la paix. A ce titre, le mouvement populaire dont vous êtes les représentants trouve son complément dans l'œuvre de notre Institut. Assurément les peuples veulent la paix. Ils la veulent instinctivement, énergiquement, passionnément, et ce n'est pas moi qui nierai ici que les sentiments pacifiques aient ailleurs des sources fécondes, dans le sentiment religieux bien compris, par exemple, et dans les intérêts matériels eux-mêmes.

Mais la science *prépare la paix* en recherchant et en prévoyant les causes économiques des guerres, en créant des relations plus intimes entre les peuples, en leur permettant de se connaître et de s'apprécier, en trouvant de nouveaux débouchés au commerce, à l'industrie et, en général, de nouveaux champs à l'activité de l'esprit humain.

La science *enseigne la paix*. Toutes les sciences, depuis les sciences naturelles telles que l'astronomie et l'océanographie, jusqu'à ces sciences dont nous sommes parfois tentés de médire, telles que la statistique et l'économie politique, toutes ont comme conclusion de leurs théories, la paix : les premières, en nous montrant soit la paix réalisée dans l'ordre du monde, soit les êtres toujours solidaires les uns des autres et la loi de solidarité contre-balaçant toujours la loi de la lutte pour la vie ; les secondes, en établissant mathématiquement que la prospérité des peuples est directement proportionnelle au nombre des institutions pacifiques.

La science doit *organiser la paix*. Ce n'est pas au hasard des aspirations populaires que doit être confiée l'organisation de la justice internationale. Ce sont les méthodes scientifiques qui doivent présider à la codification des lois internationales et à leurs applications. Elle prévoit, au contraire, et exige la création d'un parlement international dont vous êtes, messieurs, les avant-coureurs, d'un corps législatif destiné à faire les lois internationales, puis d'un tribunal exécutif pourvu de moyens de coercition convenables. Elle affirme, la science, que la paix et la justice entre les nations se développeront probablement sur le plan de la justice entre les citoyens. Elle établit l'égalité entre les nations, sans nier les services rendus par le passé par telles ou telles d'entre elles, et prévoit que les peuples qui prévalent en ce moment continueront à prévaloir sous le régime de la justice.

Enfin, la science ne peut *préparer la paix, enseigner la paix, organiser la paix* générale que dans la paix, dans une paix relative. La science exige la paix, elle est un apprentissage de la paix. Pénétrez dans ses laboratoires, et vous sentez la paix vous envelopper de toutes parts.

Eh bien, messieurs, c'est la science que S. A. S. a voulu mettre à contribution en faveur de la paix en créant l'Institut. Aussi me plaît-il de déclarer devant vous que cet Institut est exclusivement au service de la cause que vous défendez. (*Applaudissements.*)

Après le banquet, les hôtes du prince assistèrent au concert donné en leur honneur au théâtre de Monte-Carlo et reprirent leur train pour Nice.

Visite à Toulon.

Au départ de Nice, la *côte d'Azur* se montra digne de son nom jusqu'à Toulon.

Vers dix heures du matin, les délégués arrivent à Toulon, où le cortège officiel semble s'être formé spontanément sous l'irrésistible suggestion de la sympathie et du soleil.

MM. Escartefigue, maire; Poux-Laville, sous-préfet;

Belluc, préfet maritime p. i.; le général Ducrey; Abord, procureur de la République; les consuls V. Jouve, de Suède et Norvège; M. Lambert, du Danemark; P. Bachelay, de Belgique; Drageon, de Russie; L. Paul, de Portugal; Georges, d'Espagne; les conseillers généraux Massebœuf et Roche; les conseillers d'arrondissement Codur, Charbonnier et Gilette; le docteur Barnier, président de la section toulonnaise pour l'arbitrage; P. Rouget, Brieugne, G. Jourdan, N. Bokanowski, membres du bureau de la section; le docteur Dubois, directeur de l'Institut biologique de Tamaris; le capitaine Péré, aide de camp du préfet maritime; les adjoints Baylon et Luciani, un grand nombre de conseillers municipaux, accueillent les Scandinaves. La musique des équipages de la flotte accompagne les acclamations.

Le programme, nécessairement court, comporte la visite de l'arsenal sous la direction du contre-amiral Fort, major général. Les visiteurs suivent les évolutions d'un sous-marin dans la darse de Missiessy; ils s'embarquent sur des chaloupes pour traverser la rade; enfin, du quai de Cronstadt ils remontent au Grand Hôtel, où est servi le déjeuner.

Le menu local charme les Scandinaves, déjà séduits par la sympathie vraiment touchante des Toulonnais.

Toast de M. Escartefigue, maire de Toulon :

Au nom de la municipalité toulonnaise, je vous remercie d'avoir bien voulu associer la ville de Toulon à la visite que vous faites à travers la France pour faire connaître les sentiments qui vous animent, de paix universelle.

Vous avez eu, ce matin, l'impression que cette ville de guerre peut se préparer à la guerre pour assurer la paix. (*Applaudissements.*)

Il ne faudrait pas cependant que la vue de cette puissance guerrière ait pu vous laisser croire que les sentiments de concorde ne sont pas dans les cœurs des Toulonnais. Je vous rappellerai sa devis : *Concordia parva cres-*

cunt. C'est par la paix que les petites choses deviennent grandes, et c'est dans la paix que l'on prépare la fraternité sociale. Vous faites œuvre louable, vous qui appartenez à l'aristocratie de vos nations respectives.

La République française ne compte plus d'aristocratie, et du cœur de ce peuple s'échappe un cri de libération vers la paix universelle. C'est dans cette association de l'ouvrier qui pense et de l'ouvrier qui lutte que réside la paix universelle. Messieurs et mesdames, je vous remercie, et, au nom de la municipalité, encore une fois merci, et pour la lutte que vous entreprenez et pour avoir osé nous y associer. (*Applaudissements.*)

En une courte réponse, M. Oppen, député norvégien, propose aux convives de lever leur verre en l'honneur de la paix universelle.

Après M. Poux-Laville, sous-préfet, qui porte la santé des souverains scandinaves, et M. l'amiral Bellue, préfet maritime, qui remercie les dames de leur vaillance et de leur gaieté, M. Menut, président du conseil d'arrondissement de Brignoles et capoulié, chante en provençal la bienvenue traditionnelle.

AU POPLE ASCANDINAVO

O valent pople, la Prouvenço
Tadus encuei emen fierta
Un salut de fraternita
A titre de recounaissenço.

Sei signé fier. e la jouvenço
Bonilieu dé cris de liberta

Plaçoun dins l'immortalita
Lou souveni de ta presenço.

Co que de ta vanos pacifico
Espelisse la pas publico
Dins lou vasto univer entié.

Alor lou pais dès cigalo,
En signe de pas fraternalo,
Fournira lei brout d'oulivier.

(Vifs applaudissements.)

Allocution du docteur Raphaël Dubois, professeur à l'U-
niversité de Lyon, directeur-fondateur du laboratoire de
biologie marine de Tamaris :

Messieurs les délégués, Mesdames,

Je crois être l'interprète de votre pensée à
tous en levant mon verre à la mémoire de votre
grand compatriote Nobel. Dans une pensée généreuse et grandiose, il a voulu allier l'idée de
science à celle de paix universelle et exciter
l'esprit humain dans cette double voie qui doit
conduire l'humanité à son complet épanouisse-
ment. Il avait compris que c'est par la scien e
seulement que pourra se faire la paix universelle, parce qu'elle seule permettra de consti-
tuer le code des lois naturelles devant lequel
tous les peuples, comme tous les individus qui
les composent, devront s'incliner sans révolte,
et auquel on ne désobéit pas sans provoquer
des calamités parfois irréparables.

Nobel vous a faits les arbitres de la pensée
universelle, et vous avez accompli cette tâche si

haute et si périlleuse avec cette sagesse, ce calme, cette grande honnêteté qui vous distinguent entre tous.

Je bois à la mémoire de Nobel et à la paix par la science et pour la science !

Savoir fait pouvoir. (*Applaudissements.*)

Visite à Marseille.

La dernière étape du voyage était Marseille, où les délégués ont passé l'après-midi de cette laborieuse journée.

A la gare attendaient : MM. Claes de Peyron, consul de Suède et Norvège à Marseille, et Frisch de Fels, consul de Danemark; Raoul Brion, adjoint faisant fonctions de maire, accompagné de M. Dubois, secrétaire général de la mairie, et des membres du conseil municipal; Agelasto, vice-président de la chambre de commerce, représentant M. le Mée de la Salle, président; M. Fouque, vice-président, et les délégués du Syndicat d'initiative de Provence, etc.

Des tramways pavoisés conduisirent les parlementaires jusqu'au vieux port, où deux remorqueurs avaient été préparés pour une promenade en mer.

Sur le *Marius-Chambon* ils furent salués par le préfet et son chef de cabinet, le général du Moriez et le capitaine Mir, son officier d'ordonnance; M. Grandval, président de la Société nautique; M. Batard-Razelière, ingénieur en chef des ponts et chaussées; M. Cappeter, capitaine des ports.

L'escadrille fit le tour des bassins, saluée dans tous les ports par les navires pavoisés, et ramena ses passagers éphémères à l'hôtel de ville, où eut lieu la réception officielle.

Discours de M. R. Brion, adjoint, faisant fonction de maire :

Mesdames, Messieurs,

En l'absence de M. le maire de Marseille, j'ai le grand honneur de vous souhaiter la bienvenue dans notre ville et de vous exprimer, au nom du conseil municipal et au nom de la population marseillaise tout entière, le sentiment de véritable joie que nous fait éprouver votre visite.

Depuis le jour où vous avez pénétré sur le territoire de la France, vous avez recueilli partout les témoignages de la plus cordiale sympathie. A Paris, les représentants autorisés du gouvernement de la République, de la littérature, des sciences et des arts, ont rendu de justes hommages à l'activité incessante de votre travail national, au développement continu de votre culture intellectuelle et à ce profond amour de la justice et de la liberté qui a fait inscrire la Suède, la Norvège et le Danemark parmi les nations qui, les premières, ont adhéré à l'œuvre entreprise en faveur de la paix du monde. Votre tour de France vous a réservé de nombreux concerts d'éloges et d'enthousiastes réceptions, mais nulle part, je pense, mieux que dans cet hôtel de ville de Marseille, qui fut comme le berceau d'une de vos souveraines, il ne sera permis d'affirmer que les peuples scandinaves et français ont tous un peu le même sang dans les veines.

A deux pas d'ici, dans une rue de la vieille ville, a vu le jour et a grandi celle qui devint la reine de Suède et fut la grand'mère de Sa Majesté le roi de Suède et de Norvège actuel.

Ce souvenir d'une origine et d'une destinée dont nous sommes légitimement fiers, ne pouvait pas ne pas être évoqué au moment où pas-

sent dans notre ville les représentants les plus
éminents des parlements scandinaves.

La reine Désirée était demeurée entre vous
et nous un trait d'union qui nous rendait plus
chères et plus précieuses les relations que nous
entretenions avec vos pays, et, malgré les diffé-
rences de latitude, nous étions heureux de penser qu'il y avait là-bas, dans vos froides contrées
du Nord, un peu de notre soleil et de notre
âme provençale. Ces liens se trouvent plus
étroitement resserrés aujourd'hui que nous luttons, côte à côte, sous la même inspiration
humanitaire, dans la grande croisade des peuples civilisés pour la conquête de la paix.

Votre venue parmi nous, messieurs, est le
gage de la part active que vous prenez à cette
œuvre. Nous en sommes heureux et nous vous
félicitons, mesdames, d'avoir voulu vous associer à cette belle démonstration. Nous avions
appris à connaître, dans les légendes scandinaves, les fortes vertus qui, au temps des Vikings
déjà, faisaient des femmes de votre pays des
guerrières hardies, dignes émules des mâles
et farouches combattants, et les « Vierges au
bouclier », Sela, Alvilda, Lathgertha, étaient
restées pour nous, dans leurs chevauchées
tumultueuses, les symboles du courage le plus
héroïque au service du plus pur amour.

Laissez-nous imaginer que la chevauchée se
poursuit, non pour une entreprise belliqueuse,
mais pour la recherche du rameau de la paix, et
que vous êtes venues le cueillir, mesdames, dans
les bois d'oliviers de notre admirable Provence.

Permettez-moi de porter un toast à S. M. le roi Christian, à la famille royale du Danemark, à S. M. le roi Oscar, à la famille royale, à la Suède et à la Norvège.

Je bois aux parlements des trois pays. Je vous convie enfin, messieurs, à lever votre verre en l'honneur et à la santé des dames. (*Applaudissements.*)

M. Agelasto, vice-président de la chambre de commerce, en l'absence de M. le Méc de la Salle, prononça ensuite une courte allocution dans laquelle, après avoir exprimé la joie et la fierté que tous les Français éprouvent de voir que la France est le rendez-vous naturel de tous ceux qui aspirent à une ère de paix et de concorde, il dit les bienfaits inestimables du commerce, qui est l'agent fécond de la civilisation. M. Agelasto termina son discours en formulant le vœu que, dans un avenir prochain, des peuples ne cherchent plus à se faire la guerre, mais s'ouvrent largement leurs portes, politiquement et économiquement.

Après M. Agelasto, MM. les consuls Fritsch de Fels et Claes de Peyron portèrent les toasts d'usage.

Réponse de M. Ernst Bechman, député suédois :

Combien ont changé les temps, et changé pour le mieux! Je viens de traverser, il y a quelques minutes, votre port si magnifique. Un ami m'a montré, monsieur le maire, un de vos monuments, une vieille église, — Saint-Victor, — une église-forteresse. On l'a fortifiée, dans le bon vieux temps, contre qui? — Contre nous, contre les Normands. Eh bien, aujourd'hui votre ville de Marseille nous reçoit à cœur ouvert, d'une hospitalité qui nous a profondément touchés. Dans notre temps, il est impossible —

je le dis avec un sourire, car une pensée contraire est si absurde — il est trois fois impossible que le sang soit versé entre vous et nous.

Pouquoi ne pas voir dans ce changement complet un bon augure pour la cause de la paix entre *toutes* les nations du monde? Surtout, avec un allié tel que la France, marchant au premier rang du mouvement de l'arbitrage et de la paix.

Marseille, messieurs, est la dernière halte de ce tour inoubliable, où chaque journée a été comme une nouvelle page d'un conte des fées. Je me suis demandé, dans la tristesse des adieux, quelle qualité de ce peuple français si cher à nos cœurs m'a le plus frappé. Vous en avez beaucoup de belles qualités, et je ne suis pas venu ici pour vous flatter en les énumérant. Mais il y a un trait caractéristique qui m'a surtout touché : c'est que vous avez *le courage de vous enthousiasmer pour les idées*. Combien de fois la France n'a-t-elle pas marché à la tête des autres peuples dans le combat pour les idées? Celui qui est à l'avant-poste dans ce combat est le premier à être frappé. La France a versé son sang pour les idées. — Elle a bien souvent été le martyr qui parmi les peuples a souffert pour les idées dont les autres nations sont devenues les héritières. Donc ce courage, cet enthousiasme, voilà les souvenirs précieusement conservés que, les fêtes finies, nous emporterons avec nous de votre beau pays du soleil, en notre pays de la neige et de la glace, pour le jour du travail qui se rapproche.

Et que pouvons-nous vous donner en échange? Dans ce moment rien que nos remerciements, — et un vœu. Sur vos bâtiments publics se lisent les paroles sacrées : liberté, fraternité, égalité. J'émets donc le vœu que ces paroles soient écrites en lettres de feu dans *vos* cœurs et dans *nos* cœurs; j'émets le vœu que ces paroles sacrées brillent pour toujours au-dessus de la colonnade glorieuse de la République française! Que leur lumière s'enflamme jusqu'à ce qu'elle pénètre dans les coins les plus obscurs des États du monde et de la conscience des hommes.

Avec ce vœu, mes chers collègues des parlements scandinaves, nous disons adieu à la ville de Marseille, à la Provence, le pays du soleil et des roses, à vous tous, les amis de notre Nord, qui nous avez donné une hospitalité si large et chaleureuse.

Vive Marseille! Vive la Provence! Vive la France! (*Vifs applaudissements.*)

Le triple hourra scandinave souligna cette exclamation. Il retentit encore au départ de Marseille.

Et, pour la dernière fois, le lendemain, mardi 6 décembre, quand les délégués quittèrent Paris et la France, c'est encore par ce cri enthousiaste qu'ils saluèrent leurs collègues du parlement français, devenus leurs amis, et réunis avec les membres du bureau du groupe de l'Arbitrage et leur président, sur le quai de la gare du Nord.

LA SÉPARATION

Les événements qui ont rempli l'année 1905 et amené la séparation de la Norvège et de la Suède sont connus et n'entrent pas dans le cadre de la présente publication. On ne doit pas cependant omettre de constater que cette séparation s'est accomplie sans effusion de sang, par la plus pacifique des révolutions, par un accord amiable, en un mot.

Un tel progrès est dû sans doute aux rares qualités des deux peuples en conflit, mais aussi à leurs institutions, à leurs mœurs, au remarquable développement qu'avait reçu antérieurement l'idée de justice, et particulièrement de justice internationale, chez l'un comme chez l'autre. Qu'on ne s'y trompe pas, la corrélation est indiscutable entre le respect du principe pendant le cours normal de l'existence et l'application du principe, à l'heure décisive. Si tous les peuples, et, avec eux, les gouvernements, par l'éducation que nous ne ... sons de réclamer et de poursuivre, arrivaie... à ne pas séparer des idées de justice et de liberté l'idée de la paix, du travail, de la prospérité morale et matérielle, alors les problèmes politiques et économiques qui pèsent sur le monde seraient bien simplifiés dans la pratique.

En France, nous avions un grand intérêt non seulement général, mais national, à voir les Scandinaves rester fidèles à leur principe et continuer à donner de leur côté le bon exemple, à l'heure même où le monde voyait se déchaîner en extrême Orient la guerre russo-japonaise et pouvait se demander si les forces de violence ne finiraient pas par l'emporter sur celles de la raison.

Fallait-il manifester cet intérêt ? La question était délicate ; car on pouvait craindre d'éveiller des susceptibilités légitimes. Et sinon, fallait-il assister impassibles à une crise si poignante et si grave ?

Le groupe de l'Arbitrage ne put se résoudre à l'indifférence, et, dans la pensée qu'il serait utile, peut-être, de rappeler à ses visiteurs de l'an passé la haute estime, la confiance et les espérances qu'inspiraient leurs deux pays aux autres peuples libres, il adressa, par la plume de son président, la lettre suivante à M. Rouvier, président du Conseil :

Sénat, Paris, 8 juillet 1905.

Monsieur le président du Conseil,

Les gouvernements européens se sont abstenus d'offrir leurs bons offices à la Russie et au Japon.

Le résultat de leur abstention a été l'intervention bienfaisante des États-Unis à leur place.

Auparavant, les mêmes gouvernements s'étaient abstenus de reconnaître l'existence des conventions de la Haye qu'ils avaient signées ; ils ont laissé aux États-Unis l'honneur de cette initiative.

Aujourd'hui, un grave conflit vient d'éclater entre la Suède et la Norvège ; sans nous immiscer dans ce conflit, nous ne pouvons cependant y rester indifférents ; notre intérêt comme notre devoir de Français et d'Européens est de multiplier nos efforts pour qu'il ne dégénère pas en conflagration violente.

L'ensemble admirable de progrès réalisés récemment par les deux nations sœurs dans l'ordre moral, intellectuel et matériel, constitue un exemple qui est devenu le patrimoine commun de la civilisation tout entière. Ce n'est pas seulement une espérance d'avenir, un idéal que chaque nation doit conserver intact pour s'en inspirer : c'est une acquisition précieuse, une conquête que nous ne pouvons laisser compromettre sans consentir en même temps à un recul, une répudiation de l'esprit moderne, et sans compromettre par conséquent l'autorité gouvernementale devant l'opinion.

Une parole de conciliation adressée à la Suède et à la Norvège, en raison de l'influence que les deux peuples exercent sur notre temps et des responsabilités supérieures qu'implique cette influence, serait accueillie par eux comme un hommage de gratitude et de confiante sympathie ; nul n'y verrait une ingérence indiscrète ; elle répondrait aux sentiments et aux généreuses traditions de notre pays.

C'est cette parole, monsieur le président du

conseil, que je viens, au nom d'un grand nombre de Français et d'étrangers, vous demander de prononcer avec l'autorité incontestée qui vous appartient et qui ne manquerait pas de trouver de l'écho chez les autres gouvernements d'Europe et d'Amérique.

D'Estournelles de Constant.

La crise passée, le groupe de l'Arbitrage ne manqua pas de s'associer à la satisfaction de tous les amis de la paix. Répondant à ses félicitations, M. Carl Berner, président du Storthing norvégien, adressa à M. d'Estournelles de Constant le télégramme suivant :

Christiania, 27 novembre.

Aujourd'hui que le roi de Norvège vient de jurer dans le Storthing fidélité à la constitution, — assumant ainsi le gouvernement du royaume, nous l'espérons tous, pour le bonheur de notre nation, — je vous envoie nos remerciements de cœur pour vos félicitations, et j'exprime l'espoir que les amis de la paix en France et en Norvège s'uniront toujours dans le travail pour la pleine réalisation de leur idéal.

Carl Berner,
Président du Storthing.

ANNEXES ET APPENDICE

ANNEXES

CONVENTION D'ARBIT, AGE GÉNÉRALE ET OBLIGATOIRE

ENTRE

LE DANEMARK ET LA HOLLANDE

Sa Majesté la reine des Pays-Bas et Sa Majesté le roi de Danemark :

S'inspirant des principes de la convention pour le règlement pacifique des conflits internationaux conclue à la Haye le 29 juillet 1899, et désirant consacrer notamment le principe de l'arbitrage obligatoire dans leurs rapports réciproques par un accord général de la nature visée à l'article 19 de ladite convention, ont résolu de conclure une convention à cet effet et ont nommé pour leurs plénipotentiaires, savoir :

Sa Majesté la reine des Pays-Bas :

M. Jacob Dirk Carel, baron de Heeckeren de Kel, son envoyé extraordinaire et ministre plénipotentiaire près Sa Majesté le roi de Danemark, chevalier de l'ordre du Lion néerlandais ;

Sa Majesté le roi de Danemark :

M. Johan Henrik Deuntzer, président du conseil de ses ministres et son ministre des affaires étrangères, grand'croix de l'ordre du Danebrog et décoré de la croix d'honneur du même ordre, etc. ;

Lesquels, après s'être communiqué leurs pleins pouvoirs trouvés en bonne et due forme, ont convenu des dispositions suivantes :

Article premier. — Les hautes parties contractantes s'engagent à soumettre à la cour permanente d'arbitrage *tous* les différends et *tous* les litiges entre elles qui n'auront pu être résolus par des voies diplomatiques.

Article 2. — Dans chaque cas particulier, les hautes parties contractantes, avant de s'adresser à la cour permanente d'arbitrage, signeront un compromis spécial, déterminant nettement l'objet du litige, l'étendue des pouvoirs des arbitres et les délais à observer en ce qui concerne la constitution du tribunal arbitral et la procédure.

Article 3. — Il est bien entendu que l'article premier n'est pas applicable aux différends entre les ressortissants de l'un des États contractants et l'autre État contractant, que les tribunaux de ce dernier Etat seraient, d'après la législation de cet État, compétents pour juger.

Article 4. — Les États non signataires pourront adhérer à la présente convention. L'État qui désire adhérer notifiera son intention par écrit à chacun des États contractants. L'adhésion produira ses effets à partir de la date à laquelle l'État adhérent aura communiqué à chacun des États contractants et que tous ces États lui auront accusé réception de sa notification.

Article 5. — S'il arrivait qu'un des États contractants dénonçât la présente convention, cette dénonciation ne produirait ses effets qu'un an après la notification faite par écrit à chacun des autres États contractants.

Article 6. — La présente convention sera ratifiée dans le plus bref délai possible et les ratifications seront échangées à la Haye.

En foi de quoi les plénipotentiaires respectifs ont signé la présente convention et l'ont revêtue de leurs sceaux.

Copenhague, le 12 février 1904.

(L. S.) CAREL VAN HEECKEREN.
(L. S.) DEUNTZER.

CONVENTION FRANCO-SCANDINAVE

Le président de la République française et Sa Majesté le roi de Suède et de Norvège, désirant, en application des principes énoncés dans les articles 15-19 de la convention pour le règlement pacifique des conflits internationaux, signée à la Haye en date du 29 juillet 1899, entrer en négociations pour la conclusion d'une convention d'arbitrage, ont nommé pour leurs plénipotentiaires, savoir :

Le président de la République française :

M. Th. Delcassé, député, ministre des affaires étrangères de la République française ;

Et Sa Majesté le roi de Suède et de Norvège :

M. Akerman, son envoyé extraordinaire et ministre plénipotentiaire près le président de la République française ;

Lesquels, après s'être communiqué leurs pleins pouvoirs trouvés en bonne et due forme, sont convenus des articles suivants :

ARTICLE PREMIER. — Les différends d'ordre juridique ou relatifs à l'interprétation des traités existant entre les hautes parties contractantes, qui viendraient à se produire entre elles et qui n'auraient pu être réglés par la voie diplomatique, seront soumis à la cour permanente d'arbitrage établie par la convention du 29 juillet 1899 à la Haye, à la condition, toutefois, qu'ils ne mettent pas en cause ni les intérêts vitaux, ou l'indépendance ou l'honneur des États contractants, et qu'ils ne touchent pas aux intérêts des tierces puissances.

ART. 2. — Dans chaque cas particulier, les hautes parties contractantes, avant de s'adresser à la cour permanente d'arbitrage, signeront un compromis spécial, déterminant nettement l'objet du litige, l'étendue des pouvoirs des arbitres et les délais à observer, en ce qui concerne la constitution du tribunal et la procédure.

ART. 3. — La présente convention est conclue pour une

durée de cinq années, à partir de l'échange des ratifications qui auront lieu aussitôt que faire se pourra.

Fait à Paris, en double exemplaire, le 9 juillet 1904.

(L. S.) *Signé :* DELCASSÉ.
(L. S.) *Signé :* AKERMAN.

Art. 4. — Le ministre des affaires étrangères est chargé de l'exécution du présent décret.

Fait à Paris, le 11 novembre 1904.

Émile LOUBET.

Par le président de la République :
Le ministre des affaires étrangères,

DELCASSÉ.

APPEL DE GARIBALDI A L'UNION DES PUISSANCES EUROPÉENNES[1]

Ce discours démontre, une fois de plus, la corrélation existant entre la nécessité du développement national et celle des bonnes relations internationales. On n'accusera pas Garibaldi, le fondateur de l'unité nationale de l'Italie, d'avoir manqué de patriotisme; et cependant, au lendemain de l'unité conquise, quelle est sa première préoccupation ? L'Union Européenne.

De l'état présent de l'Europe, de ce qu'elle pourrait être dans l'intérêt des gouvernements et des peuples.

Il est à la portée de toutes les intelligences que l'Europe est bien loin d'être dans un état normal et convenable à ses populations.

1. Annexe au discours de M. le général Türr. (Cf. p. 239.)

La France, qui occupe sans contredit le premier rang parmi les puissances européennes, maintient six cent mille soldats sous les armes, une des premières flottes du monde et une quantité immense d'employés pour sa sécurité intérieure.

L'Angleterre n'a pas le même nombre de soldats, mais une flotte supérieure et un nombre supérieur peut-être d'employés pour la sécurité de ses possessions lointaines.

La Russie et la Prusse, pour se maintenir en équilibre, ont besoin de solder des armées immenses.

Les États secondaires — ne fût-ce que par esprit d'imitation et pour « payer de présence » — sont obligés de se tenir proportionnellement sur le même pied.

Je ne parlerai pas de l'Autriche et de l'Empire Ottoman.

Enfin, on peut avec raison se demander pourquoi cet état agité et violent de l'Europe? Tout le monde parle de civilisation et de progrès!!! Il me semble que nous ne différons pas beaucoup — au luxe près — des temps primitifs où les hommes s'entre-déchiraient pour s'enlever une proie. Nous passons notre vie à nous menacer continuellement et réciproquement; tandis qu'en Europe la grande majorité, non seulement des intelligences, mais des hommes de bon sens, comprend parfaitement que l'on pourrait bien passer cette pauvre vie sans ce perpétuel état de menaces et d'hostilité des uns contre les autres et sans cette nécessité — qui semble fatalement imposée aux peuples par quelque ennemi secret et invisible de l'humanité — de s'entre-tuer avec tant de science et de raffinement.

Par exemple, supposons une chose :

Supposons que l'Europe formât un seul État.

Qui songerait à la déranger chez elle? A qui viendrait cette idée, je vous le demande, de troubler le repos de l'Europe, — cette souveraine du monde?

Et dans cette supposition que nous venons de faire, plus d'armée, plus de flotte, et ces immenses capitaux, arrachés presque toujours aux besoins et à la misère des peuples et prodigués à des services meurtriers et improductifs, seraient convertis à son avantage dans un développement colossal de l'industrie, dans l'amélioration des routes et des chemins de fer, dans la construction des ponts, dans le percement des canaux, dans la fondation d'établissements publics et dans l'érection d'écoles pour enlever à la misère et à l'ignorance tant de pauvres créatures qui, dans tous les pays du monde, quel que soit leur degré de civilisation, sont condamnées à l'abrutissement et à la prostitution de l'âme ou de la matière, par l'égoïsme, le calcul et la mauvaise administration des classes privilégiées et puissantes.

Eh bien, la réalisation des réformes sociales que je mentionne dépend tout simplement d'une puissante et généreuse initiative, car, je vous le demande, dans quelles circonstances l'Europe a-t-elle présenté plus de chances de réussite pour ces bienfaits humanitaires?

Examinons la situation telle qu'elle est à cette heure :

Alexandre II, en Russie, proclamant l'émancipation des serfs ;

Victor-Emmanuel, en Italie, jetant son sceptre sur le champ de bataille, et exposant sa personne pour la régénération d'une noble race et d'une grande nation;

En Angleterre, une reine vertueuse et une nation généreuse et sage s'associant avec enthousiasme à la cause des nationalités opprimées.

La France, enfin, appelée à l'arbitrage de l'Europe par la masse de sa population concentrée, par la valeur de ses soldats et par le prestige récent de la plus brillante période de son histoire militaire.

A qui donc l'initiative de cette grande œuvre?

Au pays qui marche en avant-garde de la Révolution!

L'idée d'une confédération européenne — jetée en avant par le chef de l'Empire français — et qui répandrait la sécurité et le bonheur dans le monde, ne vaut-elle pas mieux que toutes ces combinaisons politiques qui enfièvrent et tourmentent journellement ce pauvre peuple?

La pensée de l'atroce destruction qu'amènerait un seul combat entre les grandes flottes des puissances occidentales doit faire frissonner de terreur celui qui songerait seulement à en donner l'ordre. Probablement n'y aura-t-il jamais un homme assez lâchement hardi pour en prendre l'effroyable responsabilité.

La rivalité qui a subsisté entre la France et l'Angleterre depuis le quinzième siècle jusqu'à nos jours existe encore, mais avec une intensité infiniment moindre aujourd'hui, et nous constatons cela à la gloire du progrès humain, de sorte qu'une transaction entre les deux plus grandes nations de l'Europe — transaction qui aurait pour but le bien de l'humanité — ne peut plus se placer parmi les rêves et les utopies des hommes de cœur.

Donc, la base d'une confédération européenne est naturellement tracée par la France et l'Angleterre. Que la France et l'Angleterre se donnent franchement, loyalement la main, et l'Italie, l'Espagne, le Portugal, la Hongrie, la Belgique, la Suisse, la Grèce, la Roumanie, viennent d'elles-mêmes, et pour ainsi dire instinctivement, se ranger autour d'elles.

Enfin, toutes les nationalités divisées et supprimées, les races slaves, celtiques, germaniques, scandinaves — et la gigantesque Russie comprise — ne voudraient point rester en dehors de cette régénération politique à laquelle les appelle le génie du siècle.

Je sais bien qu'une objection se pose naturellement en réponse au projet qui précède :

« Que faire de cette innombrable masse d'hommes maintenant employés dans les armées et dans la marine militaire ? »

La réponse est facile :

En même temps qu'on licencierait ces masses, on se débarrasserait des institutions aggravantes et nuisibles, et l'esprit des souverains, cessant d'être préoccupé d'ambition, de conquêtes, pourrait s'appliquer à la création d'institutions utiles, et descendrait de l'étude des généralités à celle des familles et même des individus.

D'ailleurs, par l'accroissement de l'industrie, par la sécurité du commerce, la marine marchande réclamerait à l'instant même toute la partie active de la marine militaire, et l'incalculable quantité de travaux créés par la paix, par l'association, par la sécurité, engloutirait toute cette population armée, fût-elle double de ce qu'elle est.

La guerre n'étant presque plus possible, les armées deviendraient inutiles. Mais ce qui ne serait pas inutile, c'est de maintenir le peuple dans ses habitudes guerrières et généreuses, au moyen de milices nationales, — qui seraient toujours prêtes à réprimer les désordres, et quelque ambition qui tenterait d'enfreindre le pacte européen.

Je désire ardemment que mes paroles parviennent à la connaissance de ceux à qui Dieu a confié cette mission sainte de faire le bien, et ils le feront certainement, préférant à une grandeur fausse et éphémère la véritable grandeur, basée sur l'amour et la reconnaissance des peuples.

G. GARIBALDI.

Naples, octobre 1860.

APPENDICE

En raison des malentendus inévitables que soulève toute action nouvelle, en raison notamment de la difficulté que nous éprouvons à faire comprendre le caractère méthodique et patriotique de notre action internationale, nous croyons utile de reproduire, une fois de plus, les divers programmes successifs qui ont constitué les jalons de notre route. Ces programmes s'enchaînent. Le premier, daté du 10 mars 1901, n'est que le résumé d'une propagande antérieure de cinq années poursuivie dans la presse, dans les revues, notamment dans la *Revue des Deux Mondes* en 1896 et 1897, et en même temps à la tribune du parlement et dans toutes les régions de la France, par une série d'enquêtes et d'articles d'abord, puis de conférences.

A la fin de cette période de 1895 à 1900, l'année 1899 est remplie par la participation à l'œuvre de la Haye, l'année 1900 par l'organisation de la défense, ou pour mieux dire par la réhabilitation de cette œuvre, raillée, mal comprise, condamnée avant d'avoir vécu.

Mais, avant la période de 1895 à 1900, quinze années préparatoires avaient constitué la base de toutes les campagnes ultérieures, quinze années d'observations en Europe et hors d'Europe, notamment en Turquie et dans l'Afrique du Nord.

En Turquie, un phénomène paradoxal constitue le plus puissant des enseignements. Là, par son désordre, sa vénalité, sa violence, l'administration humaine se déshonore; elle étale tout le mal dont elle est capable quand elle n'est pas dirigée par un principe supérieur; la Turquie nous offre une sorte de démonstration par l'absurde, ou plutôt par l'odieux, de l'incapacité d'un gouvernement rétrograde et de la nécessité d'un gouvernement vraiment moderne. A la porte de l'Europe, en Europe même, on assiste à la décomposition matérielle d'un beau pays privé de justice et de liberté; c'est un spectacle inoubliable, un repoussoir décisif. Autour de la Turquie, en revanche, des peuples jeunes s'émancipent et renaissent : la stabilité seule leur manque, avec la pratique de l'indépendance et de la paix. Cette instabilité tient aussi à la division et au désordre général européens[1].

Dans l'Afrique du Nord, en Tunisie, quelle autre expérience concluante, expérience faite dans les deux sens! Là aussi régnait le désordre turc, désordre compliqué de la pire corruption arabe, levantine, sans oublier la corruption motrice, européenne; là s'exaspéraient toutes les variétés d'antagonismes et d'appétits. La Tunisie, entre des mains indignes, pouvait

1. Voir les imposantes manifestations organisées à Paris contre le sultan : Château-d'Eau, Châtelet, etc.

devenir une pépinière de tous les conflits imaginables. Elle est devenue, au contraire, un État relativement prospère, malgré ses difficultés d'organisation. Par quel miracle? Parce que les éléments rivaux ont été savamment conciliés.

La politique française en Tunisie est un premier essai, une expérience difficile, mais finalement heureuse, de conciliation internationale[1].

La conciliation doit beaucoup aussi à l'exemple de l'Angleterre. C'est à Londres que, pour ma part, j'ai touché du doigt la possibilité de régler pacifiquement les querelles qui semblaient en Europe ne pouvoir se résoudre que par l'épée. Ma grande satisfaction de conscience est d'avoir invariablement affirmé jadis, dans ma correspondance politique, et aux plus mauvais jours, qu'on n'avait pas le droit de désespérer des relations franco-anglaises et qu'il était possible de les améliorer.

Ces expériences, ces observations, ces certitudes, nouvelles encore en France en 1901, sont devenues maintenant des lieux communs. Mais, pour les propager, il fallut de grands efforts, de nombreuses précautions, comme il en faut pour acclimater une plante étrangère sur un sol et dans un climat nouveaux. Voilà pourquoi le programme de 1901 a été présenté d'abord et avant tout comme national, ce qui était exact; mais le succès de ce programme

---

1. Cf. d'Estournelles de Constant, *la Politique française en Tunisie*, 1 vol., Paris, Plon édit.

national était subordonné à nos bonnes relations internationales. Notre programme ne pouvant se poursuivre que dans la paix, l'organisation de la paix devint le besoin primordial, la condition préalable ou tout au moins essentielle de toute rénovation intérieure. Cela fut vite compris dans l'opinion et par les représentants du pays, au Parlement. C'est ainsi que se prépara, au début de la nouvelle législature de 1902, à mon retour des États-Unis, la formation du groupe parlementaire français de l'Arbitrage international. (Voir le programme du 26 mars 1903, en tête du volume.)

Le programme de 1903 s'élargit lui-même (29 mars 1905) dans le programme de la Conciliation internationale, association destinée à fortifier l'action du groupe parlementaire, lequel, comme son nom l'indique, est exclusivement composé de sénateurs et de députés français, tandis que la Conciliation internationale admet et provoque la coopération de toutes les bonnes volontés de tous les pays.

Ainsi les étapes sont bien marquées, distinctes l'une de l'autre, tout en étant directement reliées entre elles et à celles que d'autres bonnes volontés ont préparées dans d'autres temps et dans d'autres pays, — de l'organisation nationale à l'organisation internationale ; ces deux organisations que le chauvinisme cherche à mettre en conflit devant toujours être en harmonie. Et c'est pourquoi le lecteur pourra trouver quelque intérêt à embrasser d'un coup d'œil la route qui nous conduit, à travers les obstacles et les résistances accumulées depuis des siècles, sur les territoires piétinés et ensanglantés de la routine et de l'ignorance, vers les régions nouvelles d'une vie plus intelligente, plus libre et meilleure, que nous commençons à découvrir à l'horizon.

P. E. C.

PROGRAMME DU COMITÉ DE DÉFENSE
DES INTÉRÊTS NATIONAUX
10 mars 1901

LE PROGRAMME. — LES ADHÉSIONS. — L'EXÉCUTION

Quiconque en France travaille, savant, artiste, ouvrier, agriculteur, industriel ou commerçant; quiconque aspire à la pacification des esprits et au relèvement de notre activité nationale, est prié de lire et de faire lire le programme suivant, développé par le président du comité, dans une lettre au *Temps* le 10 mars 1901. A ce programme sont joints un certain nombre des témoignages d'adhésion recueillis par le comité ainsi qu'un exposé sommaire des premiers résultats déjà acquis; résultats très appréciables si l'on considère que chaque conférence laisse derrière elle des germes et sert de thème à nombre d'articles, de leçons et de discussions locales qui en multiplient la répercussion dans tout le pays. Une seule conférence serait inutile, tandis qu'un concert général, une obsession de conférences, doit provoquer infailliblement une orientation nouvelle de l'opinion.

Monsieur,

La moitié de mon existence passée à l'étranger m'a permis de constater que la France est à la fois mieux douée et plus mal servie que la plupart de ses voisins. Ses richesses naturelles et historiques, son climat, son sol, ses rivières, ses chutes d'eau, ses stations thermales et hivernales, ses plages si variées, ses régions les plus célèbres, les ressources de son avenir, comme les souvenirs de son passé, tout ce qui fait son charme et son prix, tout ce qui pourrait faire sa force et sa fortune, tout cela est si mal exploité qu'elle perd peu à peu sa supériorité, sa population, sa clientèle.

La France souffre moralement et matériellement de ce déclin momentané.

Matériellement, la vie est dure. Tout le monde ne peut être fonctionnaire, toucher une rente ou une pension de l'État. La dépopulation, l'alcoolisme, s'accentuent et resserrent encore le cercle qui nous étreint.

Moralement, la France cesse d'être souriante, et ses enfants s'entre-déchirent. Elle souffre d'autant plus qu'elle mesure les progrès de ses voisins : la Belgique, la Suisse, l'Allemagne; de ses rivaux, même les plus éloignés, depuis l'Amérique jusqu'au Japon. Paralysée par ses charges croissantes et sa routine; se voyant menacée, dépassée de toutes parts, elle s'aigrit contre tout le monde et contre elle-même. En vain essaye-t-on de lui chercher une diversion dans les excès d'une expansion coloniale trop dispersée pour être rémunératrice; elle y trouvera des débouchés, sans doute, mais, en même temps, un surcroît de dépenses, des causes de complications et de conflits qui l'obligeront à augmenter, au delà du possible, ses budgets de la guerre et de la marine, au détriment des autres services publics et de la bonne administration des ressources nécessaires à sa prospérité. Elle marche donc à l'appauvrissement, à la révolte et à la guerre.

Est-ce à dire qu'il faille désespérer de la France ? Non. Le remède est en elle. Il faut le lui démontrer. Il faut en appeler à elle-même. L'action gouvernementale est impuissante à réveiller son initiative. Il faut parler à l'opinion, lui montrer le danger pressant et le remède. Tout nous y invite. Il est temps. L'heure est venue. Le public est prêt à entendre, et ceux qui peuvent lui parler sont prêts à se mettre en route et à commencer leur apostolat.

Oui, les uns sont prêts à parler, les autres sont prêts à entendre.

Depuis six ans que je suis rentré en France, j'en ai fait systématiquement l'épreuve : je suis allé signaler le péril de la concurrence, la nécessité de notre réveil national, la nécessité de la concorde, non seulement entre les hommes d'un même pays, mais entre les peuples d'une même race.

Partout, de Nancy à Bordeaux, de Marseille à Nantes, à Tours, à Laval, au Mans, à la Rochelle, à Angers, de Paris à Poitiers, à Lyon, à Blois, à Toulouse, à Reims, etc., etc., j'ai trouvé le public, sans distinction de classes, attendant le réveil, appelant l'union, le travail fécond dans la paix. Mais je ne puis continuer à moi seul cette campagne, à mesure qu'elle se développe. Mes forces, mon temps, mes ressources, n'y suffiraient plus. Et, d'ailleurs, beaucoup d'autres Français pensent comme moi. J'ai trouvé, pour donner à cette agitation économique toute la variété et tout l'intérêt qu'elle comporte, quelques hommes d'élite, sans ambition politique, agrégés de l'Université, orateurs, écrivains, voyageurs qui reviennent de faire le tour du monde, tous également riches d'observations, à la fois sur les entreprises de nos rivaux et sur les moyens de nous défendre.

J'ai proposé à ces observateurs, afin que leur expérience ne soit pas perdue pour la France comme pour eux-mêmes, de s'organiser pour en répandre le plus possible le bienfait en constituant notre Comité de défense des intérêts nationaux.

J'ai trouvé, je dois le dire, le plus grand encouragement, dans l'ordre matériel et moral, pour la réalisation de ce projet. Sans distinction d'opinion, d'éminentes personnalités y ont aidé, dans les milieux les plus divers et en apparence les plus opposés, à Paris et en province, au parlement et à l'Académie française, à l'Académie de médecine, à l'Institut, au ministère des travaux publics, du commerce, de l'agriculture, de l'instruction publique, dans l'Université comme dans l'armée, toutes deux si gravement menacées par la perspective de notre appauvrissement; même accueil chez un grand nombre de municipalités, de chambres de commerce, d'associations industrielles et agricoles; égales sympathies auprès du patron et de l'ouvrier, dans les syndicats de toutes sortes, bourses du travail, universités populaires, associations de petits propriétaires, négociants, employés, producteurs et consommateurs, hôteliers, voyageurs, mariniers, voituriers, comités régionaux ou locaux d'initiative, etc., etc. Partout j'ai trouvé des foyers vivants, mais épars, considérés comme inutiles ou dangereux parce qu'on ne sait pas s'en servir. Donner à toutes ces forces la conscience de la solidarité qui doit les unir; communiquer par la parole à chaque région de la France, puis à la France entière, une ambition économique, un programme, un but; apporter à toutes ces bonnes volontés, à ces énergies qui languissent, un aliment; les empêcher de se ronger intérieurement ou de s'entre-détruire en les faisant participer toutes ensemble à une même œuvre, au service de l'intérêt général bien compris, auxiliaire de l'intérêt local et personnel, oui, là est le salut, la source de régénération et d'apaisement. Et c'est ce que chacun a compris. La Ligue de l'enseignement à elle seule m'a voté pour cette première année une subvention de 10,000 francs. D'autres souscriptions importantes me sont venues de nos principales villes françaises. L'ensemble de ces dons, déposé directement chez M. Bernard, banquier, 102, rue Richelieu, à Paris, suffit déjà pour nous permettre de commencer notre première campagne.

Nos conférences seront publiques et gratuites; la politique en sera strictement exclue; elles ne comporteront pas l'allusion la plus lointaine à nos divisions intérieures; et, même sur le terrain économique, ne réclamant pas plus un retour aux doctrines absolues du libre-échange qu'une recrudescence de protectionnisme, nous éviterons les étiquettes, les vaines formules de panacée. Aucune partie de la France ne sera négligée. Nous commencerons par une première tournée de cent conférences.

Dans le Nord et dans l'Est, nous invoquerons l'exemple de nos voisins, tant au point de vue de la bonne organisation des transports qu'en ce qui touche l'exploitation scientifique de nos ressources agricoles, industrielles et minières.

Dans le bassin de la Seine et surtout dans ceux de la Loire, de la Garonne et du Rhône, nous ferons ressortir les dangers du déboisement des sources de nos rivières et la nécessité de tirer un meilleur parti de notre admirable réseau de navigation intérieure et d'irrigation, pour développer notre production, nos échanges, rendre la vie à des centres devenus peu à peu inaccessibles et ruinés. Dans les Alpes, dans le Jura, dans le massif central, dans les Pyrénées, partout où la nature accumule des trésors de forces,

nous signalerons aux populations la valeur trop souvent
encore vierge de nos glaciers, de nos torrents et de nos
chutes. Nous appuierons de tous nos efforts l'action si intéressante des syndicats qui ne demandent qu'à naître, et
dont plusieurs, déjà en pleine activité, nous serviront d'exemples et de modèles. Dans les régions privilégiées où abon-
dent les stations thermales ou climatériques, les sites pit-
toresques ou historiques si recherchés des malades et des
surmenés (aujourd'hui surtout que l'automobile et la bicy-
clette ouvrent aux touristes tant d'horizons nouveaux), nous
ferons comprendre qu'il ne tient qu'à nous d'attirer par
millions les voyageurs, au grand avantage de l'agriculture
et de l'industrie qui les approvisionnent, des hôtels ou des
propriétaires qui les logent, des entreprises de chemins de
fer, de bateaux et de voitures qui les transportent, etc., etc.
Nous montrerons comment, avec une organisation plus méthodique, une meilleure hygiène, une conception plus sa-
vante et plus moderne de ses intérêts, la France pourrait
se relever, redevenir riche, prospère et, par conséquent,
forte; comment il n'est pas un point de son territoire dont
on ne pourrait faire demain un centre d'activité et d'attraction. L'année prochaine, enhardis par le succès et par l'expérience, nous doublerons le nombre de nos conférences,
et ainsi de suite, jusqu'à ce que nous ayons éveillé partout
l'intérêt; en même temps nous entreprendrons une série
de conférences complémentaires à l'étranger, et toujours
en français, pour entretenir le plus loin possible, jusqu'en
Amérique et en Australie, la bonne réputation de notre pays,
combattre les efforts de nos rivaux et *multiplier le nombre
de nos clients et de nos amis.*

Parmi les hautes personnalités qui patronnent notre œuvre, il en est plusieurs qui ont bien voulu consentir à présider avec moi un certain nombre de ces conférences et à
prendre la parole; nous solliciterons tous les concours
pouvant donner le plus d'autorité et en même temps le plus
d'attrait possible à nos réunions; nous y appellerons non
pas par centaines, mais par milliers, les auditeurs.

Quant au choix des conférenciers, je l'ai fait sous ma responsabilité et en m'inspirant de l'expérience des hommes
qui connaissent le mieux toutes nos ressources à cet égard.

Voici la première liste des conférenciers pour cette année 1901 :

M. Georges Blondel, professeur à l'École des hautes études commerciales, à Paris, chargé de nombreuses missions à l'étranger et auteur d'ouvrages connus sur le développement économique de l'Allemagne.

M. Jules Cels, professeur agrégé de mathématiques à Paris, organisateur de nombreux et importants syndicats de transports agricoles.

M. Colrat, avocat au barreau de Paris, auteur de remarquables études économiques.

M. Gaston Deschamps, agrégé de l'Université, publiciste et conférencier (actuellement en tournée de conférences aux Etats-Unis).

M. Hauser, professeur de faculté, auteur d'un très grand nombre de conférences économiques.

M. Hovelacque, professeur agrégé, chargé d'une mission d'études autour du monde.

M. Métin, agrégé de l'Université, chargé d'une mission d'études autour du monde.

M. Ed. Petit, inspecteur général de l'Université, auteur d'un grand nombre de conférences d'éducation sociale.

M. Rossignol, professeur agrégé d'histoire et de géographie, conférencier et secrétaire général du comité de la Garonne navigable.

M. Schwob, auteur du livre sur le *Danger allemand*, conférencier et secrétaire général du comité de la Loire navigable.

J'ai besoin de tous les concours pour mener à bien cette œuvre qui intéresse la France entière; je sais que je puis compter sur le vôtre; je vous en remercie à l'avance, en vous priant d'agréer, etc.

D'ESTOURNELLES DE CONSTANT.

MINISTÈRE
DES
TRAVAUX PUBLICS

Paris, le 4 mars 1901.

MONSIEUR LE PRÉSIDENT ET CHER COLLÈGUE,

Au cours de divers entretiens, vous m'avez fait part des préoccupations que vous inspire l'état actuel du commerce français, me signalant la nécessité, chaque jour plus rigoureuse, d'organiser, en quelque sorte, scientifiquement, la production de notre industrie et l'utilisation de nos richesses naturelles.

Ce souci, commun à tous les esprits qui s'intéressent à la vitalité et à la grandeur du pays, vous a conduit à fonder un *Comité de défense des intérêts nationaux*.

Au moyen de conférences, ce comité, résolu à se tenir rigoureusement en dehors de tous les partis politiques, poursuivra son œuvre d'intérêt général, en montrant à l'opinion publique, renseignée, le péril grandissant; en lui indiquant aussi les méthodes propres à y faire face, il assurera le relèvement et l'essor de notre mouvement industriel et commercial.

J'applaudis d'autant plus volontiers à votre initiative que moi-même, cédant à des préoccupations de même nature, j'ai saisi tout récemment le parlement d'un projet de grands travaux dont l'exécution, dans ma pensée, doit donner au pays l'outillage indispensable aux nouvelles manifestations de son activité. Nos efforts seront parallèles. A côté de l'instrument qu'on ne pouvait demander qu'aux pouvoirs publics avec la collaboration des intéressés, vous apportez les enseignements de la science et de l'expérience.

L'œuvre à laquelle vous vous êtes attaché ne saurait manquer d'être féconde, et, en vous félicitant de l'avoir entreprise, je suis heureux de vous donner l'assurance qu'elle trouvera toujours auprès de moi le concours le plus empressé.

Agréez, etc.

Le ministre des travaux publics,
PIERRE BAUDIN.

A M. d'Estournelles, député, président du Comité de défense des intérêts nationaux.

MINISTÈRE
DU COMMERCE
DE L'INDUSTRIE
des Postes et des Télégraphes

Paris, le 26 février 1901.

MONSIEUR LE PRÉSIDENT ET CHER COLLÈGUE,

Vous m'avez entretenu à plusieurs reprises de l'intérêt et de l'urgence qu'il y aurait, en face du danger croissant de la concurrence universelle, à organiser méthodiquement la production française par une meilleure mise en valeur de ses ressources.

Vous avez fondé, pour répondre à ces préoccupations, un « Comité de défense des intérêts nationaux ».

Il se propose d'éclairer l'opinion par des conférences, à la fois sur la gravité du péril et sur les moyens d'y faire face. Ce comité s'interdit absolument toute action politique ou religieuse; il est composé d'hommes qui, sans distinction de parti, peuvent contribuer activement au succès de son œuvre. Vous ne demandez, d'ailleurs, au gouvernement aucune subvention.

Je ne puis que rendre hommage à l'opportunité de votre initiative, et vous adresser, avec mes félicitations, tous mes vœux pour le succès de l'œuvre patriotique à la tête de laquelle vous vous êtes placé.

Agréez, monsieur le président, etc.

Le ministre du commerce, de l'industrie,
des postes et des télégraphes,

A. MILLERAND.

A. M. d'Estournelles, député.

MINISTÈRE
DE
L'AGRICULTURE

DIRECTION DE L'AGRICULTURE

Paris, le 21 mars 1901.

MONSIEUR LE DÉPUTÉ,

Vous avez bien voulu appeler mon attention sur l'intérêt que présente pour notre pays la diffusion des procédés employés par nos concurrents sur le marché mondial pour assurer des débouchés aux produits de leur industrie et de leur agriculture.

Pour obtenir ce résultat, vous avez pris l'initiative de donner partout en France des conférences destinées à stimuler le zèle de nos nationaux, à leur montrer le danger que présenterait pour eux, dans leurs méthodes commerciales, le maintien du *statu quo*, qui aboutirait fatalement à notre exclusion des marchés étrangers, et par la suite à l'envahissement du nôtre. Vous me demandez de vouloir bien vous prêter mon concours pour le développement de votre œuvre.

Je suis heureux de vous féliciter de l'initiative que vous avez cru devoir prendre en cette circonstance, comme promoteur d'une œuvre qui rendra, je l'espère, de grands services aussi bien à l'agriculture qu'au commerce et à l'industrie de notre pays.

Je vous donnerai d'ailleurs avec d'autant plus de plaisir le concours de mon administration que, vivement préoccupé moi-même des difficultés que présente pour nous la vente des produits agricoles à des prix rémunérateurs, j'ai déjà développé et compte développer de plus en plus le service des renseignements techniques et économiques qui peuvent être utilisés par nos populations agricoles, pour obtenir de meilleurs rendements, réaliser des bénéfices nets plus importants et accroître les débouchés de leurs produits en France et à l'étranger.

Agréez, monsieur le député, l'assurance de ma haute considération et de mes sentiments dévoués.

Le ministre de l'agriculture,
DUPUY.

A M. d'Estournelles de Constant, député.

CABINET
du ministre de l'Instruction Publique
et des Beaux-Arts

Paris, le 20 mars 1901;

MON CHER COLLÈGUE ET AMI,

J'ai lu avec le plus grand plaisir votre belle lettre publique du 10 mars sur la défense des intérêts nationaux, et votre très noble programme.

Si, comme vous le dites, l'action gouvernementale ne suffit pas à réveiller l'initiative du pays pour une meilleure mise en œuvre de ses ressources, du moins peut-elle y aider puissamment. Le gouvernement de la République se doit à lui-même de prêter son concours à tous les bons Français qui ont à cœur d'actionner les volontés individuelles ou collectives, momentanément assoupies.

Il ne faillira pas à ce devoir.

Vous avez déjà reçu des gages de son adhésion. Mais, en répondant à votre appel, mes collègues du commerce, de l'agriculture et des travaux publics ont eu surtout en vue la crise économique que vous signalez avec tant de science courageuse. Au ministre de l'instruction publique revient une part non moins belle dans cette œuvre de salut.

La prospérité d'une nation dépend avant tout de sa valeur morale. Vouloir la France plus riche, plus productive, plus forte, n'est-ce pas vouloir d'abord que ses énergies intellectuelles se réveillent, s'unissent dans un sentiment de solidarité, et se meuvent dans une direction commune? C'est là, au premier chef, l'objet de l'éducation nationale. C'est à cette fin que tend votre généreuse initiative. Pourrait-elle laisser indifférent celui qui, dans ce pays, a la charge de l'instruction publique? C'est pour lui un honneur que de joindre ses efforts aux vôtres.

Je vous remercie, mon cher collègue et ami, de me convier à cette tâche : j'accepte et je suis de tout cœur avec vous.

GEORGES LEYGUES.

A Monsieur le président du Comité de défense
des intérêts nationaux.

MINISTÈRE
DE LA GUERRE
—
Cabinet du Ministre
—

Paris, le 21 mars 1901.

MON CHER DÉPUTÉ,

J'ai lu avec un vif intérêt la lettre dans laquelle vous avez développé le programme du Comité de défense des intérêts nationaux que vous venez de fonder.

Le ministre de la guerre ne peut que seconder de tout son pouvoir les efforts que vous allez tenter sur tout notre territoire et en quelque sorte dans toutes les branches de l'activité humaine.

Mais je tiendrais à appeler plus particulièrement votre attention sur les moyens de combattre efficacement la dépopulation et l'alcoolisme, ces deux fléaux de notre puissance nationale.

Je viens de compléter les mesures déjà prises par M. le général de Galliffet, mon prédécesseur, en interdisant la vente de l'alcool dans les casernements de nos troupes coloniales; il m'est rendu compte que dans beaucoup de nos possessions d'outre-mer cette interdiction va soulever des protestations basées sur l'atteinte qui en résulterait pour le commerce local.

Je compte sur vous et sur l'œuvre dont vous êtes l'initiateur pour me seconder dans la tâche que j'ai entreprise et dans la lutte qu'il me faudra peut-être soutenir contre les intérêts qui se prétendent lésés et qui sont directement opposés à un intérêt national de première importance.

Veuillez agréer, etc.

Général ANDRÉ.

*A Monsieur le président du Comité de défense
des intérêts nationaux.*

MINISTÈRE
DES FINANCES
———
Cabinet du Ministre

Paris, le 5 avril 1901.

MON CHER COLLÈGUE ET AMI,

En prenant l'initiative du Comité de défense des intérêts nationaux, vous m'avez exposé le programme de cette belle œuvre, la noble et courageuse conception que vous avez eue de son opportunité, les très louables fins qu'elle doit poursuivre sous votre direction.

A l'auteur et à l'œuvre j'applaudis de tout cœur. Qui pourrait, en effet, mieux que le ministre des finances apprécier le but vers lequel tendent vos généreux efforts ? N'est-il pas le ministre du Trésor, le ministre de l'économie nationale, et par conséquent n'est-il pas au plus haut point intéressé au développement des ressources économiques de notre pays ?

Rien de ce qui peut susciter les initiatives, perfectionner la mise en œuvre de la richesse, accroître, en un mot, la prospérité de la nation, ne saurait le laisser indifférent. Aussi voit-il avec joie se créer des œuvres comme la vôtre qui viennent donner aux forces productives du pays les armes nécessaires à la lutte qu'elles ont à soutenir de jour en jour plus ardente contre la concurrence universelle.

Le Comité de défense des intérêts nationaux répond à une nécessité trop évidente pour qu'il soit besoin d'y insister. C'est à vous, mon cher collègue, que revient l'honneur d'avoir compris que le moment était venu de joindre en un patriotique effort toutes les énergies intellectuelles de la nation.

En vous adressant mes plus vives félicitations, je vous envoie mes vœux les plus sincères pour le succès de la tâche à laquelle tous doivent se faire un devoir de collaborer.

Agréez, mon cher collègue et ami, les assurances de mes sentiments bien dévoués.

Le ministre des finances,
CAILLAUX.

*A. Monsieur le président du Comité de défense
des intérêts nationaux.*

Parmi les personnalités éminentes qui ont manifesté, sans distinction de parti, leur sympathie au Comité de défense des intérêts nationaux, sont inscrits, en tête de la liste des sousoripteurs : M. le président de la République, MM. les présidents du Sénat et de la Chambre des députés.

CONCILIATION INTERNATIONALE

SOCIÉTÉ DE DÉFENSE DES INTÉRÊTS NATIONAUX
PAR LE RAPPROCHEMENT DES PEUPLES

119, rue de la Tour, PARIS (16e)

Pro Patria per Orbis Concordiam.

Présidents d'Honneur :

MM.

Berthelot,
de l'Académie française,
sénateur.

Léon Bourgeois,
Membre de la cour de la Haye,
sénateur.

Président Fondateur :

M. d'Estournelles de Constant,
Membre de la cour de la Haye, sénateur.

CONSEIL DE DIRECTION

POUR LA FRANCE. — MM. Paul **Appel,** doyen de la faculté des sciences ; E. **Barbey,** vice-président du Sénat ✠ ; H. **Bergson,** de l'Institut ; Léon **Bonnat,** de l'Institut ; Victor **Brochard,** de l'Institut ; Adolphe **Carnot,** de l'Institut ; Eugène **Carrière,** artiste peintre ; Jules **Claretie,** de l'Académie française ; Georges **Coulon,** vice-président du conseil d'État ; baron de **Courcel,** de l'Institut, ancien ambassadeur ; A. **Croiset,** doyen de la faculté des lettres ; G. **Darboux,** secrétaire perpétuel de l'Académie des sciences ; A. **Haller,** de l'Institut ; comte d'**Alsace,** prince d'**Hénin,** député ; Paul **Hervieu,** de l'Académie française ; Auguste **Lalance,** ingénieur ; Dr **Lannelongue,** de l'Institut ; E. **Lavisse,** de l'Académie française ; abbé **Lemire,** député ; **Levasseur,** de l'Institut ; **Manau,** premier président honoraire de la cour de cassation ; J. **Massenet,** de l'Institut ; G. **Menier,** industriel, député ; Claude **Monet,** artiste peintre ; général **Niox ;** A. **Pavie,** explorateur ; G. **Perrot,** de l'Institut ; J.-H. **Poincaré**, de l'Institut ; A. **Poirrier**, sénateur ; amiral **Réveillère** ; Charles **Richet**, de l'Académie de médecine ; **Roty**, de l'Institut ; **Schoen**, industriel ; J. **Sirven**, industriel † ; **Sully-Prudhomme**, de l'Académie française ; **Vidal de la Blache**, professeur à la Sorbonne ; pasteur Ch. **Wagner** ; A. **Weiss**, professeur à la faculté de droit de Paris.

POUR L'ALLEMAGNE. — *Présidents d'honneur :* MM. W. **Fœrster**, professeur à l'université de Berlin, M. **Hœckel**, directeur de l'Institut zoologique à Iéna ; le prince **Schœnaich-Carolath**, membre du Reichstag. — MM. von **Bar**, conseiller de justice administrative ; **Zorn**, professeur à l'université de Bonn.

POUR LA RÉPUBLIQUE ARGENTINE. — M. Charles **Pellegrini**, ancien président de la République.

POUR L'AUTRICHE. — *Président d'honneur :* le comte **Schœnborn**, président de la cour de justice administrative ; M. le professeur H. **Lammasch**, membre de la Chambre des seigneurs.

POUR LA BELGIQUE. — *Président d'honneur :* M. A. **Beernaert**, ministre d'État. — M. E. **Solvay**, sénateur.

POUR LA BULGARIE. — D' **Balsamoff**.

POUR LE DANEMARK. — M. **Matzen**, président du Landsthing.

POUR L'ESPAGNE. — *Présidents d'honneur :* M. **Silvela**, ancien président du conseil † ; de **Villaverde**, président du conseil des ministres †. — Don Bienvenido **Oliver**.

POUR LES ÉTATS-UNIS. — *Présidents d'honneur :* M. Andrew **Carnegie** ; John **Hay** † ; Andrew D. **White**.
Membres : MM. Charles Francis **Adams** ; Nicholas Murray **Butler**, président de l'Université de Columbia ; Andrew **Carnegie**, président de l'Institut Carnegie ; Charles W. **Eliot**, président of Harward University ; William R. **Harper** †, président of the University of Chicago ; F. **Holls** † ; Morris K. **Jesup**, président de la chambre de commerce de New-York ; Levi P. **Morton** ; Ira **Remsem**, président de Université Johns Hopkins ; **Seth-Low**, ex-maire de New-York ; Albert K. **Smiley** ; Andrew D. **White**, Cornel University.

POUR LA GRANDE-BRETAGNE. — *Présidents d'honneur :* Lord **Avebury**, G. C. M. G. ; R' Hon. Lord **Brassey** ; le duc de **Marlborough**. — Sir John **Brunner**, Bar' M. P. ; Sir Alfred **Lyall**, K. C. B.

POUR LA GRÈCE. — M. D. **Bikelas**.

POUR LA HONGRIE. — Le comte Albert **Apponyi**, Albert de **Berzeviczg**.

POUR L'ITALIE. — *Présidents d'honneur :* le comte **Nigra**, ancien ambassadeur; le marquis **Visconti-Venosta**, ancien ministre. — D' C. **Lombroso**.

POUR LE JAPON. — Le baron **Suyematsu**, ancien ministre.

POUR LA NORVÈGE. — *Président d'honneur :* F. **Nansen**, explorateur. — MM. **Gram**, ancien ministre; **Wollert-Konow**, ancien président du Storthing.

POUR LES PAYS-BAS. — *Président d'honneur :* M. de **Beaufort**, ancien président de la conférence de la Haye; M. **Asser**, ministre d'État.

POUR LA ROUMANIE. — *Président d'honneur :* M. Théodore **Rosetti**, sénateur. — M. Constantin G. **Dissescou**, ancien ministre.

POUR LA RUSSIE. — *Président d'honneur :* M. le baron de **Staal**, ancien président de la conférence de la Haye. — MM. de **Martens**, conseiller privé; Nicolas **Mouravieff**, ambassadeur à Rome.

POUR LA SUÈDE. — *Président d'honneur :* M. de **Lagerhelm**, ancien ministre des affaires étrangères.

POUR LA SUISSE. M. **Odier**, ancien délégué à la conférence de la Haye.

Trésorier : M. Albert **Kahn**, banquier, 102, rue de Richelieu.

Secrétaires généraux : MM. A. **Métin**, professeur agrégé à l'École coloniale de Paris; J. **Rais**, secrétaire du groupe parlementaire français de l'Arbitrage international.

MEMBRES D'HONNEUR

Pour la France. — **Alliance française** (**Foncin**, président de l'); **Association générale des étudiants de Paris** (le président de l'); **Association internationale économique des amis de la paix sociale** (**Gromier**, président de l'); **Associations ouvrières de production** (**Favaron**, président de la Chambre consultative des); **Association pour la propagation des langues étrangères** (**Ch. Lyon-Caen**, président de l'); **Aulard**, professeur à la Sorbonne; **Automobile-Club de France** (baron de **Zuylen**, président de l').

Bard, président de Chambre à la cour de cassation; M* **Ar-**

vède **Barine**; vicomte et vicomtesse de la **Batut**; **Béquet de Vienne**, présidente de la Société d'allaitement maternel; Mme Paul **Bert**; M. **Besnard**, artiste peintre; **Binger**, directeur au ministère des colonies; Mme Isabelle **Bogelot**, directrice de l'Œuvre des libérées de Saint-Lazare; Dr **Bouchard**, de l'Institut; Émile **Bourgeois**, professeur à la Sorbonne; **Savorgnan de Brazza** †; Michel **Bréal**, de l'Institut; **Briat**, membre du conseil supérieur du travail; Adolphe **Brisson**, directeur des *Annales*; Dr **Bronardel**, de l'Institut.

Chambres de commerce de Paris, Agen, Amiens, Avignon, Bar-le-Duc, Beauvais, Béthune, Blois, Bordeaux, Bourges, Caen, Cambrai, Chartres, Cherbourg, Dieppe, Dijon, Évreux, Guéret, la Roche-sur-Yon, le Havre, le Mans, le Puy, Limoges, Lyon, Marseille, Montluçon, Narbonne, Niort, Périgueux, Perpignan, Pont-Audemer, la Rochelle, Rochefort, Saint-Brieuc, Saint-Nazaire, Saumur, Sens, Tarn-et-Garonne, Tulle, Valence (les présidents des); marquis de **Chasseloup-Laubat**, président de la *Semaine navale*; E. **Colonne**, chef d'orchestre; **Comité républicain du commerce et de l'industrie** (**Mascuraud**, président du); **Concordia** (Dr **Aubeau**, président de la); **conseil municipal de Paris** (le président du); **conseil municipal de Lyon** (**Augagneur**, maire); **Conseil national des femmes françaises** (Mlle S. **Monod**, présidente); **Conservatoire national des arts et métiers** (le président du); J. **Cornély**, publiciste; A. **Cortot**, président de l'Association des concerts; M. et Mme **Curie**.

Gaston **Deschamps**, publiciste; Henri **Deslandres**, de l'Institut; Th. **Dubois**, de l'Institut; Jean **Dupuy**, sénateur, directeur du *Petit Parisien*.

École des hautes études commerciales (Ed. **Jourdan**, directeur); **École nationale des beaux-arts** (Paul **Dubois**, directeur †); **Enseignement** (F. **Buisson**, député, président de la Ligue de l'); Mme d'**Estournelles de Constant**.

Fédération nationale de la mutualité française (L. **Mabilleau**, président de la); Mme Camille **Flammarion**; E. **Flandin**, député; Arthur **Fontaine**, directeur du travail; Ch. de **Freycinet**, de l'Institut, sénateur.

Gailhard, directeur du théâtre de l'Opéra; Ch. **Gide**, professeur à la faculté de droit de Paris; **Ginisty**, directeur du théâtre de l'Odéon; Dr **Grancher**, de l'Académie de médecine; **Griolet**; comtesse **Greffulhe**; **Guillain**, député.

Harduin, publiciste; **Hauser**, professeur à la faculté de Dijon; **Havet**, de l'Institut; A. **Hébrard**, directeur du *Temps*; **Herbaux**, conseiller à la cour de cassation; **Homolle**, de l'Institut; **Hovelacque**, inspecteur général de l'instruction publique.

Institut international de la paix (Gaston **Moch**, président; abbé **Pichot**, vice-président).

Dᴿ E. **Javal**, de l'Académie de médecine; **Jeux olympiques** (baron Pierre de **Coubertin**, président des).

Keufer, président de la Fédération française des travailleurs du livre.

Ansbert **Labbé**, négociant et armateur; Dʳ **Labbé**, de l'Institut; Émile **Labiche**, sénateur, président de l'Union interparlementaire; P. de **Laboulaye**, ancien ambassadeur †; Ch. **Lallemand**, membre du Bureau des longitudes; Gustave **Le Bon**; **Ligue franco-italienne** (Ch. **Beauquier**, député, président de la); **Ligue internationale de la paix et de la liberté** (Émile **Arnaud**, président de la); G. **Lippmann**, de l'Institut; G. **Lyon**, recteur de l'académie de Lille.

Paul et Victor **Margueritte**, hommes de lettres; Gabriel **Monod**, de l'Institut, président de l'École pratique des hautes études; Henri **Monod**, ancien directeur de l'assistance et de l'hygiène publiques.

Comtesse M. de **Noailles**.

Painlevé, de l'Institut; **la Paix par le droit** (Lucien **Le Foyer** et **Prudhommeaux**, vice-présidents); Frédéric **Passy**, de l'Institut; Dʳ **Pinard** et Dʳ **Pozzi**, de l'Académie de médecine; Marcel **Prévost**, président de la Société des gens de lettres.

Dʳ Paul **Regnard**, directeur de l'Institut national agronomique; Albert **Réville**, professeur au Collège de France; Dʳ G. **Richelot**, de l'Académie de médecine; Edmond **Rostand**, de l'Académie française; G. **Rossignol** (Roger Debury); Th. **Ruyssen**, président de l'Association de la paix par le droit.

Général **Sebert**, de l'Institut; **Séailles** et **Seignobos**, professeurs à la Sorbonne; Mᵐᵉ **Séverine**; Jules **Siegfried**; M. Jules **Siegfried**, député, président du Musée social; Ernest **Siegfried**; Jacques **Siegfried**; **Société des auteurs, compositeurs et éditeurs de musique** (Joubert, président de la).

Tisserand, conseiller maître à la cour des comptes; **Touring Club de France** (Ballif, président du).

H. de **Varigny**, publiciste; Conrad de **Witt**, ancien député.

Pour l'Allemagne. — **Bureau central international géodésique** (F.-R. **Helmert**, président du); **Frankfurter Friedensverein** (Alexandre **Dietz**, président du); **Deutsche Friedensgesellschaft** (Dʳ **Adolf Richter**, président de la); Dʳ E. **Hammer**, professeur à Stuttgard; le professeur **Hergesell**; Dʳ **Krouer**; Mᵐᵉ Marie **Stritt**.

Pour l'Autriche. — Baron de **Pirquet,** ancien député au Reichsrath ; baronne B. de **Suttner.**

Pour la Belgique. — H. **La Fontaine,** sénateur ; Ernest **Nys,** conseiller à la cour d'appel.

Pour le Danemark. — Georges **Brandès.**

Pour l'Espagne. — Professeur **Torrès Campos;** comte de **Romanones,** député aux cortès.

Pour les États-Unis d'Amérique. — MM. Lyman **Abbot;** G. H. **Ames,** publisher ; Silas **Mc Bee;** Richard **Bartholdt,** M. C.; Clifton R. **Breckenridge;** William J. **Bryan,** éditor of the commoner ; F. E. **Burton;** Edward **Cary,** New paper editor New York Times ; Hon. George B. **Mc Clellan** mayor, New York ; R. H. **Dana,** consellor at Law ; Arthur H. **Dasher,** président of the Chabber of Commerce, Macon ; Horace E. **Deming;** Hon. John W. **Foster;** Richard Watson **Gilder,** editor of the Century Magazine ; J. M. **Greenwoad;** Walter B. **Hill,** chancellor of the University of Georgia ; William J. **Holland,** Museum director, Pittsburg ; Hamilton **Holdt;** James L. **Houghteling,** banker ; David Starr **Jordan,** président of Stanford University ; E. **Kelly,** avocat consell de l'Ambassade des États-Unis à Paris ; Adolph **Lewisohn;** Clarence H. **Mackay;** W. H. **Mahony;** Brander **Matthews;** Hon. W. W. **Morrow;** Simon **Newcomb;** Stephen H. **Olin;** A. V. V. **Raymond,** président Union College ; James Ford **Rhodes;** Howard J. **Rogers;** J. G. **Schurman,** président of Cornell University ; Isaac N. **Seligman,** banker ; F. J. V. **Skiff,** Field Columbia Museum ; William M. **Sloane,** professor in Columbia University ; James **Speyer,** banker ; Mme Mary Wood **Swift,** présidente du conseil national des femmes américaines ; George W. **Taylor;** O. H. **Tittmann,** superintendant of the Coast and Geodetic Surway ; Benjamin **Trueblood,** secrétaire of the American peace Society ; W. H. **Tolman;** Edw. **Tuck;** Wm. D. **Wheelwright,** président of the Chamber of Commerce Portland.

Pour la Grande-Bretagne. — Lord **Alverstone,** G. C. M. G., lord chief justice of England ; sir Thomas **Barclay,** avocat ; lord **Currie,** G. C. B., ancien ambassadeur ; sir G. **Darwin,** F. R. S., professeur d'astronomie à Cambridge ; Mrs. T. W. **Earle;** vicomte **Esher,** K. C. B., K. C. V. O; Right Hon. sir James **Fergusson,** Bar^t G. C. S. I., M. P.; Dowager Countess **Granville;** sir William **Holland,** M. P.; sir William-Henry **Houldsworth,** M. P.; **Lavino,** publiciste ; sir Edw. **Mallet,** Bar^t K. C. B., ancien ambassadeur ; Félix **Moscheles** (the International Club) ; **Peace Society** (W. **Evans Darby,** président); sir Walter **Palmer**, Bar*t*, M. P.; Hodgson **Pratt**, président of « the International Arbitration and peace association »; lady E. **Sassoon**; sir Edw. **Sassoon**, Bar*t*, M. P.; professeur John **Westlake**, conseil du roi.

Pour l'Italie. — D*r* **Guarducci**; E. **Moneta**; M. **Rajna**, directeur de l'Observatoire de Bologne; comtesse **Spaletti Rasponi.**

Pour la Norvège. — **Bjœrnstierne-Bjœrnson; Geelmuyden**, professeur à l'université de Christiania; colonel Per **Nissen**, directeur de l'Institut géographique de Norvège.

Pour les Pays-Bas. — Baron d'**Aulnis de Bourouill**, professeur à l'université d'Utrecht; den **Beer Portugael**, lieutenant général; **Coninck Liefsting**, président de la cour de cassation; H. L. **Drucker**; van **Hamel**, professeur à la faculté de droit d'Amsterdam; van **Karnebeek**, ancien ministre des affaires étrangères; **Cort** van den **Linden**; de **Louter**, professeur à la faculté de droit d'Utrecht; J. **Openheim**, professeur à la faculté de droit de Leyde; **Oudemans**, de l'Académie des sciences; N. **Rahusen**, sénateur; H. **Ruys de Beerenbrouck**, ancien ministre de la justice; D*r* van de **Sande-Bakhuyzen**, de l'Académie des sciences; de **Savornian Lohman**; W. van der **Vingt**.

Pour le Portugal. — Marquis d'**Avila de Bolame**, membre de la chambre des pairs.

Pour la Roumanie. — Prince de **Brancovan**; Jean **Kalindéro**, de l'Académie roumaine.

Pour la Russie. — E. de **Frisch**, sénateur; J. **Novicow**; A. **Raffalovich**, correspondant de l'Institut.

Pour la Suède. — Le baron **Bonde**, député, premier gentilhomme de la chambre du roi; **Cavalli**, sénateur.

Pour la Suisse. — Élie **Ducommun**, secrétaire honoraire du Bureau international de la paix; J.-J. **Lochmann**, président de la commission géodésique.

Cette liste, avec les nouvelles adhésions, est publiée au complet dans notre Bulletin.

PROGRAMME D'ORGANISATION DES RELATIONS
(INTERNATIONALES[1])

Le véritable patriotisme consiste à bien servir son pays. Il ne suffit pas d'être toujours prêt à le défendre; il faut aussi lui éviter les difficultés, les charges inutiles, et développer dans la paix ses forces, ses ressources, sa clientèle. *Stimuler son activité intérieure à la faveur de ses bonnes relations extérieures,* tel a été notre double programme, poursuivi sans esprit de parti,depuis dix ans, par une éducation méthodique de l'opinion.

Dans cette entreprise qui sembla d'abord chimérique, nous avons été soutenus par des sympathies décisives dans toutes les classes, dans tous les pays, par les représentants éminents de la politique et de la science, par les parlements, les pouvoirs publics, les universités, les conseils généraux et municipaux, les chambres de commerce, les associations de travail, de paix, de progrès, en Europe et en Amérique, où il n'est pour ainsi dire pas un chef d'Etat qui ne se soit montré favorable à notre action.

Déjà des résultats sont acquis; les préjugés contre l'étranger disparaissent; les peuples découvrent qu'en face des transformations du progrès et des assauts de la concurrence universelle ils ont tout à perdre en des antagonismes qui les épuisent, tout à gagner en s'associant, comme les individus, par des concessions mutuelles, dans une coopération qui fortifie leur indépendance et leur personnalité. Les bénéfices d'une évolution si nouvelle se chiffrent par millions et par de nombreuses facilités dans la pratique des échanges. Commerçant, agriculteur, industriel, artiste, savant, ouvrier, patron, quiconque travaille en profite ; chacun demande que ce changement devienne définitif. Telle est la seconde partie du problème qui reste à résoudre.

---

[1]. Le programme relatif à la mise en valeur des *Ressources nationales* a été publié le 11 mars 1901. (V. plus haut.)

Le plus difficile est déjà fait. Ce n'est pas un entraînement sentimental qui a déterminé l'amélioration actuelle, c'est l'intérêt bien compris de chacun. Cette amélioration, il est vrai, n'a pas empêché de lamentables conflits ; elle a seulement permis de les limiter. Le rapprochement franco-anglais a, peut-être, épargné au monde une guerre générale ; et compterons-nous pour rien ces premiers traités d'arbitrage, instamment réclamés par nous et obtenus ? Mais nous ne pouvons nous en tenir là ; il faut prévoir les incidents, les retours en arrière, et c'est pourquoi nous avons préparé notre organisation internationale. La voici dans ses grandes lignes :

1° Nous continuerons à poursuivre l'*éducation de l'opinion*, comptant plus que jamais sur la collaboration des maîtres de l'enseignement supérieur, secondaire, primaire et de tant d'institutions volontaires admirables, dont les représentants figurent parmi nos premiers adhérents. Nous échangerons entre les différents pays nos conférenciers pour propager les progrès, les découvertes, les innovations dont chacun et tous bénéficient.

2° Grâce à nos relations, nous serons en mesure de rectifier, le cas échéant, les *informations inexactes ou tendancieuses* propagées pour égarer l'opinion. Nos membres, renseignés et reliés entre eux, contribueront au maintien de la paix par leur influence sur l'opinion, sur la presse, sur les parlements et les gouvernements eux-mêmes.

3° Nous multiplierons les *relations* entre étrangers ; nous établirons le contact entre quantité d'individualités qui se cherchent, mais qui s'ignorent et perdent dans l'isolement la plus grande partie de leur confiance et de leur force.

4° Nous continuerons à susciter des voyages, des *visites internationales*. Nous faciliterons les expéditions scientifiques.

5° Nous encouragerons la pratique des *langues étrangères*.

6° Nous continuerons à favoriser, en y ajoutant des garanties nouvelles, l'*échange des enfants*, des élèves, des professeurs, des ouvriers, des artistes, etc., le *placement des jeunes gens* recommandables à l'étranger.

7º Un Bulletin périodique, en attendant une *Revue internationale* dont la rédaction et la direction sont déjà prêtes, sera le complément naturel de ces différentes innovations et tiendra les adhérents au courant de l'activité générale du comité.

8º Enfin, le moment venu, nous agrandirons notre domicile actuel; nous créerons, à Paris pour commencer, ce qui manque à toutes les capitales, un foyer dont on peut prévoir les imposants développements et qui sera la *maison des Étrangers*; centre de réunions, de conférences, de congrès, d'auditions, d'expositions; rendez-vous des initiatives du monde entier.

Ainsi notre comité constituera, grâce à la seule initiative privée, le premier embryon de l'organisation nouvelle qui fait défaut au monde moderne, et sans laquelle le plus puissant, comme le plus faible des Etats ou des individus, n'est assuré d'aucun lendemain.

Si vous approuvez les vues qui précèdent et si vous jugez que les résultats déjà obtenus nous autorisent à en préparer de nouveaux, nous venons vous prier de vous joindre à nous.

Paris, 29 mars 1905.

TABLE DES MATIERES

LES DÉLÉGATIONS EN FRANCE

1er Jour : jeudi 24 novembre 1904.

9e jour : vendredi 2 décembre.

10e jour : samedi 3 décembre.

11e jour : dimanche 4 décembre.

12e jour : lundi 5 décembre.

SOCIÉTÉ ANONYME D'IMPRIMERIE DE VILLEFRANCHE-DE-ROUERGUE
Jules Bardoux, Directeur.